日本の戦略的経営者報酬制度

Sakai Mutsumi　Strategic Executive Compensation Programs in Japan

境 睦 [著]

中央経済社

はしがき

　本書の目的は，日本企業を取り巻く経済環境の構造変化により，わが国企業の経営者報酬制度がどこに向かいつつあるのかについて展望し，日本取締役協会の実態調査による日本企業と欧米企業との比較を通じて，そのあり方について方向性を示すことである。

　従来，日本では経営者報酬制度についてほとんど注目されてこなかった。日本社会においては人前でお金の話をすることは潔しとしない風潮もあり，わが国の（企業）経済社会においても経営者報酬について議論することはタブー視されるような空気があったと考えられる。さらに欧米企業のような高額な報酬を受け取る経営者はわが国においては極めてまれであり，議論する必要性を感じてこなかった。しかしながら，2018年に，日産自動車のカルロス・ゴーン元会長の高額報酬および有価証券報告書への記載漏れ，官民ファンドである産業革新投資機構の「高額報酬」問題を巡る役員大量辞任に世間の注目が集まったこともあり，経営者報酬への関心が悪い意味で皮肉にも高まった。そのため最近は，報酬額の多寡や過剰なフリンジ・ベネフィットばかりに焦点を当てた，皮相的な議論に終始している感がある。このような論調は，経営者報酬制度についての本質的な議論を妨げる方向に作用し，コーポレートガバナンス改革の流れに水を差してしまう危険性をはらんでいる。そもそも経営者報酬制度は，コーポレートガバナンスの議論の枠組みの中で，冷静に議論されるべき性質のものである。

　日本においてコーポレートガバナンスの文脈での経営者報酬に関する議論は少なく，従来のコーポレートガバナンスの議論は，経営者の暴走を防ぐためのモニタリング機能の強化が主であり，機関設計の論究に偏重していた。しかしながら，日本企業を取り巻く経済環境の構造変化は大きく，その高度化と複雑化が進展する状況で，経営者の役割はこれほどまでにないほど高まっている。つまりわが国においても，適正なインセンティブを経営者に付与するためのアクセルとして，経営者報酬制度の質を高めるための議論を深化させる必要があるのである。本書がそれに少しでも貢献できれば，この上ない喜びである。

本書は多くの方の協力のもとに製作・刊行できたものです。学部生の頃に金融の面白さに目を開かせてくれた故玉野井昌夫先生（学習院大学），そして大学院時代に私を研究者へ導いてくださった故桶田篤先生（早稲田大学）に多大な学恩を受けております。また，経営者報酬制度を調査・研究するきっかけをくださった阿部直彦氏（ペイ・ガバナンス日本，日本取締役協会の経営者報酬ガイドライン統括）と矢内裕幸氏（Spirit of SHINISE協会）には感謝の念に堪えません。とくに経営者報酬制度の第一人者である阿部直彦氏からは，本書の執筆にあたっても数えきれないほどの貴重なアドバイスと資料をいただきました。そして，研究に向かう姿勢については別府祐弘先生（成蹊大学）と小山明宏先生（学習院大学）から多くのことを学ばせていただきました。桶田ゼミの先輩の松原英二先生（北海商科大学）と後輩の落合孝彦先生（青森公立大学）からは示唆に富むヒントを頂戴しました。また経営者報酬制度に関するアンケート調査やインタビュー調査においては，日本取締役協会から多大な支援を賜りました。同協会の「投資家との対話委員会」委員長の高須武男氏からは多くの励ましをいただきました。その際に共同調査を行った野地もも氏（明治大学大学院）からも多くの有益なコメントをいただき，あらためて皆様に御礼を申し上げます。

　本書は，筆者の博士論文をベースとしつつ，最新のデータを取り入れて内容を更新し整理したものです。学位審査にあたって，明治大学の坂本恒夫先生，歌代豊先生，三和裕美子先生からは，本研究の継続・発展のために資する数多くの有益なコメントを頂戴しました。なお，本書は桜美林大学から出版助成を受けたものです。そして，研究以外の教育，学内の業務も含めて，桜美林大学の先生方および事務職員の方々からは，多大な支援を受けてきました。これらのサポートに対して心より厚く御礼申し上げます。

　そして，わたくしごとで恐縮ですが，本書を妻・千世に贈りたいと思います。本研究は法学者である彼女の助けなしには進展しなかったと思います。

　最後に，㈱中央経済社の学術書編集部の市田由紀子氏から多大なお力添えをいただきました。心より厚く御礼を申し上げます。

　2019年9月

桜美林大学新宿キャンパスにて

境　　睦

目　　次

はしがき　i

第 1 章／経営者報酬制度はなぜ改革が必要なのか ── 1

1.1　背景と問題意識　1

1.2　本書の目的と経営者報酬制度の改革の必要性　3

1.3　報酬ガバナンスの確立と高度化　6

1.4　本書のフレームワークと構成　6

第 2 章／経営者報酬制度の概要と日本企業の固有性 ── 11

2.1　法的な規律からの経営者報酬制度　11

2.2　報酬要素　14

2.3　日本企業の経営者報酬制度の現状とその固有性　20

　　2.3.1　海外企業との比較　20

　　2.3.2　日本企業の経営者報酬制度の固有性　22

2.4　経営者報酬制度とコーポレートガバナンス　24

　　2.4.1　コーポレートガバナンスに対する多様な捉え方　24

　　2.4.2　コーポレートガバナンスにおける経営者報酬制度の位置付け　25

　　2.4.3　エージェンシー問題とインセンティブ設計　27

　　2.4.4　エージェンシー問題と経営者報酬制度に関する先行研究　29

　　2.4.5　先行研究からの知見　33

第3章／日本企業の経営者報酬制度の固有性の生成とその要因 —————— 35

3.1 固有性の要因　37

3.2 内部組織と固有性の生成　39

　3.2.1 日本企業の経営者選抜　39

　3.2.2 トーナメント理論と経営者選抜　41

　3.2.3 日本企業の賃金制度　43

　3.2.4 インセンティブ理論からの考察　47

3.3 コーポレートガバナンスと固有性　50

　3.3.1 インサイダー型のコーポレートガバナンス　50

　3.3.2 メインバンクシステムによるエージェンシー問題の緩和　51

3.4 税制の影響　58

3.5 心理学的な視点からの考察　60

　3.5.1 パズリングな現象　60

　3.5.2 組織アイデンティフィケーション（OI: Organizational Identification）　62

　3.5.3 モチベーションのクラウディング・アウト効果　64

第4章／日本企業の経営者報酬制度の変容 —————— 69

4.1 欧米における経営者報酬制度の変遷　69

　4.1.1 欧米における経営者報酬制度の変遷の概要　70

　4.1.2 世界金融危機後の経営者報酬制度に対する法規制　71

　4.1.3 米国の経営者報酬制度の規制強化　72

　4.1.4 欧州の報酬規制　75

4.2 米国における経営者報酬制度の変遷　78

　4.2.1 米国の経済環境の構造変化と経営者報酬制度の変遷　78

　4.2.2 米国企業における内部組織の変容　78

　4.2.3 機関化現象の進展と経済の金融化がガバナンスに与えた影響　81

目　次　III

> 4.2.4　法規制の根底にある思想　83
>
> 4.2.5　米国の経営者報酬制度の変容　84

4.3　ドイツにおける経営者報酬制度の変遷　86

> 4.3.1　ドイツにおける内部組織の変容　87
>
> 4.3.2　ドイツにおけるコーポレートガバナンス改革　88
>
> 4.3.3　ドイツにおける法規制の変遷　92
>
> 4.3.4　ドイツの経営者報酬制度の変容　94

4.4　日本企業の経営者報酬制度の変容と今後の展望　95

> 4.4.1　内部組織の変容　96
>
> 4.4.2　株式持合いの低下とメインバンクの役割の変容　100
>
> 4.4.3　法規制と税制の改革　102
>
> 4.4.4　日本企業の経営者報酬制度の変容と展望　105

第5章／経営者報酬制度の実態調査 ―――――― 117

5.1　日本企業における経営者報酬制度の実態調査　118

> 5.1.1　調査概要　118
>
> 5.1.2　各項目の集計結果分析　119

5.2　機関投資家へのアンケート調査の集計結果と
　　　インタビュー調査　128

> 5.2.1　機関投資家へのアンケート調査の集計結果　128

5.3　国内外機関投資家へのインタビュー調査報告の
　　　結果から　136

第6章／日本企業の経営者報酬制度のあり方の 方向性 ―――――― 139

6.1　経営者報酬制度の変革の必要性　140

6.2　報酬デザインのあり方　142

> 6.2.1　年次賞与（短期インセンティブ）　143
>
> 6.2.2　長期インセンティブ　154
>
> 6.2.3　日本企業の報酬デザインのあり方の方向性　165

6.3　報酬ガバナンスの改革　181

IV

6.3.1 報酬委員会のあり方　181

6.3.2 日本企業の経営者報酬制度に関する情報開示の
あり方　186

6.3.3 リスク管理　191

第7章 これからの報酬デザイン —————— 199

参考文献　203

索　　引　229

第 1 章

経営者報酬制度は
なぜ改革が必要なのか

1.1 背景と問題意識

　近年，経営者報酬制度に対する関心が世界的に高まっている。欧米において
は，国家的な枠組みでコーポレートガバナンスおよび経営者報酬に関する法規
制改革が実践されており，経営者報酬制度の変革が進展している。また，学術
面でも，コーポレートガバナンスとくにエージェンシー問題を克服するという
観点から経営者報酬制度に関する研究が数多く蓄積されている。

　コーポレートガバナンスを検討する際に，運転者である経営者の暴走を防ぐ
ためのブレーキと経営者のモチベーションを高めるためのアクセルの役割が議
論の俎上に載せられる。前者については企業の機関設計の問題が主として議論
の対象になり，後者は経営者報酬制度の問題が主体となる。後者は企業価値の
向上に直結する問題であるのにもかかわらず，日本においてこれまで関心は低
く，深い議論がなされてこなかった。理由として，そもそもわが国では，経営
者に適切なインセンティブを付与することによって，彼らの動機づけを促す重
要な経営要素として経営者報酬制度を捉えてこなかったからである。さらに，
欧米先進各国と比較すると総報酬額の水準がきわめて低いこともあり，株主を
含めたステークホルダーも日本企業の経営者報酬制度に対する関心が薄かった
ことが挙げられる。

　そして，日本企業の経営者報酬制度は，新卒一括採用・長期雇用（終身雇
用），年功序列，内部昇進制，職能資格制度（職能給）等で代表される内部組
織において，多くの日本企業の取締役の地位は従業員の出世競争の延長線上に

あり，その結果，取締役の報酬も従業員の報酬との連続性が重視されるとともに，年功序列制の頂点に立つ社長が他の取締役を管理する手段とされていた[1]。このような状況により，日本企業の経営者報酬制度は他国とは異なるいくつかの固有性を有するようになった。その固有性とは総報酬額の水準の低さと総報酬額に占める固定報酬の割合の高さである。これは日本の経営者の役割を過小評価していたことを意味する。

　しかしながら，経営者は大きな権限を持ち，その経営手腕によって企業業績は大きく左右される。大企業であれば，その経営判断が経済のみならず社会全体へ大きな影響を与えることもある。経営者は革新的なイノベーションを創出して社会に大きな利益と変革をもたらすこともあれば，不正会計のような適切ではない経営判断によって企業価値を大幅に毀損させてしまい，社会全体に多大な損害をもたらすこともある。経営者への適正な規律づけを確保し，適切なインセンティブを付与するための仕組みづくりは，中長期的な企業成長を促し，それを通じて社会全体の安定的な発展に寄与する。その手段の一つが経営者報酬であり，欧米においてはコーポレートガバナンスの文脈で多くの議論が展開されてきたのである。

　皮肉なことに，近年の経営者報酬の重要性は，2000年代のエンロン事件や世界金融危機によってネガティブな面で浮き彫りにされた。とくに2000年代後半の世界金融危機において，金融機関の経営者報酬制度が過剰なリスクの追求を助長したとの批判が高まり，その是正について活発な議論が展開された。国際機関の報告書等は，報酬制度が，その仕組み次第で，短期的な利益追求を目的とした経営者による過剰なリスクテイキングを引き起こしうることを指摘している[2]。具体的には，金融機関の経営者報酬制度が金融危機の一因になったとの認識のもと，報酬に対する規制の導入が国際的に進められた。こうした規制は金融機関の経営陣に多額の業績連動型報酬が支給され，過剰なリスクテイキングが行われたことを問題視しており，一定の類型に該当する報酬の禁止や変動報酬への上限設定など，インセンティブに対する直接的な介入を想定している[3]。このような背景のもと，業績連動型報酬については，短期・中期・長期の観点から，持続的な企業価値向上へのインセンティブを付与するような報酬制度の構築についての議論が活発化している。また近年，欧米においてはESG[4]への重要度がきわめて高まっており，ESG評価機関では，①取締役報酬の開示状況，②取締役，経営陣の業績連動指標（財務基準，環境基準，社会基

準），③取締役会の効果を高める工夫（株式の保有率，出席率，他の職務数，成果の評価），などを評価項目としている[5]。つまりESG投資の観点からも，経営者報酬制度が評価されるようになっており，報酬デザインにESG評価の概念も組み込まれるようになってきている。このように欧米において経営者報酬制度の議論は継続的に行われており，その高度化に向けて様々な手法が生み出されている。

　翻って日本において，コーポレートガバナンスの文脈で経営者報酬に関する議論は少ない。日本政府も近年，その点を意識するようになり，2013年以降，コーポレートガバナンス改革の文脈の中で経営者報酬に関しても変革を促すようになっている。2015年にコーポレートガバナンス・コードが証券取引所上場規程に定められ，原則4-2により，上場企業に対し，役員報酬について「健全な企業家精神の発揮に資するようなインセンティブ付けを行う」か，あるいは行わないことの説明（エクスプレイン）が要請された。これと並行するように，株式報酬制度や企業の業績を多角的に反映した利益指標の導入を要請する企業の動きに呼応して2016年度（平成28年度）税制改革や金融庁の内閣府令の改正が実施された。それを受けて2016年4月に経済産業省産業組織課が「『攻めの経営』を促す役員報酬〜新たな株式報酬（いわゆる「リストリクテッド・ストック」）の導入等の手引き〜）』を作成した。

　また，金融商品取引法に関して，2019年1月31日に「企業内容等の開示に関する内閣府令の一部を改正する内閣府令」が公布・施行された。これにより有価証券報告書における開示について，役員報酬の開示が拡充された。さらに会社法についても，2019年2月14日に法制審議会総会で承認された「会社法制（企業統治等関係）の見直しに関する要綱」では，役員報酬の情報開示に関する規定の充実が図られている。

　以上のような背景により，コーポレートガバナンスの観点から，経営者報酬制度をどのように構築するかというテーマが，わが国政府においても盛んに議論されるようになった。わが国においても，経営者報酬制度の改革が本格的に着手されるようになってきているのである。

1.2 本書の目的と経営者報酬制度の改革の必要性

　本書では，日本企業の内部組織とコーポレートガバナンスの展開過程を考察

し，わが国企業の経営者報酬制度の固有性という論点を提示する。また，日本の経営者報酬制度の現在の位相を，国際比較と実態調査をふまえながら，諸制度のコンフリクトの実相を吟味した上で明らかにする。歴史の展開過程がもたらす将来への制約や経済環境の構造変化による新たな可能性を発見するという視点を設定することで，日本の経営者報酬制度がどこに向かいつつあるのかについて展望し，その方向性について探求することが本書の目的である。

さらに，筆者は，2006年より日本取締役協会の「経営者報酬ガイドライン」の作成にあたって，経営者報酬制度の実態調査のリサーチ担当として携わってきた。経営者報酬ガイドラインは，日本において唯一かつ包括的な経営者報酬に関するガイドラインとして経営者報酬制度の課題を整理しつつ，次に，「経営者報酬の方針」，「業績連動型報酬」，「株式報酬」，「報酬委員会」，「規制税制改正の要望」の各項目において各企業の指針となりえる規範としてまとめたものである[6]。その中で，日本企業へのアンケート調査を3回，国内外機関投資家へのアンケート調査を2回実施し，2016年は13社の国内外機関投資家への訪問インタビュー調査を行った。その中で，表層には表れないわが国企業の経営者報酬制度に関しての様々な問題を把握することができた。そこで得られた知見をもとに経営者報酬制度の改革のための一助になることも本書の重要な目的である。

それではなぜ，日本企業の経営者報酬制度は改革を要請されるようになってきているのか。理由として以下の4点を挙げることができる。

第一に，コーポレートガバナンスと内部組織間の制度的補完関係により規定され，合理性を有していた経営者報酬制度が，経済環境の構造変化によって，均衡状態から乖離しつつあるからである。具体的にはコーポレートガバナンスを規定する重大な要素である株式持合いは低下し，メインバンクシステムの性質も徐々に変容しつつある。これらと制度的補完関係にあった内部組織も同時に変容をみせており，従来までの経営者報酬制度は制度疲労を起こし，改革を余儀なくされている。

第二に，経営者が適正なリスクをとり，企業の持続的な成長を推進させるためである。海外企業と比較すると低い日本企業のROE，ROA等の利益率の改善が要請されているが，低利益率の理由として多くの要因が挙げられている。その中で，中野（2016）は，低利益率の原因はローリスクにあると指摘しており，ニューヨーク大学のAcharya *et al.*（2011）によるROAの時系列ボラティ

リティ（リスク）の国際比較を紹介している。アメリカ，トルコ，カナダ，オーストラリアなどのROAの時系列ボラティリティが突出して高い一方で，日本のROAの時系列ボラティリティは2.2％と，世界38カ国で一番低いレベルとなっている。これについて，中野（2016）は，日本企業の「低収益性」の要因として，「低リスク」というもう一つの特性が隠されていることを指摘している。これが意味するところは，日本企業はリスクテイキングをすることはなく，その帰結としてリターンが低位で安定していることを意味する[7]。このような結果となった理由の一つとして，経営者のリスク回避度がきわめて強いことが指摘されている[8]。つまり，日本の経営者は総報酬額の水準も低く，固定報酬の比率が高いために，リスクテイキングすることよりも「何もせず大過なく過ごす」という意識が強く働いている可能性がある。これを改善するためには，経営者に適切なインセンティブを付与する必要がある。

　第三に，海外からの有能な人材の登用のみならず優秀な経営者を外部から採用することと，これと関連してわが国企業の歪な経営者報酬制度の是正の必要性である。グローバルな枠組みでの大競争が激化するなかで，世界の英知を集めるという人材戦略を実行するためには，世界中からトップクラスの人材を引きつけられる報酬デザインを構築する必要がある。経営者報酬額の水準と業績連動給の割合が圧倒的に低い現状では，日本企業が世界のトップクラスの有能な経営者を採用することは非常に困難であることは自明である。

　このため，一部の日本企業の経営者報酬制度は歪なものになっている。つまり，外国人経営者に別個の報酬デザインを準備して，特別枠にしているという点である。実際に，トヨタ自動車社長の経営者報酬が外国人の副社長よりも低額であることが話題となった。同社社長を務める豊田章男氏の2018年3月期の経営者報酬は3億8,000万円であった。これに対して，トヨタ初の外国人副社長であるディディエ・ルロワ氏の報酬は10億2,600万円と，豊田氏の3倍近い水準となっている。同社のケースのように，外国人役員にのみ高い報酬を提示することは日本では珍しいことではない。外国人役員に高額の経営者報酬を支払っているのは，グローバルな水準に報酬額を合わせないと他社に引き抜かれてしまう可能性があることが理由であると考えられる。このように，同一企業でありながら，役員間で極端な報酬額の差が出る経営者報酬制度が存在することは歪な状況であり，経営者報酬制度の再構築は必要である[9]。

　最後に，リスク管理においても，経営者報酬制度は重要な役割を果たすから

である。会計不正等により企業が財務報告の訂正を行う等の状況において報酬支給の差し止めや支給済み報酬回収の権利を設定するクローバック・マルス条項の導入は，経営者の不正行為を防止するうえで効果的なものとなる。また過度なリスクテイキング防止の視点から，自社株式保有ガイドラインやインセンティブ支給の上限設定も確立すべきである。

　以上のような理由から，日本企業も経営者報酬制度の改革が求められるようになってきたのである。上記の理由は，日本企業の構造上の問題と関連性が高いため，他の制度も含めた包括的な改革の枠組みのなかに経営者報酬制度を含めた方が，企業価値向上に寄与すると考えられる。

1.3 | 報酬ガバナンスの確立と高度化

　本書で日本企業の経営者報酬制度を検討する際に，報酬ガバナンスという概念を導入するが，その言葉に明確な定義はない。そこで本書においては報酬ガバナンスを，コーポレートガバナンスの視点から捉えて，企業価値向上のための最適な報酬制度の構築を可能にするための仕組みと定義する。報酬ガバナンスは，2007年4月に日本取締役協会の「2007年度　経営者報酬ガイドライン」の中で初めて使用されている。本研究では，報酬ガバナンスの重要な要素として，報酬委員会，情報開示，リスク管理の3点に焦点を絞る。

　阿部（2014）は報酬ガバナンスの目的について，「中長期的な企業業績の向上や株主価値の創造と経営者の報酬をリンクさせる報酬方針を策定し，それに沿った報酬制度の詳細設計と運用を可能とする仕組みを確保することにある。経営者報酬制度を企業価値向上に向けて適正に管理することである。」[10]と述べている。つまり，これを実現するためには報酬委員会の高度化，情報開示の拡充，リスク管理の強化が必要不可欠である。

1.4 | 本書のフレームワークと構成

　経営者報酬制度は，内部組織やコーポレートガバナンスならびに法規制・税制等の複合的な要因により生成される。そのため，わが国企業の経営者報酬制度を検討するにあたって，経営学と経済学ならびに法規制・税制等の制度的な面から，複眼的な視点での考察が必要不可欠になる。そこで，本書においては，

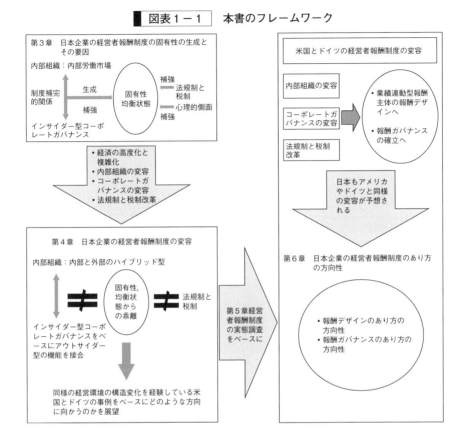

図表1−1　本書のフレームワーク

　経済学の理論的なアプローチを援用しながら，法規制・税制の考察を加味して，主に経営学の領域から経営者報酬制度について検討する。また，本書は6章構成であり，第3章以降の関係と本研究のフレームワークは以下のようになっている。

　第1章を除く，第2章から第7章の概要を以下に述べる。

　第2章では，本研究での議論を深めるための前提となる経営者報酬制度の概要について説明する。最初に，法的規律のあり方から経営者報酬制度について考察する。次に，経営者報酬の要素について類型化し，各要素について簡単に説明する。これは各国の経営者報酬制度を比較分析し，報酬デザインのあり方を議論する上で必要となる。そして，日本企業の経営者報酬制度の現状について他国のデータと比較しながら検討する。これにより，わが国企業の経営者報

酬制度の固有性を導き出す。最後に，経営者報酬制度とコーポレートガバナンスの関係性について考察する。コーポレートガバナンスの枠組みにおける経営者報酬制度の位置付けを明らかにしながら，先行研究を整理する。

続く第3章では，第2章で明らかにした日本企業の経営者報酬制度の固有性の生成とその要因について，主に内部組織とコーポレートガバナンスの観点から探求する。また，固有性を補強する要因として税制の影響についても指摘する。最後に，新たな視点として心理学的な要素から，組織アイデンティフィケーションとモチベーションのクラウディング・アウト効果の理論を援用しながら，固有性を補強した要因について考察する。

第4章では，内部組織とコーポレートガバナンスならびに法規制の変容が，日本企業の経営者報酬制度をどのように変容させるのかについて展望する。わが国企業の固有性は内部組織とコーポレートガバナンスの枠組みで生成されてきた。近年，それらの枠組みが変容しつつあり，制度的補完関係にある経営者報酬制度の経済合理性が失われることが予想される。そこで，本章では，わが国と同様の経済環境の構造変化を経験している米国とドイツの大企業の経営者報酬制度の変遷を分析することによって，わが国企業の経営者報酬制度の変容について展望する。

第5章では，2016年に日本取締役協会によって実施された経営者報酬制度に関する実態調査をもとに，機関投資家側からの視点も考慮に入れながら，日本企業の経営者報酬制度の現状を整理し，課題を浮き彫りにすることによって，次章での議論につなげていく。

第6章では，日本取締役協会の「経営者報酬ガイドライン（第四版）以下「ガイドライン」という」と同協会によって実施された経営者報酬の実態調査ならびに欧米企業の報酬デザインと報酬ガバナンスをもとに日本企業の経営者報酬制度のあり方の方向性について検討する。最初に，報酬デザインについては，短期インセンティブとしての年次賞与と長期インセンティブに区分して考察を進めて，その後に総合的な報酬デザインのあり方の方向性について検討する。次に，報酬ガバナンスは，①報酬委員会，②情報開示，③リスク管理の3つの要素から構成されて，相互に密接な関係にある。①については，企業価値向上のための報酬デザインか否かを適宜に検証し，場合によっては見直す必要がある。このような面で，中核的な役割を担うのが報酬委員会である。そのためには報酬委員会の独立性と専門性を強化しなければならないことを提示する。

②については，経営者報酬制度に関する情報開示の拡充の重要性について考察する。③については，報酬デザインの中にリスク管理の仕掛けを組み込むこと，および企業不祥事発覚後の事後的な対応策を制度に組み込むという2つの要素があることを提示し，検討を加える。

第7章では，本書の総括を行い，残された課題を提示する。

なお，本書では，日欧米の上場企業を考察の対象とする。経営者報酬制度は，後述するように内部ガバナンスのコントロールメカニズムとしての機能が期待されており，これは上場企業の株主と経営者間の問題に焦点が当てられている。本書を展開するためには，上場企業を考察の対象にする必要があるからである。

●注

1　田辺総合法律事務所・至誠清新監査法人・至誠清新税理士法人編著（2016），3頁。
2　European Commission（2010），pp.19-20, 同（2011），p.9, OECD（2009），p.12.
3　兒玉（2016），107頁。
4　ESGという言葉は，環境（Environmental），社会（Social），コーポレートガバナンス（Corporate Governance）の頭文字である。これは2006年4月に国際連合が国連責任投資原則（United Nations Principles for Responsible Investment，略称UNPRI）を立ち上げた際に，新しく作られた概念である。2005年に，当時のコフィー・アナン国連事務総長のもと，世界12カ国から20の大手機関投資家を招聘し，投資の分析・評価にあたって「持続的発展」を組み込むための原則を策定したのがPRI（Principles for Responsible Investment）であり，その中でESGという概念が初めて構築された。
5　日興フィナンシャル・インテリジェンス㈱社会システム研究所CSR調査室，㈱日本総合研究所 創発戦略センターESGリサーチセンター（2011），4頁。
6　日本取締役協会ディスクロージャー委員会（2007），3頁。
7　中野によると，日本のリスク調整後のROEは2.7％であり，他国と比較しても特段に低いということはない。
8　日本企業の経営者のリスク回避度の高さについては，第6章でも考察する。
9　米国においても，CEOの報酬をはるかに上回るCFOの報酬のようなケースはみられるが，日本のような外国人経営者との報酬格差はほとんどみられない。
10　阿部（2014），24頁。

第 | 2 | 章

経営者報酬制度の概要と
日本企業の固有性

　本章では，本書での議論を展開する前提として経営者報酬制度の概要について説明する。最初に，法的規律のあり方から経営者報酬制度について考察する。そして，株主総会決議によって取締役に対する報酬総額の最高限度額のみを定め，個人別の報酬額もしくは算定基準を代表取締役に一任するという実務では，株主利益の観点から最適なインセンティブを付与することによって，経営者を監督し，動機づける報酬をデザインすることが制度的に保障されているとは言い難いことを明らかにする。次に，経営者報酬の要素について類型化し，各要素について簡単に説明する。これは各国の経営者報酬制度を比較分析し，報酬デザインのあり方を議論する上で必要となる。そして，日本企業の経営者報酬制度の現状について他国のそれに関するデータと比較しながら検討する。これにより，わが国企業の経営者報酬制度の固有性を導き出す。最後に，経営者報酬制度とコーポレートガバナンスの関係性について考察する。コーポレートガバナンスの枠組みにおける経営者報酬制度の位置付けを明らかにしながら，先行研究を整理し，次章以降の議論の展開につなげていく。

2.1 | 法的な規律からの経営者報酬制度

　法的な規律からの上場会社の経営者報酬制度について概説する。上場企業の経営者として，ここでは，監査役会設置会社および監査等委員会設置会社における業務を執行する取締役（会社法363条1項）と，指名委員会等設置会社における執行役（会社法418条）を対象にする。

　指名委員会等設置会社（会社法改正前は委員会設置会社）においては，その

過半数が社外取締役によって構成される報酬委員会が取締役と執行役の個人別の報酬を決定する（会社法404条3項・409条）。報酬委員会は，取締役・執行役等が受ける個人別の報酬等の内容を決定する権限を有する機関である（会社法404条3項）。社外取締役を中心とする取締役会が執行役による業務の執行を監督するというのが，指名委員会等設置会社のコンセプトであり，報酬委員会も，そのようなコンセプトに基づいて設置される機関である。伊藤（2013）によると，報酬委員会が決定するものとされた趣旨は，執行役の報酬として業績連動型報酬が積極的に用いられるべきであることにあるとされ，それに関して株主との利害が調整されることが強調されている。経営者の報酬の決定が経営者への監督・インセンティブの付与という性質を有することは，委員会設置会社の頃より法制度上明確に表現されており[1]，この点では欧米の法制度と類似している。しかしながら，日本取締役協会の「上場企業のコーポレート・ガバナンス調査」によると，2018年8月1日時点で，指名委員会等設置会社を採用している企業数は，東証1部企業2,102社のうち，60社で全体の3％弱ときわめて少数である。一方で監査役会設置会社は1,529社，監査等委員会設置会社は513社となっている。このような背景から，監査役会設置会社を中心に本節では議論を進める。

　指名委員会等設置会社ではない以外の会社については，取締役の報酬は，定款または株主総会決議によって定められる（会社法361条1項）。株主総会決議が必要な「報酬等」とは，会社法において「報酬，賞与その他の職務執行の対価として株式会社から受ける財産上の利益」」と定義づけられている（会社法361条1項）。したがって，役員の職務執行の対価として支給されるものであれば，名目の如何を問わず，定額・非定額，金銭・非金銭等の支給形態にかかわらず，「報酬」等に該当する[2]。つまり，会社法361条は，取締役等の報酬につき，確定型，非確定型，非金銭型に分類しており（同条1項各号），非確定型つまり変動報酬と非金銭型についてはその算定方法等を相当とする理由を株主総会で説明する必要があると規定する（同条4項）[3]。さらに，ストックオプションの付与については，報酬規制との関係において，確定額（新株予約権の公正な評価額）の報酬（同条1項1号）で，かつ金銭でない報酬（同条1項3号）に該当するほか，新株予約権の発行規制（236，238，240条等）にも従う必要がある[4]。取締役の基本報酬についての平成17（2005）年改正前商法269条・会社法361条の趣旨は，お手盛りの防止であるところ，通説的な見解は，

取締役全員分の最高限度額が株主総会で決議されればよく，一旦最高限度額が決議されれば，それに変更がない限り毎年決議をする必要はないと解する。上場会社における取締役・執行役の報酬をめぐる利害の衝突（エージェンシー問題）は，経営者と株主との間で発生する。そのため，伊藤（2013）は，上場企業では，経営者が達成した業績に見合わない過大な報酬を手にすることをどのようにして防ぐかが，主な課題になると述べている。このような点で，取締役報酬に関する会社法361条（平成17（2005）年改正前商法269条）には重要な役割が期待されてきた。

　取締役の報酬を取締役会の決議に委ねたのでは，自らの報酬を自ら決定できるという「お手盛り」の弊害が生じ，これでは，いかに取締役が忠実義務を負っているとしても（会社法355条），報酬を自ら不当に高額にすることにより，会社に不利益を与える可能性がある。そのため，会社法361条は，お手盛りを防止するために，定款または株主総会の決議によって報酬額を決定しなければならないとする。一般的に，多くの会社では，定款では役員報酬金額や算定方法を具体的に定めずに，「役員報酬については，株主総会決議によって定める」等の条項を置くのみであって，具体的な金額や算定方法は株主総会決議で定めている[5]。武井（2013）は株主によるコーポレートガバナンスの実現という見地から，経営者の業績を評価する積極的役割が株主総会に与えられていると述べている。

　しかしながら，株主総会で決議された取締役全員分の最高限度額の範囲内で，取締役の個人別の報酬の内容がどのような過程で決定するかについて，会社法は特別な規定は置いておらず，そのような決定がどのような過程を経れば許容されるのかは，解釈に委ねられる[6]。松尾（2015）によると，業績連動型報酬を導入する場合に，金銭を支給するものであれば，支給される金額が総会決議によって定められた最高限度額内に収まる限り，あらためて総会決議を要しないとされている。また，総会で総額の限度額を定めた金銭報酬に加えて金銭支給型の業績連動型報酬を導入する場合，あるいは金銭以外の財産が給付される業績連動型報酬を導入する場合には，承認の対象とされている業績連動型報酬を相当とする理由を説明したうえで，株主総会の承認決議が必要となる。しかしながら，この説明においても，取締役の個人別の報酬の内容（固定報酬と変動報酬の割合等）を示すことまでは要求されず，また，どのような指標に対してどのように連動して報酬額が決定されるのか，どのような条件が達成されれ

ば報酬が支給されるのかといったことを示すことも要求されてとは解されていないようである[7]。その結果，取締役の報酬等について，株主総会では取締役全員の報酬等の総額の最高限度のみを定めて，各取締役への配分は取締役会に委任する，さらに取締役会が代表取締役に一任するといった慣行が広く存在し，判例もそれを許容してきたと指摘されている[8]。これは，伊藤（2013）によると，代表取締役への一任の問題を平成17年改正前商法269条・会社法361条との関係のみで捉えており，すなわち同条の趣旨である「お手盛りの防止」が確保されればそれでよいと考えていることが根底にある。この背景には，わが国企業の経営者報酬は固定報酬主体であり，インセンティブ報酬の割合が低かったという状況にあったことが挙げられる。

　指名委員会等設置会社以外の会社においても，経営者の報酬決定は，経営者の監督ならびに経営者へのインセティブの付与という性質を有すると解されるところ，代表取締役への一任は，経営者の報酬決定が有するその性質を害するものである[9]。このような意味で，会社法361条は，インセンティブ報酬の重要性が高まっている現代において，機能不全を起こしていると考えられる。伊藤（2013）が主張するように，経営者報酬の決定権限の所在に関する会社法のルールを見直す必要性は，高くなっているのである。現在では，コーポレートガバナンス・コードの中で，経営陣の報酬について，上述したように健全な企業家精神の発揮に資するようなインセンティブ付けを行うべきことや（原則4－2），客観性・透明性ある手続に従い，報酬制度を設計し，具体的な報酬額を決定すべきで，その際，中長期的な業績と連動する報酬の割合や，現金報酬と自社株報酬との割合を適切に設定すべき（補充原則4－2①）であることを要求しているが，実効性確保については疑問の余地が残る。

　以上のことから，わが国の法的規律は，経営者の監督ならびに経営者へのインセンティブの付与という視点に欠けていることを明らかにした。これはわが国企業の経営者報酬が固定報酬主体で，インセンティブ報酬の割合が低いという態様の生成にも影響を与えてきたと考えられる。

2.2 | 報酬要素

　経営者へインセティブを付与するにあたって，近年，様々な報酬要素が開発されている。国によって経営者報酬制度の性質は異なり，報酬要素の分類の仕

第2章　経営者報酬制度の概要と日本企業の固有性　15

■ 図表2−1　報酬要素・目的・支給形態

支　給　期　間	報酬要素	支給形態	目　　　的	固定・変動
短期インセンティブ報酬 （年次賞与） Annual Compensation 1年間に支給される報酬	固定 （基本） 報酬	現金	役員の役割・職責・リーダーシップ・成果に見合った必要十分なレベルの報酬の提供	固定
	年次賞与 （ボーナス）		単年度事業計画や戦略目標の達成に対するインセンティブ	変動
長期インセンティブ報酬 Mid/Longterm Compensation 複数年以上に渡って 支給される報酬	中長期現金賞与		中長期の事業計画や戦略の達成に対するインセンティブ	
	ストック・アプリシエーション・ライト		株価の上昇に対するインセンティブ	
	ストック・オプション	株式 （ユニット型の場合は，現金支給の場合あり）		
	譲渡制限株式またはユニット		株式保有の促進・リテンション	固定
	パフォーマンス・シェアまたはユニット		中長期の事業計画や戦略目標の達成に対するインセンティブ	変動
その他報酬・ベネフィット	退職慰労金	現金または株式	役員の役割・職責・リーダーシップ・成果に見合った必要十分なレベルのベネフィットの提供	固定または変動
	社用車	会社負担経費		
	その他	現金または会社負担経費		

出所：2017 Pay Governance LLCより筆者が加筆・修正。

　方にはいくつかの方法がある。**図表2−1**は，一般的な報酬体系を，報酬要素・支給形態・目的別に整理したものを表しており，長期インセンティブについては，代表的な報酬要素を取り上げてある。その他報酬ベネフィットについて，欧米では，フリンジ・ベネフィット（fringe benefit）とペンション・プラン（pension plan）に分けられて詳細に開示されているケースが多い。

　さらに，報酬要素は，①業績連動の有無，②評価対象期間，③指標への連動方法といった視点からも分類することができる[10]。議論の中心になるのが①についてであり，業績連動の有無により，固定報酬と業績連動型報酬の2つに分類することができる（**図表2−2**参照）。

　以上のことをふまえて，本節では，固定報酬，年次賞与（短期インセンティブ），長期インセンティブに区分して説明する。

16

■ 図表２−２　分類の視点

分類の視点	
業績連動の有無	固定報酬
	業績連動型報酬
交付物	金銭
	株式
	新株予約権
評価対象期間	短期（単年度）
	中長期（複数年度）
指標への連動方法	上方のみ連動
	下方のみ連動
	上方/下方に連動

出所：田辺総合法律事務所・至誠清新監査法人・至誠清新税理士法人（2016），10頁より筆者が加筆・
　　　修正。

⑴　**固定報酬**

　固定報酬は，業績にかかわらず定期に一定額の金銭を支給する固定金銭報酬
であり，基本報酬とも呼ばれる。これは経営者の生活保障の側面というよりは，
企業価値向上にどの程度貢献したかという点をふまえた，経営者の基本的能力
に基づく職務執行の対価である。

⑵　**年次賞与（短期インセンティブ：Short Term Incentive）**

　年次賞与（短期インセンティブ）は，１年間の会計年度の業績に連動して支
給額を決定する報酬を指し，いわゆる現金ボーナスで，年次インセンティブと
呼ばれることがあり，年次賞与にはターゲット型賞与モデルとプロフィット型
賞与モデルが存在する[11]。

①　**ターゲット型賞与モデル**

　ターゲット型賞与モデル（以下「ターゲット型モデル」という）は，財務指
標を主たる業績評価指標（Key Performance Indicators，以下「KPI」という）
とし，事業目標に対する達成度に応じ，支給額に変動させる公式を，当該会計
年度に設定し，期末に当該公式によって計算された額を支給する[12]。

　ターゲット型モデルは異なった役員ごとに異なった評価を行うことが可能と

なるために，役員が自己の目標達成度と報酬額とのリンクを明確に認識でき，インセンティブが働きやすいというメリットがある[13]。そして，役員別の標準賞与額と変動額があらかじめ定められ，それが評価に応じて独立に変動するため，経営者が自身の目標達成度と支給額とのリンクを明確に認識することが可能になる[14]。

　経営を担うプロの専門職という考え方が確立しており，企業と個人のディールとして報酬を定める側面の強い欧米では，ターゲット型モデルの採用が主流となっている[15]。多くの企業では，KPIの目標達成時にターゲット水準の100％，業績に応じてターゲット水準の0～200％の範囲で年次賞与の支給水準を決定する仕組みをとっており，上限を設定するケースが一般的である[16]。欧米では，経営者層の人材の流動性が高いため，外部労働市場から新たに経営者を採用することが多い。その際に，「利益の何パーセントを原資にしてどのくらいの賞与」と言われるよりも「標準賞与額がどのくらいで，変動幅はどれくらい」という説明のほうが，理解度の容易さの点で優れているためであると推測されている[17]。また阿部（2014）によると，ターゲット型モデルは製造業において採用されるケースが多い。理由として，製造業において過度の業績の変動は，製品品質の低下を引き起こす可能性が高くなるため，業績を一定の範囲に収めるためである。

　しかしながら，ターゲット型モデルのデメリットとして，役員別の評価と関連する部分の支給額が予想しにくい点が挙げられる[18]。たとえば，会社全体では赤字であるのにもかかわらず，特定部門だけ業績が良好な場合，当該部門の担当者が高額の報酬を受け取る状況も考えられる。この場合，株主からの理解を得ることが難しくなる。

②　プロフィットシェアリング型賞与モデル

　利益に一定の比率を乗じた額を賞与の原資として，当該原資を分配するモデルである。まず，支給原資を決定し，その後で対象者に分配するという点で，ターゲット型とは異なる。本モデルは利益が増加するほど，支給額が増加する。原資算定のベースとなる利益は，会計上の利益である当期利益や営業利益となる。

　一方，株主からの理解という点では，プロフィットシェアリング型賞与モデルは，賞与の原資は常に明確であり，企業業績と経営者に対する賞与の額との

関連性が容易に把握できるという点でメリットがある。

　デメリットとして，賞与の原資は利益の額によって決定されるため，企業の業績が低迷し，利益の額が低下すると，個人としては高い業績を達成しても，それに見合った報酬額を受け取ることができない。さらに阿部（2014）は，利益が増えるほど，支給額の額は増え，支給上限が青天井であったため，高額の賞与を得んがために過度なリスクテイキングを招き，世界金融危機発生の大きな要因の一つとして大きな批判を浴びたと述べている。

③　年次賞与の繰り延べ

　繰り延べとは，上述の年次賞与モデルで計算された支給額の一部について数年後まで支払いを繰り延べる制度である。短期業績主義が，世界金融危機を招いたとの反省をふまえ，複数年の業績の評価を中心に報酬を支給すべきとの意見が欧州で主流となった。これをふまえて英国・コーポレートガバナンス・コード，ドイツ・コーポレートガバナンス・コード，ドイツ・経営者報酬の相当性に関する法律（VorstAG），金融安定理事会（Financial Stability Board）の「健全な報酬慣行に関する原則および実施基準」を受けた各国の金融監督当局による報酬規制等によって，この年次賞与の繰り延べ（Deferred Compensation）が，実務として確立しつつある[19]。

(3)　長期インセンティブ

　長期インセンティブとは，評価対象期間を中長期（複数年度）とする業績連動型報酬のことである。単年度ではない連続した期間での評価となるため，株価と関連づけることが圧倒的に多いために，株主との利害の一致が明確となるだけでなく，客観的で透明性の高い報酬要素ともなり，企業価値に責任を持つべき経営者の報酬としての意義が深まる[20]。また，評価機関に応じたリテンション効果（人材の引き留め効果）も，長期インセンティブ報酬の重要な特徴の一つである[21]。**図表２－３**は主な長期インセンティブ要素を整理したものである。代表的な長期インセンティブとしては，以下が挙げられる。

①　ストックオプション

　ストックオプションとは，新株予約権で，付与時の株価を行使価格に設定したものである。わが国の企業会計基準第８号「ストックオプション等に関する

第2章　経営者報酬制度の概要と日本企業の固有性　19

■ 図表2−3 主な長期インセンティブ要素

名　称	付与形態	連動指標	概　要
通常型ストックオプション（Stock option）	株　式	株　価	株式を予め決められた一定の価格で購入できる権利を付与する
株式報酬型ストックオプション	株　式	株　価	権利行使価格が1円のストックオプション
ファントム・ストック（Phantom stock）あるいはバーチャル・ストック（Virtual stock）	現　金	株　価	仮想的に株式を付与したとみなし，権利行使時の株価相当金額を付与する
ストック・アプリシエーション・ライト（Stock appreciation rights）	現　金	株　価	権利行使価格と権利行使時の株価との差額を現金で支給する
リストリクテッド・ストック（譲渡制限付株式：Restricted stock）	株　式	株　価	譲渡制限をつけた上で，無償で実株を付与する
リストリクテッド・ストック・ユニット（譲渡制限付株式ユニット：Restricted stock unit）	選択式	株　価	一定数のユニットを付与し，中長期の業績に応じてユニットが現金または株式に換算される
パフォーマンス・シェア（Performance share）	株　式	業　績	一定数のユニットを付与し，中長期の業績に応じてユニットが株式に換算される
パフォーマンス・ユニット（Performance unit）	現　金	業　績	一定数のユニットを付与し，中長期の業績に応じてユニットが現金に換算される（現金と株式の選択式とすることも可）
中長期現金賞与	現　金	業　績	中長期の事業計画や戦略目標の達成に対するインセンティブ
繰延報酬（Deferred compensation）	現　金	業　績	後払い賞与

出所：経済産業省（2015）『日本と海外の役員報酬の実態および制度等に関する調査報告書』経済産業省（経済産業政策局産業組織課）委託調査，27頁より筆者が加筆・修正。

会計基準」によると，ストックオプションは，企業が，その使用人，取締役，会計参与，監査役および執行役ならびにこれに準ずる者から受けた労働や業務執行等のサービスの対価として付与する，一定の金額の支払いにより自社の株式を取得することができる権利である。

② 譲渡制限付株式（リストリクテッド・ストック）

　リストリクテッド・ストックとは，一定期間（通常３年程度）の譲渡制限期間が設定された株式報酬をいう。阿部・郡谷（2016）によると付与時の株価に加え，その後の値上がり部分も含めたものが，対象者の利益となることから「全価プラン」と呼ばれる。在任期間に応じて報酬としての価値が増大するような設計にする（たとえば，株式を一括で付与する場合には，在任期間に応じて譲渡禁止の対象となる範囲が徐々に縮小するような建て付けにする）ことで，中長期のインセンティブを付与することにより，株主と経営者との利害を一致させることを促し，有能な人材の流出を防ぐためのリテンションの効果も期待されている[22]。

③ パフォーマンス・シェア

　あらかじめ設定した業績目標の達成度に応じて株式を付与する制度のことである[23]。業績評価期間（通常３年間）を設定し，その間の通算業績の達成度によって評価を行い，報酬として自社株式を付与することから，中長期の業績目標の達成が主たる目的となる。
　なお，株式報酬については，第６章でも検討する。

2.3 日本企業の経営者報酬制度の現状とその固有性

2.3.1 海外企業との比較

　ここでは，日本企業の経営者報酬の現状を海外企業と比較しながら分析する。データについては，ウイリス・タワーズワトソン（Willis Towers Watson），ペイ・ガバナンス（Pay Governance）の調査結果を取り上げる。
　図表２−４の各国主要企業のCEOの報酬水準と図表２−５の日米欧・大手企業CEO報酬の比較より明らかなことは，日本企業においては総報酬額の水準が低く，総報酬額に占める固定報酬の割合が高いことである。これは業績連動型報酬の割合が低いことが大きな理由となっており，この中でも長期インセンティブの割合が低いことが特徴的である。これは，日本企業の経営者報酬は企業業績との連動性が低いことを意味する。つまり，固定報酬の割合がきわめて高く，短中長期の業績向上に対するインセンティブが効きにくい状況となっ

第 2 章 経営者報酬制度の概要と日本企業の固有性 21

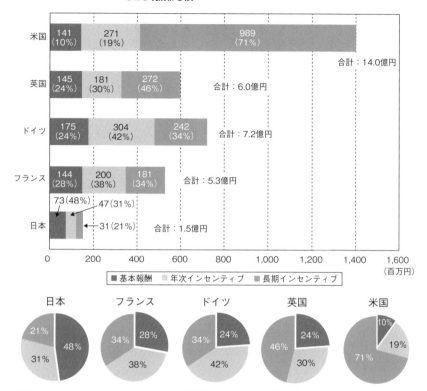

図表2-4 各国主要企業のCEOの報酬水準と日米欧の先進各国のCEO報酬比較

- 米国：Fortune500のうち売上高等1兆円以上の企業253社の中央値
- 英国：FTSE100のうち売上高等1兆円以上の企業52社の中央値
- ドイツ：DAX構成銘柄のうち売上高等1兆円以上の企業25社の中央値
- フランス：CAC40のうち売上高等1兆円以上の企業31社の中央値
- 日本：総額は時価総額上位100社のうち売上高等1兆円以上の企業74社の連結報酬等の中央値
  内訳は（割合）は連結報酬等開示企業（異常値を除く）58社の平均値を使用して算出
  長期インセンティブには単年度退職慰労金も含む

＊円換算レートは2017年平均TTM（1ドル=112.19円、1ポンド=144.51円、1ユーロ=126.67円）

出所：ウイリス・タワーズワトソン　https://www.willistowerswatson.com/ja-JP/press/2018/07/japan-us-europe-ceo-compensation-comparison-2017（2019年4月28日アクセス）

ている。具体的には，**図表2-4**によれば，基本（固定）報酬：年次（短期）インセンティブ：中長期インセンティブの構成比は，米国が1：2：7，ドイ

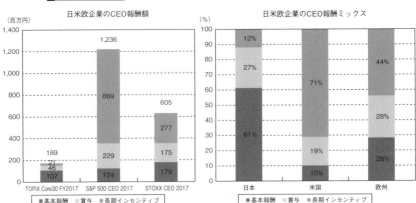

図表2－5 日米欧・大手企業CEO報酬の比較（2017年度）

注：CEO報酬の中央値（米は2017年度S&P500社，欧州は2017年度STOXX Europe50とEURO STOXX50の71社，日本は2018年度3月決算までのTOPIXCore30を対象）。為替換算レートは2017年末の年間平均TTMより算出。
出所：ペイ・ガバナンス（日米）とHKP（欧州）による調査。

ツとフランスが概ね1：1：1であるのに対して，日本はおよそ5：3：2である。

図表2－5は，Pay Governance の調査による2017年度の日米欧の基本（固定）報酬，年次賞与，長期インセンティブのそれぞれの比率である報酬ミックスを示している。この図において注目されるのが，極端なケースと思われがちな米国を除いた欧州と比較しても，業績連動型報酬の割合が低いことであり，わが国企業の経営者報酬制度が欧米と比較するときわめて異質であることを示唆している。

2.3.2　日本企業の経営者報酬制度の固有性

前節で，日本企業の経営者報酬と欧米企業のそれとの相違点を指摘した。具体的には，総報酬額の水準の低さと総報酬額に占める固定報酬の割合が高いことであり，これらはわが国企業の経営者報酬制度の固有性と捉えることができる。とくに固定報酬の割合が高いことは，わが国企業において短中長期のインセンティブ報酬の導入についての必要性と重要度が低かったことを意味する。図表2－6は，従来までの日本企業の経営者報酬制度の固有性を整理したものを表している。

図表2-6　従来までの日本企業の経営者報酬制度

- 大手企業でも，総報酬は1億円程度
- 総報酬額に占める固定報酬の割合の高さ
- 企業業績との連動性は極めて低い（企業業績が変動しても，報酬はさほど変わらない）
- 伝統的大企業の場合，顧問，子会社への転籍，相談役等の処遇まで含めた，長期の体系となっている。

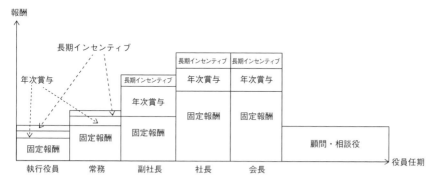

出所：2017 Pay Governance LLC より筆者が加筆・修正。

　図表2-6で示した固有性は，コーポレートガバナンス・コードの原則4-2で謳われている「経営陣の報酬については，中長期的な会社の業績や潜在的リスクを反映させ，健全な企業家精神の発揮に資するようなインセンティブづけを行うべき」という理念と相反するものである。その固有性は，経営者の企業家精神を削ぎ，リスクテイキングの程度を低める方向に作用する。つまり，経営者に対して最適なインセンティブを付与するような報酬デザインとなっていないのである。

　以上のようなわが国企業の固有性は，1980年代までの経営環境の変化が緩やかで，国際競争も今ほど激しくなかった成長期に適合していた特徴と考えられる。この固有性の要因については，日本企業のコーポレートガバナンスや内部組織との関連が非常に深いと考えられる。そこで，日本企業の経営者報酬制度のあり方の方向性を検討する前提として，次章でその固有性の生成とその要因について考察する。

2.4 経営者報酬制度とコーポレートガバナンス

　欧米において経営者報酬制度は，コーポレートガバナンスの文脈の中で数多くの議論がなされていた。コーポレートガバナンスの問題が議論される場合には，株主と経営者の間の利害対立問題が想定されることが多い。つまり，大企業の株主は経営に関する知識が乏しいために，専門経営者に経営を委託するが，経営者と株主の利害が一致するとは限らない。ここで，情報の非対称性の問題も重なり，株主と経営者との間にエージェンシー問題が発生することになる。そのため，何かしらの工夫をしないと，経営者は株主の利益に適った企業運営を実行しない可能性が高い。これは，その工夫を設計し，構築するためのコスト，いわゆるエージェンシー・コストという株主の不利益が発生することを意味する。多くのコーポレートガバナンスの議論は，そのエージェンシー・コストを削減するための工夫の構築についてなされている。具体的には，企業価値向上のために，株主と経営者の利害対立によって発生するエージェンシー問題をどのようなシステムで克服するかという問題である。このような観点から，経営者報酬制度で代表されるインセンティブ設計の問題は重要な役割を果たしてきた。最適な経営者報酬制度は，エージェンシー問題を緩和し，経営者にインセンティブを付与することによって，適切なリスクをとることを促し，企業価値向上に大きく寄与すると考えられてきたのである。

　ここでは，コーポレートガバナンスと経営者報酬に関する先行研究を整理する。最初に，コーポレートガバナンスの定義を簡単に整理する。次に，経営者報酬制度がコーポレートガバナンスの文脈の中で，どのような位置付けにあるのかを説明する。そして，経営者報酬制度を検討する際に，エージェンシー問題の緩和という観点から，インセンティブ設計の問題が重要になることを指摘する。

2.4.1 コーポレートガバナンスに対する多様な捉え方

　これまでコーポレートガバナンスに関して多くの考え方が提唱されており，確立した定義というものは存在しない。それはコーポレートガバナンスをどのような観点から捉えるかということと深く関連してくるからである。また，コーポレートガバナンスは国によっても異なり[24]，それはその国の経済システ

ムとくに金融システムに大きな影響を受けている。そのため，国際的に統一されている定義は存在しないのである。

宮島（2004）に依拠すると，コーポレートガバナンスは「権限と責任の配分，インセンティブの提供を通じて経営者の規律づけ，経営効率を維持するしくみの総体」と定義される。その際に，争点となるのは，①コーポレートガバナンスの目的として何を考えるか，言い換えれば，誰の利害に即する形で経営を規律づけるか，②経営の規律づけにおいて，どのような経路を想定するか，の2点となると主張している。

田中（1998）によると，コーポレートガバナンスは，企業と株主の関係として捉えるもの，企業と利害関係者の関係として捉えるものの2つに分類されていると述べている。また星（2002）は，企業の資金提供者と経営者の利害不一致やモラルハザードの問題に着目し，コーポレートガバナンスを資金提供者による経営者の規律づけの問題と捉える立場と，資金提供者だけではなく，さらに広い範囲の利害関係者を考え，それらの種々のステークホルダー（利害関係者）と経営者の間の問題を調整する仕組みがコーポレートガバナンスであるとする立場の2通りの定義が提唱されてきたと論じている。つまりコーポレートガバナンスを金融の面から捉えるか，広い範囲の利害関係者の視点から捉えるかということが，もっとも典型的なアプローチの仕方であると考えられる。

以上のように，多様な見地から，コーポレートガバナンスは検討されており，確立した定義というものは存在しないが，経営者報酬制度の議論を展開する上では，宮島（2004）の定義が適合すると考えられる。本研究では，最適なインセンティブを付与するような経営者報酬制度の提供を通じて，経営者に規律と動機づけを与えて，企業価値の向上と経営効率を維持するしくみの総体とコーポレートガバナンスを定義する。

2.4.2 コーポレートガバナンスにおける経営者報酬制度の位置付け

経営者報酬制度は，コーポレートガバナンスの枠組みの中で，どのような機能を果たすのかについて多くの研究者によって議論されてきた。その多くは，経営者報酬制度は間接的に経営者に規律を与えるというものである。

Denis and McConnell（2003）は株式所有（構造）という観点からコーポレートガバナンスを内部ガバナンス・メカニズム（internal governance mechanism）と外部ガバナンス・メカニズム（external governance mechanism）の2つに分類している。彼らの分類によると，内部ガバナンス・メカニズムとは，①取締役会，②株式所有構造，③経営者報酬等が構成要素となり，取締役会と経営者報酬制度を通じた企業組織内部の規律である。経営者報酬制度は，経営者への規律としてアメとムチの2つの機能を持つ。アメとしては，適正なインセンティブを付与し，経営者を動機づけることによって，企業価値の向上を図ることであり，ムチとしては経営者への牽制機能である。経営者報酬制度をデザインする際に重要な点は，宮島（2004）によると，経営者にとって外生的な，その企業が属する産業に共通する要因と，経営者の努力が直接反映される部分を識別することである。この識別が適切に行われなければ，努力水準が低いにもかかわらず，過大な報酬が支払われたり，逆に，努力水準が高いにもかかわらず，報酬に反映されず，経営者のインセンティブが低下したりすることが起こりうる。これは，インセンティブ設計の問題として，経済学の分野で活発に議論されてきた。つまり，経営者報酬制度をデザインする場合に，どのKPIが経営者の努力をもっとも反映するのかを考慮する必要がある。たとえば，株価は，企業の将来の情報を反映するために，長期的なKPIとして適するが，市場環境など経営者の努力と無関係な要因の影響を受けやすいので，ときに経営者の努力が反映されないこともあり，他のKPIも使用する必要がある。

　伊藤（2005）は，様々な情報とインセンティブの問題によって，企業の活動は社会的に望ましいものから乖離する可能性があり，会社を「適切な」活動に誘うインセンティブを生み出すことが，コーポレートガバナンスが解かなければならない問題の一つと述べている。このようなインセティブの問題を解消するための仕組みを設計する立場の主体，エージェントは，プリンシパルがインセティブの設計を通してその行動をコントロールしようとする対象であり，コーポレートガバナンスにおいて，エージェントは経営者となる。そして，プリンシパルを株主とした場合，コーポレートガバナンスのメカニズムとして，①直接的介入：経営者が法的に負う義務を明確化し，違反した経営者を訴える仕組み，②モニタリング委譲：株主が経営者の活動を監視する役割を，取締役会，市場（敵対的買収，委任状争奪），支配株主，金融仲介機関（銀行，年金基金等）等に委譲する仕組み，③間接的インセンティブ：経営成果に依存した経営者報酬（給与，賞与，ストックオプション等）の3点を挙げている。③について，伊藤（2005）は，インセンティブ水準は不十分な水準にしかならない

ことや，インセンティブの歪みの問題があることに加えて，強力なインセンティブを与えることが新たなインセンティブ問題を引き起こす等を指摘している。

小佐野（2001）は，経営に対するコントロール権の配分を与えられたものとした上で，内部コントロールメカニズムにより経営者に規律を与える方法としては，制度的な機構による経営者への直接モニタリングを使った直接コントロール（取締役会と監査役会，社外取締役，株主総会，株主代表訴訟）と，経営者の報酬契約や選抜制度を使った間接的コントロールという方法があると指摘している。

以上の議論を整理すると，経営者報酬制度は，コーポレートガバナンスの内部メカニズムの一つの要素であり，経営者を間接的に規律するものであると考えられる。そこで，本書では，経営者報酬制度を内部ガバナンスのコントロールメカニズムと捉えて議論を進める。

2.4.3 エージェンシー問題とインセンティブ設計

中村（2012）は，株主と取締役会の利害が一致しているという仮定の下で，経営者報酬は，コーポレートガバナンスに係る契約の部分集合とみなすことができると述べている。

既に述べたように，株主は専門経営者を雇い，企業経営を委託するが，経営者が，常に株主の利益に適った行動をとるとは限らない。このような株主と経営者の間の利害衝突により，エージェンシー問題が発生する。このエージェンシー問題を分析した代表的な研究としては，Jensen and Meckling（1976）が挙げられる。株主は企業の経営資源の利用についての意思決定を経営者に委託している。情報の非対称性が存在する場合には，株主が経営者の行動を完全に把握することはできない。そのため，株主は株主利益を最大化するような経営を望むが，他方，経営者は自己の効用を最大化するような経営を実施する可能性がある。小山（2011）によると，株主をプリンシパルとし，経営者をエージェントとするような関係においては，株主と経営者との利害が一致せず，また環境の不確実性の存在によって，単にその成果だけでは経営者の行動が評価できない。このため，もし株主が自らの利害に沿った行動を経営者がとることを希望するとすれば，株主は経営者の行動を何らかの方法で監視するようなシステム（モニタリング・システム）や，経営者が株主の利害に沿って行動する

ように動機づけるシステム（インセンティブ・システム）を構築するという対策を立てねばならない。つまり，経営者の行動を完全にはモニタリングできない株主は，経営者が自らの利益に適った行動を選択するような，なんらかの仕組みを構築する必要がある。このように，株主と経営者の間に存在するエージェンシー問題を解決する手段として，金銭的な利益を利用した合意の仕組み，すなわち，金銭的契約が経営者報酬である[25]。

このようにエージェンシー問題を解決するには，何らかの成果指標を使ったインセンティブを付与する金銭的契約いわゆる経営者報酬制度を導入する必要がある。株主は，経営者と報酬制度の契約を結ぶにあたって，株主と経営者の間の利害を一致させるようなインセンティブを与えなければならない。言い換えればアメの期待とムチの恐怖を与え，経営者を規律しなければならない。このような適切なインセンティブを付与する経営者報酬制度がデザインできれば，情報の非対称性により発生する問題が緩和され，資源配分の効率性の改善と社会厚生の増加も可能になる。こうして，どのようなインセンティブを付与する経営者報酬制度が適切であるか，それをどのようにデザインするかは，株主と経営者の間のエージェンシー問題を解決するための鍵になるのである。

代表的な研究として，Holmstrom（1979，1982）は，経営者と株主の間のエージェンシー問題が存在するとき，インセンティブ報酬によって，企業パフォーマンスが高められることを明らかにしている。彼によれば，事後的なパフォーマンスが経営者の努力水準を示す十分統計量ならば，経営者報酬体系を企業業績に連動させて設計し，導入することがプリンシパルにとって望ましいと指摘している。さらに，Holmstrom and Milgrom（1987）はインセンティブ契約においては，①インセンティブ提供，②経営者と株主との間のリスク・シェアリングという2つのポイントをうまく調和させることが重要であると述べている。つまり，「固定報酬」と「業績連動型報酬」を組み合わせることが企業にとって好ましい報酬デザインである。

そして，経営者報酬の決定においては，短期と長期のインセンティブを調和させること，上記で述べたように経営者の努力を測定する尺度を適切に選択すること，という2点が重要となる。

前者については，単年度のKPIに基づいて報酬額を決定する短期インセンティブの年次賞与と，複数年の企業業績と関連した長期インセンティブ報酬を併用することにより，経営者に対して短中長期的なバランスのとれた収益性を

考慮した判断を促すことができる。初期に莫大な費用がかかる研究開発費など，短期的に見れば利益を押し下げるものの長期的には重要な支出がこれに当たる。後者については，会計利益と株価という2つの特徴の異なるKPIを併用することが望ましい。会計利益は経営者の努力との相関が高いが，恣意的な利益操作が行われる危険性も高い。対して株価は経済環境の変化などの外部要因により影響を受けるため努力との相関は低いものの，恣意的操作は困難である。このように複数のKPIを適宜併用すると，経営者のインセンティブをコントロールすることが可能になる。

2.4.4 エージェンシー問題と経営者報酬制度に関する先行研究

⑴ 経営者持株比率とエージェンシー問題

　既に述べたように経営者報酬制度については，欧米において様々な切り口から数多くの研究がなされている。とくに1980年代以降，経営者報酬に関する研究は増加しており，その背景として1980年代以降のアメリカの経営者報酬の高額化が挙げられる。最初にエージェンシー理論の観点から，経営者の持株比率についての先行研究を整理する。

　まず，エージェンシー・コストを削減するために経営者の自社株式保有が有効であるとの指摘がある。経営者が自社株式を多く保有するほど，経営者と他の株主との間の利害の一致いわゆるアラインメント（alignment）が強まりうる。一方，経営者の株式保有が，外部からの規律づけに対する経営者にとっての防御，いわゆるエントレンチメント（entrenchment）となる可能性も指摘される。このような研究の重要性として，近年，グローバルかつ中長期の観点からの株式報酬の重要性が高まっていることが挙げられる。また，メインバンクシステムと株式持合いが内在されている日本の企業システムにおいては，擬似的に経営者の持株比率は高いことが想定される。このような状況により，自社株式保有の観点から考察した経営者報酬制度の検討は非常に有益であるように思われる。

　Morck, Shleifer and Vishny（1988）は，上記の問題と関連して，経営者の持株比率が増加するにつれて企業価値は連動して向上するという考え方と，経営者のエントレンチメントが高まる状況においては，企業価値の最大化が最優先事項でなくなるとする，2つのトレードオフの関係について実証分析を行っ

ている。具体的には，フォーチュン誌500から抽出した1980年の米国企業371社のデータをサンプルとして，内部経営者持株比率とトービンのＱとの関係について実証分析を行った。その結果，内部経営者持株比率が５％になるまでは，内部経営者持株比率とトービンのＱとは正の関係，５％から25％までは負の関係，25％以上になると再び緩やかな正の関係がみられると主張している。そして，経営者持株比率と企業価値の間には以下のような関係があることを明らかにした。経営者持株比率の増加に伴い企業価値は向上するが，ある一定の比率を超えるとエントレンチメント効果によって企業価値は低下し，その後はエントレンチメント効果が弱まって正の関係が優位となるような非線形の関係である。

　また，McConnell and Servaes（1990）は，NYSE（ニューヨーク証券取引所）またはAMEX（アメリカン証券取引所）に上場する1976年度における1173社と1986年の米国企業1,093社を対象として，同じく経営者持株比率とトービンのＱに関する実証分析を行っている。これによると，経営者持株比率が40～50％程度になるまでは，経営者持株比率とトービンのＱとは正の有意な影響を示すが，それを超えると有意に負の関係になることを発見した。

　Short and Keasey（1999）は，ロンドン証券取引所上場の英国企業を対象に，経営者の持株比率と企業パフォーマンス（トービンのＱ）の関係について分析をしている。その結果，持株比率が12～15％までの間は正の関係，その後42％までは負の関係，42％を超えると再び正の関係になることを確認している。

　日本企業を対象とした代表的な分析では，手島（2000）が，東証１部上場の製造企業をサンプルに経営者持株比率と企業価値の関係を詳細に分析している。経営者持株比率がある閾値に達するまでの範囲では企業価値に正の有意な影響を示すが，その閾値を超えると企業価値の低下現象をもたらすことを発見した。

　久保（2004）は，日経225インデックスに用いられている企業のうち銀行等を除いた208社をサンプル（データ期間は1992年から1996年）を対象に役員の持株が企業業績に与える影響を分析した。その結果，経営者の株主との利害共有度が高いほど企業の利益は増加していることを明らかにしており，エージェンシー問題が回避された可能性を示唆している。

　鄭（2015）は，経営者の自社株式の持株比率を所有と経営の分離の度合いの物差しと想定し，経営者の持株比率と企業のパフォーマンスの間で統計的に有意な関係があるかを検証した。具体的には，経営者の持株比率の値でグループ

を上・中・下に分け，グループ間の財務指標および株式リターンパフォーマンスの比較を行っている。その結果，持株比率の高いグループである上・グループは，下・グループをアウトパフォーマンスしており，「インセンティブ効果」を確認した。

　以上のように経営者の持株比率と企業価値の関係を，エージェンシー問題の観点から考察している研究は多くみられる。近年，世界的に経営者報酬の長期インセンティブ報酬として，株式報酬の導入が高まっているが，上記の研究はその効果と限界を探るという点で大きな意義があると考えられる。

(2) 経営者報酬と企業業績

　1980年代以降，エージェンシー理論に基づいた経営者報酬と企業業績の関係についての実証研究は，米国を中心に数多く存在する。中尾・中嶌（2011）は，これらの研究を，経営者の利得構造を企業価値から捉えようとするものと前項で述べた企業の統治構造（経営者の持株比率）から企業価値を説明しようとするものに大別し，前者の経営者報酬の決定要因の分析では，多くの研究で利潤，企業価値，企業規模あるいは株主利益との間に正の相関関係があると述べている。

　例えばCoughlan and Schmidt（1985）は，経営者報酬が企業の株価収益率と強い相関関係にあることを発見している。Murphy（1985），Jensen and Murphy（1990）の研究では，米国企業の経営者報酬が株主利益の増加，会計利益の大きさ，そして売上高の増加と正の相関関係にあることを確認している。Lambert and Larcker（1987）は，株式収益率と会計上の利益数値の2つの変数が経営者の現金報酬と正の相関関係を持つことを明らかにした。Hall and Liebman（1998）は，企業業績の変化に応じて経営者が具体的にどの程度の額を受け取るかを計算した。その結果，経営者の金融資産はよい業績を達成すると増加する一方で，業績が悪いと資産は減少するということが示された。Sloan（1993）も，会計利益と報酬の間に正の相関があることを確認している。

　日本企業を対象とした研究では，1981年から3年間の日本とアメリカの報酬データを比較した Kaplan（1994）は，両国の経営者報酬の業績連動性に違いはないとしており，報酬は企業業績に加え株価と正の相関を持つと述べた。胥（1993）が，経営者報酬のうち，役員報酬は売上高と有意な正の関係を持っている一方で，役員賞与は企業利益と有意な正の関係を持ち，連動性が高いこと

を分析により明らかにしている。Xu（1997）では，役員賞与と業績との間に有意な正の相関があることを確認している。阿萬（2002）は当期の役員賞与の変化が，当期の経常利益と売上高の変化と有意な正の関連性を持つことを分析により発見した。蟻川（2004）は，会計利益が業績指標として役員賞与の決定に一定の影響を持っていることを確認している。Kato and Kubo（2006）は，ROA，株式収益率等の企業業績の変数と経営者報酬の業績感応度が正であることを分析により見出している。乙政（2004）は，経営者報酬と会計利益の実証研究を1986年から1999年までの3月決算企業を対象に行った。その結果，経営者報酬と会計利益の間には強い正の関係が存在することを発見した。

　以上の多くの研究は，企業業績ならびに株価パフォーマンスと経営者報酬の間の関係性に焦点を当てている。ストックオプションなどの株式報酬の導入が，企業価値に及ぼす影響についての研究としては以下が挙げられる。

　Mehran（1995）は，米国企業を対象に，株式報酬と企業パフォーマンスとの関係を分析し，株主価値とリンクしている経営者報酬の比率が高い企業ほど企業パフォーマンスが有意に高いことを発見している。小西・斎木（2004）は，ストックオプションや従業員持株制度によって企業業績が向上するか否かを，1999年度の全上場・登録企業から1,588社を抽出し，取締役および従業員の全報酬に占める株式ベース型報酬の割合と企業業績の関係について実証分析を行っている。その結果，彼らは取締役・従業員のいずれの場合も株式ベース型報酬比率とROAの間の相関を確認することはできなかったが，トービンのQとの間には非常に強力な正の相関があり，留保条件付きではあるが株式ベース型報酬制度は企業業績を向上させることを確認した。Kato et al.（2005）では，1997年から2001年の期間において，東京証券取引所の上場企業（うちストックオプション導入企業344社）を対象に，ストックオプション付与後の企業パフォーマンスを検証している。その結果，イベントスタディによれば，イベント日を含む前後5日間の累積超過収益率（CAR）は，ストックオプション付与の方法に関係なく，有意に正である。また，取締役に付与された発行済株式数に占めるストックオプションの割合と累積超過収益率には有意な正の関係があることを確認しており，ストックオプションが株主と経営者の利害を一致させるようなインセンティブを与えていることを支持している。パフォーマンス・スタディによれば，ストックオプションを付与した年度とその次年度のROAがストックオプション制度非導入企業よりも有意に高いこと，ストック

オプションを付与した前年度をベンチマークとして比較した場合，ストックオプションを付与した年度とその次年度におけるROEの差は有意に正であることを発見した。これらの結果より，ストックオプションの導入は，インセンティブとして機能していることを明らかにしている。

2.4.5 先行研究からの知見

本節では，経営者報酬制度の先行研究を概観し，その成果を整理した。先行研究から，経営者報酬制度はコーポレートガバナンスの枠組みの中で，内部ガバナンスのコントロールメカニズムとしての役割を果たすことが指摘されていた。これは，経営者に最適なインセンティブを与えることによって，企業価値向上のための動機づけを促すだけではなく，目標を達成できない場合には大幅な減額もありえる経営者に対する規律の面も含まれている。

そのような観点から，欧米では，経営者報酬制度が内部ガバナンスのコントロールメカニズムとしての機能が発揮されているのかについて多くの実証分析が行われてきた。また，日本においても同様の研究が着実に蓄積されつつある。つまり，経営者報酬制度は株主と経営者の間のエージェンシー問題を緩和させることによって企業価値向上に寄与しているか否かが，多くの研究者によって検討されてきたのである。これまでの研究結果によると，概ね株式報酬は企業価値の向上に寄与していることを示唆していると考えられる。

◉注

1　伊藤（2013），263頁

2　田辺総合法律事務所・至誠清新監査法人・至誠清新税理士法人編著（2016），40頁。

3　大塚（2016），19頁。

4　同上，19-20頁。

5　田辺総合法律事務所・至誠清新監査法人・至誠清新税理士法編著・前掲（注2）39頁。

6　伊藤・前掲（注1）266頁。

7　松尾（2015），69頁。

8　江頭憲治郎（2017），454頁。

9　伊藤・前掲（注1）268-269頁。

10　田辺総合法律事務所・至誠清新監査法人・至誠清新税理士法人編著・前掲（注2）10頁。

11　阿部（2014），25頁。

12　同上，25頁。

13 田辺総合法律事務所・至誠清新監査法人・至誠清新税理士法人編著・前掲（注2）15-16頁。

14 タワーズペリン編（2008），20頁。

15 タワーズワトソン編（2015），73頁。

16 野村・亀長（2016），36頁。

17 タワーズペリン編・前掲（注14）19頁。

18 同上，20頁。

19 阿部・前掲（注11）25-26頁。

20 タワーズペリン編・前掲（注14）39頁。

21 同上

22 田辺総合法律事務所・至誠清新監査法人・至誠清新税理士法人編著・前掲（注2）217頁。

23 阿部・前掲（注11）26頁。

24 詳しくは，深尾・森田（1997），深尾（1999）を参照せよ。

25 中村（2012），4頁。

第 | 3 | 章

日本企業の経営者報酬制度の
固有性の生成とその要因

　日本企業の経営者報酬制度は，欧米と比較すると総報酬額水準の低さと総報酬額に占める固定報酬の割合の高さが際立っていることを前章で示した。これは，わが国企業の経営者報酬制度の固有性である。そこで，本章では，その固有性の生成とその要因について検討する。理由としては，これまでその固有性について深く踏み込んだ議論はほとんどなく，その固有性を解明することが，今後の経営者報酬制度の変容とあり方の方向性についての議論を展開するうえで有益であるからである。つまり，どのような要因が障壁となって欧米のような経営者報酬制度の改革がわが国で進展しなかったのか，その要因に変化がみられた場合に経営者報酬制度がどのように変容するかを展望するうえで，固有性の解明は重要な役割を果たすと考えられる。

　固有性については様々な要因が複合的に絡み合いながら，生成されてきたと考えられるが，本章では主に内部組織とコーポレートガバナンスならびに税制の面から検討する。内部組織は，経営学のみならず，経済学の領域からも研究が進展しており，多様な見解が存在する。たとえば，青木（1992a）は，企業の内部組織は，互いに関連しあう2つの側面を持っていることを提示し，その一つは情報システムとインセンティブ構造であり，もう一つは雇用関係の面（企業労働市場との関係）とも密接に関連していると論じている。そこで，本書では，内部組織を新卒一括採用・長期雇用（終身雇用），年功序列，内部昇進制，職能資格制度（職能給）等の日本的雇用システムの面から捉えて，議論を展開する。また，重要なことは，内部組織はコーポレートガバナンスと制度的に補完し合いながら経的合理性を有してきたことである。このような枠組みの中で日本企業の経営者報酬制度も生成されてきており，その制度に一定の

経済合理性があったと考えられる。とくにわが国企業の総報酬額の低さと総報酬額に占める固定報酬の割合の高さは，世界でも突出しており，業績連動型報酬によって経営者を動機づけするという意識が欧米と比較すると希薄であったことを意味する[1]。

本章では，最初に内部組織の面から固有性の生成について論じる。新卒一括採用・長期雇用（終身雇用），年功序列，内部昇進制，職能資格制度（職能給）等で代表される内部組織において，多くの日本企業の取締役の地位は従業員の出世競争の延長線上にあり，その結果，取締役の報酬も従業員の報酬との連続性が重視されるとともに，年功序列の頂点に立つ社長が他の取締役を管理する手段とされていた[2]。ドーア（2001）は，以下の2つの特徴を指摘している。第一に，英米経営者のトップはポストを提示されたら年俸の交渉をまずするのに対し，経営者としての才能を売買する外部市場は，日本国内には存在しないという点である。第二に，経営陣と労働組合の賃金交渉において，英米では賃金上昇の抑制は経営陣の給与の増額につながるが，日本では経営陣の賃金も組合との交渉結果で決まってしまうということである。さらに，久保（2003）は，1992年から1993年までの東証1部上場企業を対象に，役員報酬と従業員賃金の関係を分析した。その結果，経営者の報酬と従業員賃金の間に有意で正の関係があることを発見し，これらの結果から，日本の経営者のインセンティブは内部労働市場と密接な関係を持っていることを明らかにしている。以上のことから，日本企業の経営者報酬制度は，月次の定額支給，賞与，退職慰労金の3つからなる従業員給与体系と類似した性質を帯びていると考えられる。つまり，わが国企業の固有性は，一般従業員の賃金制度と相似形になっているのである。

次にコーポレートガバナンスの観点から固有性を考察する。固有性の要因として，欧米のようなエージェンシー問題が発生していなかった可能性，あるいは発生していても，エージェンシー・コストは低かったことが推測される。つまり，欧米において経営者報酬制度は，エージェンシー問題を緩和する上で重要な役割を果たすという観点から議論されてきたが，その問題が深刻ではない日本の状況においては，インセンティブ報酬を導入するという意識が希薄であったと考えられる。具体的には，1990年代初頭までわが国の企業間関係は，メインバンクシステムと株式持合い，系列間取引等が主流であって，これはインサイダー型のコーポレートガバナンス・システムである。とくにメインバンクはインサイダー型のコーポレートガバナンスの形成に中核的な役割を果たし

てきたと考えられる。これは，債権者でありながら株主であるというメインバンクの性質によるものであり，エージェンシー問題を緩和させていた可能性がある。そこで，本章では，メインバンクシステムのエージェンシー・コストの削減効果について説明しながら，固有性について考察する。また，ここで留意すべきは，メインバンク関係を通じて組織化された資本市場と内部組織は制度的補完関係にあるということである。宮本（2014）で，組織化された資本市場に関して，そのコーポレートガバナンスは短期の株主利益を抑制するという意味で「忍耐強い資本（patient capital）」という表現が与えられており，この資本の側の行動によって，雇用の継続が可能となり，これに応じて長期の継続した訓練が可能となる。これにより，内部組織とメインバンクシステムも制度的補完関係にあり，この枠組みの中で経営者報酬制度の固有性が生成されて，維持されてきたと考えられる。

上記の点に加えて，固有性を補強し，維持させてきた要因として，わが国の税制が及ぼしてきた影響について検討する。わが国では，法人税法上，役員報酬の損金算入が認められるための要件が比較的厳格であったことが，業績連動型報酬の導入の障害であったと考えられる。

最後に，固有性を検討するうえで，組織における構成員の心理的な面も大きな要因の一つであると考えられる。これを説明するうえで，組織アイデンティフィケーション（Organizational Identification）とモチベーションのクラウディング・アウト効果等は有力な概念であると考えられる。そこで，それらの理論を援用しながら，固有性の要因について検討を加える。

3.1 | 固有性の要因

日本企業の経営者報酬の固有性について，様々な要因が指摘されているが，整理すると以下の6点が挙げられる。

第一に，日本企業の経営者が主に内部昇進者であることから，経営者報酬は，社内の昇進トーナメントの賞金としての性格が強いため，必ずしも経営者のインセンティブ報酬として捉えられないことが指摘されている[3]。

第二に，小針（2016）によると，日本企業ではたたき上げの役員が多いとされ，一般社員として入社してから課長や部長，執行役員等を経て取締役を歴任した後，相談役・顧問等に就任するケースもあり，1社に関わる期間が相当程

度長期に及ぶ。そのため，短期的にハイリスク・ハイリターン型の報酬を求めるより，高額ではなくとも一定の報酬を長期間にわたって得られる報酬システムが選好されて，定着してきた。このような背景により，現在においても，多くの企業では，報酬額の水準をはじめ，業績賞与，引退後の老後の生活資金としての退職金制度（役員退職慰労金）等の設計思想は一般従業員と役員で大差がない[4]。

第三に，上記と関連して，日本企業の経営者は，長年にわたって貢献してきた従業員に報いる"上がりのポスト"であることもよく指摘されている。これはわが国企業の利益率の低さの要因の一つと考えられる。

第四に，日本企業の経営者報酬は会社法上，株主総会での決議事項とされていることから，一定のガバナンスが効いてきたと指摘できる一方で，経営者の報酬枠の拡大や多額の業績賞与の支給に対しては牽制や抑制機能が働きやすいため，経営者に対するインセンティブという観点がこれまでは見過ごされがちであったという意見である[5]。

第五に，税制の問題で，法人税法上，役員報酬の損金算入が認められるための要件が比較的厳格であったことが，業績連動型報酬の導入の障害になっていたとも考えられる[6]。つまり，これまでの限定的，硬直的な税制は役員報酬の弾力性をも失わせていたと指摘されている。

最後に，日本人の精神的な面とそこから派生する企業文化，企業風土の違いが挙げられる。菊澤（2007）は，米国企業では経営者も従業員もともに個人主義的であり利己的であるため，経営者はどれだけの報酬をもらおうと，従業員はそれに干渉しないのに対して，日本企業では経営者が多くの報酬をもらっていると，従業員が不満をもつのではないかという利他的な意識が経営者に働くのではないかと主張している。そして，「仕事への対価は報酬だけではない」といった日本人気質の潔さもあって，これまで日本企業における経営者報酬の水準は抑制されてきた可能性も高い。

以上の6点が，日本企業の経営者報酬制度の固有性の要因として挙げられるが，これらの要因は独立しているわけではなく，相互に関連している。本書では，その点もふまえて，主に内部報酬とコーポレートガバナンスの面から固有性について検討する。

3.2 内部組織と固有性の生成

3.2.1 日本企業の経営者選抜

　固有性の生成を検討する場合に，日本企業の経営者がどのようなプールから，どのようなシステムで選抜されるのかを考察する必要がある。従業員の報酬との連続性が重視されている経営者報酬制度はそのような枠組みで生成されてきたと考えられるからである。

　まず，どのようなプールからという点において，周知のように日本企業は内部労働市場から経営者が選抜される内部昇進制が一般的である。小宮（1993）や堀内（1990）は，日本企業では多くの場合，経営者は従業員の中からいわば「代表として選任され，その地位につく」と述べている。Dore（2000）は，日本において経営者（CEO）が選抜される場合には，その企業がよほど深刻な状況に陥っていないかぎり，ほぼ100％社内から選ばれる[7]と指摘している。

　日本企業は新卒一括で採用した従業員に，様々なスキルを習得させ，社内研修制度や技能研修の機会を設け，人材育成を行い，内部労働市場を高度化させてきた。賃金制度は，このような人材育成制度と整合性が保たれて，若年社員に長期雇用を提示し，その中で能力開発を求めるものであった。谷内（2008）は，集団主義に基づく自発的な相互補完的職務行動，それをベースにした弾力的な職務編成，さらにはこうした弾力的な職務編成をベースにしたジョブ・ローテーションによる技能形成により，習得した技能の企業固有性，すなわち特殊性が高まるとともに，労働市場の封鎖性も高まった結果，わが国において内部労働市場が形成されるようになったと論じている[8]。つまり，日本における内部労働市場は，日本的雇用システムの編成原理である集団主義，弾力的な職務編成，技能形成が効果的に連動する形で形成されている[9]。この内部昇進制の形成について考察する場合，経営者内部昇進制と関連し，内部組織の特徴とされる新卒一括採用・長期雇用，年功序列，職能資格制度（職能給）について同時に考察する必要がある。その理由は，経営者内部昇進制は，それが単独で形成された制度ではなく，雇用システムと制度的補完関係にあるからである。とくに注目すべき要素は新卒一括採用である。なぜならば，日本以外にも，ヨーロッパ諸国でも，長期雇用と年功賃金は一般的であり[10]，アメリカにおい

ては，雇用における年齢差別禁止法が制定されたため，定年制が廃止されており，終身雇用という意味ではアメリカにそのシステムは存在している可能性がある。しかしながら，新卒一括採用は欧米においてみられない。新卒一括採用と長期雇用は，強力な制度的補完関係にあり，経営者の選抜と経営者報酬制度に対して大きな影響を与えていると考えられる。つまり，新卒一括採用と長期雇用のセットは欧米ではみられない日本企業の特徴なのである。

　新卒一括採用と長期雇用という制度は1920年代に成立した[11]。占部（1984）は1920年代に重工業部門において大量生産方式が導入され，労働の大衆化（半熟練工）が起こり，かつ，ロシア革命の影響や第一次世界大戦後の不況が重なり労働争議が勃発するようになり，その収拾過程でそれ以前の親方請負制をやめて，新卒者を中心に常備工を雇い入れたことを長期雇用のはじまりと説明している。これは，長期雇用のみではなく，新卒一括採用のはじまりでもあるとも考えられる。

　また，労働経済学の立場から大竹（1998）は，長期雇用制度の発祥について，「大企業では，第一次大戦頃に，長期継続雇用の推進，職種でなく勤続年数によって左右される労働報酬，新しい工場内労働秩序と管理運営方式といったものが導入されはじめ，大企業では，企業特殊技能が必要になり，その訓練を行うため 長期雇用の必要性が生じた」[12]としている。占部（1984）と大竹（1998）から，新卒一括採用と長期雇用という制度は1920年代から始まったと考えられる。そして，谷川（2016）は，「経営者内部昇進制を支える制度として1920年代に新卒一括採用と長期雇用の二つの制度が成立した。そして，経営者内部昇進制はこの二つの制度に支えられ成立する」[13]と述べている。

　さらに，谷川（2016）は，経営者内部昇進制の起源は長期雇用という制度が形成された1920年代以降であると推測しており，長期雇用が新卒一括採用という制度をほぼ同時期に生じさせ，新卒一括採用した半熟練工を年功制のもとで教育訓練し，終身雇用として長期勤続させるために経営者内部労働市場が発達したと述べている。

　取締役会における内部昇進者の勢力について，戦前期から確認してみると，1921年時点には，「内部昇進者」の比率は26.1％と，「所有者」（28.8％）より低く，「外部招聘」（18.0％），「派遣役員」（13.5％）と並び立つ程度に過ぎなかったものが，1937年には46.6％と大幅に上昇している[14]。戦後の状況について，川本（2009）は，戦後改革により1955年に，取締役層に占める「内部昇進者」

の割合は74.8％と跳ね上がり，1970年には88.1％，1985年には89.9％とほぼ臨界に達し，ここに内部昇進者が取締役会を支配するという状況が名実ともに確立したと述べている。また宮島（1998）によれば，石油ショック後には，内部者による経営者の交代が増大したため，全交代の85％が内部者による交代となり，以後この比率に目立った変化はない。さらに川本（2009）はそのような傾向は戦後改革で決定的となり，高度成長期から石油ショック後にかけて深化していったものと考えられると主張している。

　このような内部昇進制により，経営者は選抜されて，日本においては経営者の外部労働市場が形成されてこなかった。これは，欧米のように経営者の流動化が一般的で，市場評価を基準に経営者価値が決定されるシステムが日本においては確立されなかったことを意味する。このような背景から，経営者報酬制度は企業内でブラックボックス化し，従業員の賃金制度との連続性が維持されてきたと考えられる。

3.2.2　トーナメント理論と経営者選抜

　組織内の昇進構造に関する研究は数多い。Turner（1960）は競争移動（contest mobility）と庇護移動（sponsored mobility）という社会移動の2つの規範的なパターンを提示した。前者の競争移動について，Turner（1960）によると，エリートの地位はすべての人が参加可能な競争の結果に対する報償のようなもので，この組織のもとでは競争への志願者自身の努力次第でそれを獲得できるようになっていると述べている。庇護移動は，エリートになりうる成員を初期の段階で絞り込む選抜が行われて，隔離され，育成されるシステムである。

　これに対して，Rosenbaum（1984）はトーナメント移動（tournament mobility）という概念を提唱した。トーナメント移動では，各段階で競争が行われているという点で競争移動との類似点があるが，次の競争には前段階の競争の勝者のみが参加でき，敗者は次の競争には参加できない。その意味では，前回の勝者だけが次の競争に参加する権利を得られるという点で上記の庇護移動的な要素をもち合わせている。

　花田（1987）は，年功序列や終身雇用による日本的雇用システムが機能していたと考えられる高度経済成長時代においても，Rosenbaum が提唱したトーナメントによる競争モデルが，存在していることを確認した。

また，経済学的な視点からのトーナメントに関する理論モデルも活発に議論されてきた。（ランクオーダー）トーナメント理論は，Lazear and Rosen (1981) によって提唱された。トーナメントにおいて，ある評価対象者は，絶対的成果への評価ではなく，その成果の相対的水準のみを用いて評価をされる。トーナメント理論は，スポーツ界で用いられるトーナメントをもとに検討されているが，企業内での昇進競争も多くの面において同様の性質を有するため，労働者が昇進するたびに報酬が上昇するメカニズムを記述する優れた理論体系として広く知られている[15]。

また，Aoki (1988) は，ランク・ヒエラルキーはランクオーダートーナメントとは異なることを主張している。ランクオーダートーナメントの考え方では，従業員のうち，相対評価により勝ち抜いた従業員だけが，次のランクに昇進して，高収入を得る。ただし，昇進するものの割合および報酬はあらかじめ固定されている。この場合には，昇進を目指し競争する従業員は，互いに協力する誘因を持たない。また，トーナメントでは敗者のインセンティブは喪失する。一方，ランク・ヒエラルキーでは，昇進するものの割合は固定されていない。職務執行能力があると判断されれば昇進できる。したがって，従業員間に互いに協力する誘因がある。また，ランク・ヒエラルキーでは，一次選抜に次いで，二次選抜，三次選抜がありうる。したがって，一次選抜の競争に敗れたものもインセンティブを維持できる。これは，長期雇用が前提で成立するが，新卒一括採用は，その機能をさらに強化すると考えられる。このランク・ヒエラルキーは，別の言い方をすれば敗者復活の機会が与えられたトーナメント型のモデルとも考えられる。さらに，青木 (1992a) によると，ランク・ヒエラルキーは，厳密な職務分類制に基づかない単なる地位と賃金の差別化であり，日本企業の人事制度として一般的に採用されている職能資格制度の実質的機能に等しい。長期内部昇進競争では，ランク・ヒエラルキーが上昇するほど，職位・報酬が高まっていく。

また，上記の花田 (1987) 以外にも，日本企業がトーナメント型の競争モデルを採用してきたのかを検証した研究はいくつか存在する。

Kubo (2001) は，「従業員間トーナメント」を対象とした実証分析を行っている。『賃金構造基本統計調査』から得られた1984年から1998年までの期間，日本企業における職階別従業員報酬をデータとして，①社内の職階が高くなるほど隣接する階層間の賃金格差は拡大する，②職階間の賃金格差と昇進できる

確率との間には負の相関関係がある，という２つの仮説を設定した。そして実証分析の結果から従業員間トーナメントが日本企業において存在しているとKubo（2001）は指摘している。

このように，日本の経営者は内部昇進者が多く，選別にあたってはトーナメント形式のランク・ヒエラルキー型の昇進システムを採用していると考えられる。つまり，新卒一括採用により入社したすべての新入社員は，同地点から一斉に競争を開始し，トーナメントを勝ち抜いた人間が経営者になり，最高位のトーナメント賞金を獲得するという仕組みである。したがって，トップ経営者の報酬はトーナメント競争とも関連する[16]。そして破田野（2006）によると，トーナメントを通じたインセンティブ・メカニズムを付与するために，日本企業は企業内昇進のゴールとして取締役会の人数を潤沢に供給することが可能になり，その結果，内部昇進者から構成される経営者が増加した。これは後述するインサイダー型のコーポレートガバナンスの形成に寄与したと考えられる。

以上のように，経営者報酬は自社の昇進トーナメントの優勝賞金としての性格が強いため，業績連動給の割合は必然的に小さくなる。つまり，トーナメントによる経営者の選抜は，わが国企業の経営者報酬制度の固有性を生成させた要因であると考えられる。

3.2.3 日本企業の賃金制度

上述したように日本企業の経営者は，内部昇進制によるトーナメント形式のランク・ヒエラルキー型のシステムで選抜されてきたと考えられる。ここでは，日本企業の賃金制度が戦後にどのような変遷を遂げてきたのかについて概説する。日本の賃金制度を分析する理由は，経営者報酬制度は従業員の給与体系と連続性があり，固有性の生成に大きな影響を与え，とくに職能給は，その固有性を規定する上で大きな役割を果たしてきたと考えられるからである。つまり，これまでの経営者の報酬構造は，従業員のものときわめて類似している。宮坂（1993）は，日本の賃金制度には欧米とは異なる伝統的慣行，①月々支払われる「定例給」，②年２回支給される賞与，③退職金，の３つがセットとなった賃金が終身雇用を支える「生涯給」制度を形成していると指摘している。そのセットは，現状のわが国企業の経営者報酬制度と変わらない。そして，戦後に限定するのは，野口（1995）が指摘するように，1940年前後を契機に日本企業で共同体の一員としての正社員の制度化が進み，日本型経営とされる長期（終

身）雇用，年功序列，企業内組合という体制が確立されたのは戦後であると考えられるからである。具体的には，戦後から1980年代までの間に，いくつかの経営環境の激変があり，人事制度もそれに応じて変化した。職位職階制に基づく「年功主義」が確立し，それが職能資格制度に基づく「職能主義」へと変化した。職能主義へ転換はされたが，年功主義も同時に制度に内在された。このように，日本企業における正社員の賃金制度は，日本企業の発展と整合性がある形で整えられてきた。小越（2006）は，「日本の賃金体系・賃金制度は，敗戦直後に出発した年齢別家族構成別の「生活保障給」（いわゆる「生活給」体系）から，1954年以降の定期昇給制度の復活，1950年代末から60年代にかけての職務給化を経て，1960年代後半以降，職能資格制度・職能給へと転換した。」[17]と述べている。最初に，日本企業の賃金制度にもっとも大きな影響を与えた「電産型賃金体系」について説明する。

(1) 電産型賃金体系

電産型賃金体系は，日本電気産業労働組合協議会（電産協）が1946年に提案したもので，その体系性と理論によって他の産業にも大きな影響を与えた。幸田（2003a）は，職能給という名称の賃金体系が登場したのは昭和25年頃であったが，その起源は，電産型賃金体系の中に見出せると主張している。つまり，狭い意味で，電産型体系の能力給が，今日いうところの職能給の一部を代表していると考えられ，電産型体系の能力給は，各人の技術，能力，経験，学識などを総合して一定基準を設定し，それに照らし合わせて算出される[18]。その基準は，技能度（重要度，困難度）と発揮度（責任感，処理力，融和力，研究心，勤怠度）の２つからなり，一般的な職能給の査定基準に類似している[19]。

基本賃金の構成要素としては，家族の最低限の生活を保障し，年齢に応じて上昇する生活保障給と，各個人の技術や能力，経験等を総合的に評価し査定を行う能力給，勤続年数をベースとする勤続給の３つから構成されている。

その特徴は，奥林（1988）によると，第一に基準賃金のうち67％が生活保障給であり，能力給部分は基準賃金の20.5％であり，固定給の性格をもつ報酬の割合が高いことである。

第二の特徴は，本人給において年齢に応じて賃金が増大していることであり，これは年功賃金の性質を帯びている。

第三の特徴は基準外労働賃金として各種の手当が設置されている点が指摘さ

れている。

　以上の特徴は，現代の日本企業の賃金体系と大幅に異なっておらず，一部経営者報酬制度の固有性と類似した性質をもっている。このような電産型賃金は，国鉄・全逓などに影響を与えて，更に民間企業にも普及し，1954年には中労委の調停を契機に定期昇給制度が確立し，年功賃金の基本要素がすべて賃金制度の中に出そろったのである[20]。

(2) 高度経済成長期の賃金制度

　年功賃金は昭和30年代，とりわけ1955，56年ごろに確立したといわれている。この時期に年功賃金が合理性を有した理由として，奥林（1988）は以下のように述べている。

　最初に，年功賃金においては賃金の決定基準として年功が重視されることになり，職務と賃金の関係は希薄になる。それゆえ，労働者の意識としては雇用と賃金水準が保障される限り，職務内容にこだわることが少なくなる。

　第二に，戦後の労働組合は雇用保障・首切り反対を強く主張したが，年功賃金は賃金を巡る労使の対立を緩和し，労使関係の安定に貢献した。

　第三に，年功賃金は若年労働者を低賃金で利用し，彼らは壮年期あるいは定年前の賃金の上昇や地位の向上を夢見て厳しい労働に耐えた。

　第四に，年功賃金制度の下では職務概念があいまいであり，そのため仕事への自主規制，自己啓発や仕事への一体感を促進した。

　しかしながら，このような年功型の電産型の賃金体系に対して，社員のモラール（士気）の高揚が期待できず，生産性の向上が期待できないという理由から，経営者はアメリカ型の職務給の導入を主張し，東京電力が1955年に職務給を導入した。ここで，職務給とは，「一般的にはまず職務分析により職務の内容を明らかにした後，職務評価により職務の格付を行うこと，即ち職務の重要度，困難度に関する共通点と相違点によって職務の等級を定め，これと賃金とを結びつけ組織的に秩序づけた給与制度」[21]である。また，吉田（2010）によると，職務給は担当する仕事の難易度や職務の価値に応じて賃金を決める仕事給の一種であり，職務給の世界では，「職務等級制度」（ジョブ・グレード制）が中心となり，学歴や年齢，勤続年数，家族構成といった属人的な要素は考慮されない[22]。

　しかし，この時期において職務給の導入は成功しなかった。吉田（2010）は，

その理由として以下の三点を述べている。最初に，職務が変わるたびに賃金が変化しては，社員の生活自体が不安定なものになる。次に，職務内容が頻繁に変わったのでは，その都度，職務評価を行うことに膨大なエネルギーを費やすことになる。最後に，労働組合をもつ企業においては，職務評価を巡っての労使の対立も懸念されたからである。結果として「3割職務給」といわれる賃金体系が形成された。すなわち，従来の年功給と職務給を同時に利用する「依存型」，賃金と職務の対応が職務給の決定原則であるが，その運用において勤続による昇給を認める「混合型」，年齢ではなく職務遂行能力に対する賃金支払いを原則とする「職能給型」が主要な賃金体系になってきた[23]。これらの賃金体系においては賃金の決め方としての職務給原理が加味されている点で電産型賃金と異なる[24]。職務給の導入が全面的に進展しなかったことは，わが国の経営者報酬が職務により決定されない点とリンクすることになったと考えられる。

(3) 1960年代半ば以降の職能給の確立

　1960年代半ばより，自社の正社員を，保有する「職務遂行能力」をベースに「職能資格制度」にランクづけ，この資格に対応する形で賃金を決定する「職能給」が次第に主流を占めるようになった[25]。職能型は日本独特の能力に応じた処遇である[26]。職能給は日本的経営の形成・確立に大きな意味を与えて，長期的関係を重視する一つの現れであった。実際に，多くの日本企業は，職能資格制度に基づく報酬管理を行っていたのである[27]。これと新卒一括採用・終身雇用，人材育成・技能研修，内部昇進制などの人事制度は，互いに補完的な関係を持ち，日本的経営を支え安定的なシステムとして機能した。日本的経営が形成される過程で，職能給が主流になったのは，偶然ではなく必然であったと考えられる。つまり「職能資格制度」は内部組織の中に組み込まれて他の制度と相互補完し合いながら，わが国企業の経営者報酬制度の生成に大きな影響を与えたと考えられる。

　吉田（2010）は，日本において職能給が普及した背景として，日本型の雇用システムや企業の組織風土に合致したという点がもっとも大きく，年功序列とも整合性を保つことができたからであると述べている。さらに，彼は，職能給の世界でも賃金カーブは，年功カーブの形状となり，年功カーブが高度成長期を経て今日まで存続している最大の理由は，経済合理性に適ったものであるからだと主張している。

このように職能給は，内部組織の枠組みの中で，諸制度と補完関係を保ちながら，形成されてきた。多くの日本企業の基本給体系は，年齢給や勤続給と，本人の職務遂行能力の発展段階ないしは伸長度によって決まる職能給とのミックスでそのバリエーションが考えられるようになり，いわゆる「定期昇給」とは，この職能給部分での「査定昇給」と，年齢給や勤続給部分での「自動昇給」に物価上昇分，つまりベースアップを加味した値で決まるようになった[28]。

⑷ 固定給的な性質を持つ役員賞与と退職金慰労金制度

日本の経営者報酬は，報酬額の水準をはじめ，業績賞与，引退後の老後の生活資金としての退職金制度（役員退職慰労金）等の設計思想は一般従業員と経営者との間で大差がない。実際に，小針（2016）によると，経営者報酬に関しては基本報酬や役員退職慰労金等といった固定報酬の比率が高い企業は未だに多く，役員賞与に関しても，企業業績や経営責任とは明確にリンクされておらず，半ば固定的に支給されるケースも多いのが実情であった。さらに税務では役員給与を，①報酬，②退職給与，③賞与，と区分している。

このように固定給的な性質を持つ役員賞与と退職慰労金は欧米ではみられない。とくに，退職慰労金制度は，退職後の生活保障の手段として従業員に対する退職金制度と同様に，所得税法上も優遇税制が適用されるなど，わが国の商慣習として定着している[29]。

つまり，日本企業の経営者報酬制度の体系は従業員のそれとほぼ変わらず，欧米のような経営者向けの報酬制度を構築することへの意識が希薄であったことを意味する。経営者は新卒一括採用と長期雇用をセットにした内部労働市場から，トーナメント形式により選抜されて，トーナメントの褒賞金体系は，下位のランクから上位のランクまでほぼ変わりがない。このような背景のもとで経営者報酬制度も構築されて，その中で固有性が生成されてきたのである。

3.2.4 インセンティブ理論からの考察

ここで，以上までの議論をふまえて，固有性の生成についてインセンティブ理論の観点から考察する

最初に，インセンティブ報酬をデザインする際には，組織構成員のリスク許容度，努力水準や行動の観察可能性，業績指標のノイズ，そして契約の履行可能性などを考慮する必要がある。一般的にエージェント（経営者）はリスク回

避的であるから，不確実な収益は，その期待値を受け取る場合よりも魅力的ではなくなる。プリンシパルである株主がリスク中立的であれば，リスクをすべて株主が負担することで，リスク負担の総費用を低下させることができる。現実に，日本においては経営者の外部市場は存在しなかった点に加えて，企業特殊的なスキルしか持ちえないわが国企業の経営者は自身でリスクを分散することが困難であるため，リスク回避的であったと考えられる。そのようなリスク・シェアリングは，経営者による成果と報酬の連動性を低下させ，固定報酬主体の弱いインセンティブを与える方向に作用する。これは，日本企業の経営者のリスクテイキングの程度が低いために，固定報酬主体の報酬デザインになるということと整合的である。

　次に，インフォーマティブ原理が固有性に作用していた可能性も考えられる。インフォーマティブ原理とは，「報酬関数を設計するうえで，エージェントによる行動の推定にともなう誤差を縮小させるような業績指標を報酬の決定に追加し，また，誤差を増大させるような指標を除外すると，総価値はつねに増加する」[30]ことを指している。つまり，経営者の投じた努力とそれによる成果が完全に連動しないケースも考えられる。成果に影響を与える観察不可能な他の要因を考慮すれば，業績指標はノイズをともなうことになり，それを用いた経営者への評価の精度は低くなる。仮に業績指標に大きなノイズが内在するならば，経営者自身の努力で業績をコントロールすることができず，結果として大きなリスクに経営者はさらされることになる。このような状況で経営者に対して強いインセンティブ報酬を提供するのであれば，業績指標は正確である必要があるが，これは上述したように困難である。このため，経営者がコントロールできない不確実の高い職務に対しては，業績連動性が高いインセンティブ報酬を提供すべきではないということになる。つまり，わが国では職務の不確実性の問題以前に，経営者の職務が明確ではないことから起因する業績指標の正確性の欠如という問題が発生するため，固定報酬が主体になったと考えられる。さらに，企業特殊的な人材としての日本の経営者を株主が業績指標で評価することがそもそも困難である。一方で欧米の経営者は，組織ヒエラルキーの上位層という位置付けこそ日本と同じであっても，経営を担うプロの専門職という明確な意識をもち，CFO（Chief Financial Officer），CHO（Chief Human resource Officer），CTO（Chief Technical officer）などの呼称があるように，それぞれの人材がどの職務のプロフェッショナルであるかが明確であり，

CEOでさえも最高経営責任者という1つの職務と捉えられている[31]。そして，その専門性は，組織を問わず機能しうる汎用性を備えており，企業もあたかもオープン・プラットフォームを採用するかのごとく，他の組織で素晴らしい実績をあげた外部からのプロの受け入れに抵抗がない[32]。すなわち欧米においては，経営者人材の外部マーケットの存在により，企業は常に顕在的あるいは潜在的な人材を意識せざるを得ず，その人材価値の評価にあたり，ある程度市場原理を意識して報酬問題に取り組むことが合理的かつ必要となるのである[33]。

　さらに，上記の経営者の職務が明確でないことによる固有性の根拠として，「マルチタスク問題」が有益である。「マルチタスク問題」とは，プリンシパル・エージェント理論に基づき，Holmstrom and Milgrom（1991）によって指摘されたものである。この問題は，エージェントがプリンシパルから「複数の任務（multitask）」を委託された場合，それらの中で，ある特定のタスクに対する「報酬（compensation）」が相対的に高いとすると，他の低い報酬のタスクに対する努力を減少させてしまうという問題である。この問題が発生するのは，任務の成果を観察することが困難な場合である。このことは，Milgrom and Roberts（1992）によって，「均等報酬原理（Equal Compensation Principle）」として主張されている。たとえば2つの異なる任務に対する経営者の時間や労力の配分を株主が観察できない場合，それぞれの任務に対して時間あるいは労力を配分することから得られる経営者の限界収益は等しくなければならない。さもないと，より低い限界収益しか生み出すことができない任務には時間も労力も配分されない。すなわち，成果測定が難しい任務があるにもかかわらず，特定の任務に対して特別に高額な報酬を与えると，その任務に多くの努力を注いでしまって，成果測定の困難な任務を疎かにしてしまうインセンティブをもつというのである。とくに業績測定が不可能な活動に時間と労力を振り向けるためには，当該経営者に委任されている，いかなる活動に対してもインセンティブ報酬は実質上付与できないことになる。以上のようなマルチタスク問題の発生を防ぐための対策として，各任務の成果測定の精度を高度化することが挙げられる。次に，努力によっても正確な成果測定が困難であるとすると，特定の任務に対してインセンティブ報酬を与えず，各任務に均等な固定報酬を付与すべきである。

　現実に，企業内では，経営者に対して複数の任務が割り当てられていると考えられる。複数の活動が行われている場合には，経営者の時間と労力が必要な

経営項目のそれぞれに，的確に配分されているかどうかが株主の関心事になる。しかしながら，日本の経営者の職務は明確ではなく，株主は各任務の成果測定を正確にはできなかったと考えられる。さらに，日本企業が株主だけではなく，ステークホルダー志向の経営を行ってきた点もふまえると，ステークホルダー間の利害調整を行いながら，利益分配を行うためには，経営者は複数の企業目標のもとに多くの任務をこなす必要が出てくると考えられる。広田（2012）は，マルチタスク・モデルにより，日本企業の経営者報酬の固定報酬の割合の高さの要因について以下のように論じている。成員の報酬を客観的な指標にどの程度連動させるのかは，組織の複数の目標と客観的な指標がどの程度一致するかに依存する。複数の経営目標（株主のみならず様々なステークホルダーの利益と満足）をもつステークホルダー志向の企業においては，経営者報酬と客観的指標との連動性を弱める（あるいは経営者報酬をすべて固定報酬化）ことが，他のステークホルダーの非金銭的価値をも含めた広い意味の企業価値の最大化につながる可能性がある。このように，複数の経営目標が存在し，職務が明確ではない状況で，必然的にわが国企業の固有性が生成されてきたと考えられる。

3.3 コーポレートガバナンスと固有性

3.3.1 インサイダー型のコーポレートガバナンス

前章で，経営者報酬制度はコーポレートガバナンスの枠組において，内部ガバナンスのコントロールメカニズムの機能を果たすことを指摘した。とくに，エージェンシー問題の緩和の観点から，経営者報酬制度が議論されることが多く，経営者が株主の利害に沿って行動するように動機づけるシステム（インセンティブ・システム）の設計について多くの研究があった。しかしながら，日本においては，長年にわたって経営者に最適なインセンティブを付与するための報酬制度の検討はされてこなかった。このように日本企業の固有性の要因として，そもそも株主と経営者の利害を一致させるような経営者報酬制度を設計することに対しての意識が希薄であったことが考えられる。つまり，わが国においては一般的に語られている「株主」と「経営者」との間のコンフリクトから生じるエージェンシー問題を緩和するためのインセンティブ設計という前提が成立していなかった可能性が高い。山本（2012）は，「声」を挙げない機関

投資家の存在，株式持合いによる「相互信任―相互不干渉」の制度化，経営者の内部昇進制度などによって株主主権が形骸化され，日本型のコーポレートガバナンスが確立されたと指摘している。これは，日本企業のコーポレートガバナンスはインサイダー型であり，前節で述べた内部組織と制度補完し合いながら，強靭なシステムを形成してきたと考えられる。インサイダー型のコーポレートガバナンスは長期的関係と相互信頼に立脚しており，相手が機会主義的行動をとることがないという前提に基づいて成立している[34]。そして，インサイダー型のコーポレートガバナンスをシステムとして補強してきた制度が，メインバンクシステムと株式持合いである。このようなガバナンスは，株主と経営者の間のエージェンシー・コストを低下させて，わが国企業の経営者報酬制度の固有性を規定してきたと考えられる。とくに債権者でありながら，株主でもあるメインバンクは，コーポレートガバナンスの形成で中核的な役割を果たしてきた。メインバンクシステムは，エージェンシー・コストを低減し，わが国企業のインセンティブ報酬の導入への意識を希薄化させてきたのである。そこで，本節ではメインバンクシステムのエージェンシー問題の緩和について論じることによって，固有性の解明に繋げる。

3.3.2 メインバンクシステムによるエージェンシー問題の緩和

⑴ メインバンクの意味と役割

　日本型企業システムは，内部昇進者からなる取締役会の構成，分散した株主構成と経営者による安定株主政策の促進，メインバンクの主導的な役割などによって特徴づけられる。このシステムが効率性を維持する上で鍵となっていたのは，メインバンクの役割であった。ここでメインバンクの意味と特徴について整理する。小川（2005）によると，企業のメインバンクとは，その企業に対する最大の貸出シェアを持つ銀行と定義されることが多いが，企業とメインバンクの取引関係は融資関係にとどまらず，実に多岐にわたっている。融資比率が最大の金融機関と当該取引企業が認識しているメインバンクとが一致するとは限らない。つまり，メインバンク関係は明示的に契約条項に記されたものでないため，確立された定義は存在しない。青木・パトリック・シェアード（1996）は，企業とメインバンクの関係の5つの重要な様相を指摘することによって，メインバンク関係を定義づける包括的な方法を導入するという見解か

ら，①融資関係，②債券発行関連業務，③株式持合い，④支払決済勘定の提供，⑤情報サービスと経営資源の提供の5つを挙げている。シェーンホルツ・武田（1985）は，メインバンクと呼ばれる貸し手と借り手との間の取引関係の全体像を要約するものとして，①高い融資シェア，②資本関係，③人的関係，④総合的な取引関係，⑤長期的関係，⑥メリットの享受，デメリットの許容の6つを指摘している。

　以上のようなメインバンクの特徴は，インサイダー型のコーポレートガバナンスの形成に大きな影響を与えたと考えられる。

(2)　株式持合いと債権者兼株主としてのメインバンクシステムの機能

　宮島（2003）によると，業務を執行する者と監督する者が同一である取締役会の構成や，外部からの圧力を緩和する安定株主の存在は，経営者自らがその代表である従業員集団にとっては好ましいが，株主や社会にとって問題のある収益の低い非効率的なプロジェクトに投資するというインサイダー・コントロールの可能性をはらむ。この潜在的なモラルハザードを抑制したのがメインバンクによる規律であったとの指摘がある。企業の財務状態が悪化した場合，内部者から「特定」の外部者，すなわちメインバンクへコントロール権が自動的に移行し，経営再建に向けた事業の再組織化（既存経営陣の退陣，資産売却，銀行借入の返済，人員削減）がなされるとする。青木（1995）によって状態依存的ガバナンスと定式化されたこの関係は，宮島・近藤・山本（2001）の実証分析でも，60年代後半から70年代の日本企業について明瞭に確認されている。

　このように，メインバンクは，株式持合いと制度的補完関係にあり，日本のコーポレートガバナンスに大きな影響を与えてきたと考えられる。Sheard（1991）によると，株式持合い関係は，メインバンクシステムのような資本市場の監視とコントロールのメカニズムの必要性を生み出し，またその働きを促進すると述べている。さらに，シェアード（1995）は，メインバンクシステムは，英米式の資本市場が備える市場志向のメカニズムと類似した監視とコントロールの役割を果たし，それがうまく機能する限りにおいて，経営者のモラルハザードの問題や資本市場による監視サービスの提供にまつわるただ乗り（フリーライダー）問題のような，安定的株主保有の潜在的問題点は最小限に押さえられると主張している。

　以上のことをふまえ，これまでの日本における金融システム[35]とコーポレー

トガバナンスの関係を考察するにあたって，従来から定説とされるのは以下のような考え方である[36]。上記のように，企業経営が順調で株主・銀行等の外部の投資家に適切な利益が保証されていれば，内部の長期勤続従業員の中から昇進してきた経営者に企業経営は委託されて，外部の投資家は企業経営には口をはさまないが[37]，メインバンクは企業の決済口座の動きや派遣重役等を通して企業経営をモニターする。そして，Sheard（1994）に具体的事例が挙げられているように，メインバンクは密接な関係をもつ企業が倒産の危機に瀕した場合には，資金供給を行って，資金繰りの改善を図るとともに，場合によっては既存の債務や金利の減免・免除を実施することもある。しかし，場合によっては，その企業は破産して企業清算が行われる。小山（2011）によると，エージェンシー理論の立場から言えば，銀行が同時に株主と債権者の双方を兼ねることはプリンシパルとエージェントの間の情報の非対称性の問題を解決するのに大いに貢献しうるし，結果としてエージェンシー・コストの総額は効率的に抑えられたであろうと述べている[38]。

　そして，このような関係によって特徴づけられるメインバンクシステムは，岡部（2009）に依拠すると，大きくは以下の３つの機能を持つとされている。

　第一に，情報生産の効率化，情報の質の高さを通じて，メインバンク関係は金融取引に不可避の情報の非対称性の問題を軽減する。結果として，企業に対してより多くの外部資金を，そしてより低いコストで提供することができるようになる。

　第二に，企業が経営危機に陥った場合，再建可能であると判断されれば，メインバンクが経営に介入し，当該企業の救済活動を行うため性急な清算が回避され，その再建も迅速かつ効果的に着手できたのである。

　第三に，企業経営のモニタリングを，情報の面で優位性を持つメインバンクが株主に代わって行うことによって，企業経営の効率性が維持される。

　上記の第一と第三の機能は，株主と経営者の間のエージェンシー・コストを引き下げる方向に作用する。つまり，メインバンクは，一般投資家と比較して情報優位な立場にあること，最大の債権者であり株主であるので企業のモニタリングを行うインセンティブが働くことから，投資家と経営者との間の情報の非対称性の問題を緩和させると考えられる。このように，エージェンシー・コストも引き下げられ，結果として，外部資金（この場合は銀行借入）のコストが，メインバンクを持たない場合に比べて，引き下げられると考えることがで

54

きる。このことは，メインバンクを持つ企業は，投資額の決定に対する内部資金からの制約が相対的に弱められるということを示唆している。

⑶　メインバンクシステムによるエージェンシー・コストの削減効果

メインバンクシステムによるエージェンシー・コストの削減効果についての実証研究は数多く存在する。

メインバンクシステムにおける投資の視点から，Hoshi, Kashyap, and Scharfstein（1991）は，トービンのＱおよび内部資金の代理変数を説明変数とした設備投資関数の推計により，銀行を中核とする企業系列グループに属する企業は，属していない独立系企業と比較して内部資金の制約が小さくなることを明らかにした。この結果は，メインバンク関係が企業投資における流動性制約を緩和した証拠であると論じている。つまり，メインバンク関係がエージェンシー・コストを軽減する機能があることを実証している。

岡崎・堀内（1992）は，電気産業を対象にメインバンク関係を融資，株式持合い，役員派遣などの多方面から定義し，またトービンのＱの代わりに資金調達のコスト関数を計測するなどの方法で企業の流動性制約とメインバンクの存在との関係を推計した。基本的には Hoshi, Kashyap, and Scharfstein（1991）と同様の結果を得ている。

配当政策の観点から，日本企業のエージェンシー・コストの低さが寄与する研究も存在する。Dewenter and Warther（1998）は，1980 年代から90年代初めの東証１部上場企業を対象にした実証分析により，米国企業との比較で，わが国企業の配当性向が安定的であることの理由を，系列関係が持つエージェンシー・コストの削減効果によるものであると論じている。

野村（2013）によると，メインバンクシステムには情報の非対称性によってもたらされるエージェンシー・コストの節約効果があることを指摘している。株主と企業の関係が株式持ち合い等により緊密な場合には，情報の非対称性やそれに起因するエージェンシー・コストが低下する。さらには，株式や社債を購入する投資家よりも貸出を行う銀行のほうが，企業に関する情報に精通しているため，情報の非対称性にかかるコストが低いと指摘している

⑷　エージェンシー・コスト削減のプロセス

ここで，小山（2008）の分析に依拠しながらこれまでの議論をふまえて，企

業系列の構造，およびとりわけ企業系列におけるメインバンクの役割に焦点を当てながら，日本企業のエージェンシー・コストの削減プロセスについて説明する。インサイダー型のコーポレートガバナンスによって削減されていたエージェンシー・コストを，①エージェントのシグナリング・コスト，②プリンシパルのコントロール・コスト，③なお残る富の損失の3つに分類し，エージェンシー・コストの削減について，小山（2008）は**図表3－1**のように類型化した。

　エージェントのシグナリング・コストについては，エージェントとプリンシパルとの間の情報の非対称性を軽減するために，エージェントが企てるすべての努力が含まれる[39]。具体的には，プリンシパルの利益追求に適っていることを証明するためにエージェント自らがかけるコストであり，たとえば上場企業の場合，有価証券報告書の作成やIR（Investor Relations）等を含めた情報開示に費やすコストが挙げられる。

　プリンシパルのコントロール・コストは，情報の非対称性を緩和させるために，プリンシパルが実施するすべての努力のことである。具体的には，エージェントが利益相反行動をしていないかどうかモニタリングするためのコストであり，プリンシパルである株主はエージェントである経営者を監視するために社外取締役や会計監査人を派遣する。これに対してかかるコストがコントロール・コストと言える[40]。

■ 図表3－1　企業間関係により削減されたエージェンシー・コストの分類

	エージェントの シグナリング・コスト	プリンシパルの コントロール・コスト	なお残る富の損失
タイプⅠ			○
タイプⅡ	○	○	○
タイプⅢ	○	○	
タイプⅣ	○		

タイプⅠ：（メイン）バンクと企業の間の，あるいは諸企業相互間の長期継続的な事業関係によるリスクの分担
タイプⅡ：債権者であると同時に株主でもある（メイン）バンクによる，情報の非対称性の減少
タイプⅢ：モニターをする者としての機能を（メイン）バンクが委譲されていること
タイプⅣ：深く，強くそして相互的な信頼関係
出所：小山（2008）p.172より筆者が加筆・修正。

なお残る富の損失について，小山（2008）は，「シグナリングやコントロールに関する努力にも関わらず，通常は最適な分業や専門化には至らない。知識の不完全さのおかげで，生産性が最高になる構造を発見できなかったり（調整の問題），所有する知識がプリンシパルとエージェントの間で不均等であるために，オポチュニズムが生じうる（モチベーションの問題）。こうして，富の損失，すなわち，そこで考えられる完全情報の状態からの現実の状態の乖離が，なお残るのである」[41]と説明している。

タイプⅠの削減プロセスについては，系列（所属）企業の有効借入金利の標準偏差は，非系列企業のそれより有意に低いことを発見した中谷（1987）の実証研究をベースに説明がなされている。こうして，系列企業の借入金利の変動が，長期的に抑制されることにより，全体としての収益と損失が長期的には相殺されていた。つまり，エージェンシー理論の観点からは，系列内での長期継続的なビジネス関係によって，いわゆる「なお残る富の損失」が削減されていたということができる。

タイプⅡについては，日本におけるメインバンクと企業の間の深い関係性である。上述したようにメインバンクは最大の債権者であることが多く，同時にまた有力株主でもある。メインバンクがこのような二重の役割を果たすことのメリットとして，最大の債権者として，当該企業の内部情報を獲得できる立場にある点が挙げられる。それによって銀行と企業との間の情報の非対称性は緩和されて，そこではエージェントのシグナリング・コストおよびプリンシパルのコントロール・コストが低下する。さらに，銀行がその情報を利用して，融資先企業に対して適正な金利で融資することができれば，富の損失も部分的に避けられるかもしれない。

タイプⅢでは，メインバンクは債権者兼株主の役割も果たす。今日の株式会社においては，経営者へのモニタリングにあたって，大半の株主はフリーライダーである。一方，債権者権株主であるメインバンクは，当該企業に対し，債権者としてモニタリングを実施する。このようなメインバンクの役割は，他の株主にとって非常に有益である。そこで，他の株主はメインバンクにモニタリングを委任することになる。こうして，エージェンシー・コスト，すなわちプリンシパルのコントロール・コストが削減される。そして同時にそれは，エージェントである経営者にとっても恩恵的となる。すなわち，それにより経営者にとっては，シグナリング・コストを低下させることができると考えられるか

らである。このことは，有力株主であるメインバンクが同時に最大の債権者でもあることに負っている。そして銀行が系列企業に対して行う審査にあたって企業が提供する信用情報を，銀行が所有していることは，他の株主にとっては，モニタリングの資格を銀行に与える決定的な要因になるとされる。

　タイプⅣの削減プロセスは，日本人の集団志向性に起因したマネジメントにおける日本独特の「相互プリンシパル・エージェント関係」[42]からもたらされる強固な相互的信頼関係により，双方のエージェンシー・コストを相互に相殺させる。

　ここまで，小山（2008）の分析に依拠し，メインバンクシステムのエージェンシー・コスト低下のプロセスを述べてきた。これは，上述した実証分析からの結果と整合的でもある。メインバンクシステムは，株式持合いと制度的補完関係にあり，これはわが国企業のインサイダー型のコーポレートガバナンスの形成に中核的な役割を果たし，結果として株主と経営者のエージェンシー・コストを低下させてきた。このため，日本企業は，内部コントロールメカニズムとしての経営者報酬制度の機能を必要としなかった。つまり，経営者に対するインセンティブ報酬導入への意識を希薄化させてきたと考えられる。Sakawa and Watanabe（2008）は，銀行持株比率の高い企業ほど，経営者報酬水準が低くなるという実証結果を提示している。Abe, Gaston and Kubo（2001）でも，メインバンクからの役員派遣と，経営者インセンティブの間に負の相関があり，役員派遣を通じたコントロールが可能な企業の場合，経営者の報酬の業績連動性は低く，経営者報酬を低下させていることを明らかにしている。このように，経営者報酬の業績連動性が低いのは，メインバンクが，経営者との間のエージェンシー問題を解決するよう直接的なモニタリングを行っているためであると考えられる。

　以上の結果は，銀行が株主としてのモニタリングを果たしていることを示唆する結果になっている。わが国のメインバンクのモニタリング機能が，内部コントロールメカニズムとしてのインセンティブ報酬の代わりに，経営者への規律という役割を果たしてきた。その結果，エージェンシー問題を緩和するための業績連動型のインセンティブ報酬が日本企業において定着しなかったと考えられる。

3.4 税制の影響

　2006（平成18）年度税制改正前の日本において業績連動型の報酬を導入しようとする場合の障壁の一つとして，旧法人税法35条の役員賞与全額損金不算入制度が挙げられる。旧法人税法34条に不相当に過大な部分の損金不算入制度があるが，報酬と賞与の区別は，「定期の給与」（役員報酬）か，「臨時的に支給される給与」（役員賞与）か，といった形式的な判断により行われる。このような取扱いとされているのは，その当時の商法の規定が役員賞与を利益処分として支給することを求めていたことに加えて，利益の有無にかかわらず支給される役員報酬とは異なり，役員に対する賞与は利益の分配であり，利益の分配は，利益処分であって，利益獲得のための費用ではないことから，職務執行の対価にはあたらないといった見解が強かったからである。この点について武田（1988）は，「一般に役員報酬は，役員の通常の業務執行の対価であって，事業経営上の経費から支出されるが，役員賞与は，企業の利益獲得の功労に対する利益の割賦であって，利益のうちから与えられるものであるという考え方による」[43]と述べている。つまり，役員報酬のような「職務執行の対価」ではなく，「功労報償」的な性格が強いものとして考えられてきたわけである。さらに，『DHCコンメンタール法人税法』（第一法規）において「第3目　役員の給与等」の「沿革」によると，従来から，役員給与は，「支給の恣意性を排除することが適正な課税を実現する観点から不可欠」であるため，損金不算入とされてきた，と説明されている。

　そこで，2002（平成14）年の改正商法で，それまで利益処分として位置付けられていた役員賞与を役員報酬と同様に「職務の対価」として扱うことに変更した（旧商法269条，会社法361条等）。これらの改正等は企業活動のグローバル化が進展する中で，コーポレートガバナンスの面からも役員報酬の規制の見直しが求められたことにその背景がある。具体的には，欧米企業の経営者報酬の体系が，業績連動給主体の経営者報酬制度へと変貌する中で，業績連動給のさらなる導入により，有能な経営者を確保しようとする企業行動が顕著になった背景があると指摘されている[44]。この改正では従来報酬と見なされるための条件とされていた「定期・定額」の枠がはずされて，確定額報酬，不確定金額報酬，非金銭報酬の3つのカテゴリーが新たな報酬概念として提示されており，

具体的には269条１項２号に業績連動型報酬，３号に社宅家賃等の現物給付となる報酬規定が創設された。注目すべきは不確定金額報酬であり，これはいわゆる業績連動型報酬を意味し，従来の認識では賞与的性格の強いものである。この新しい報酬概念が適用されると，賞与的給与がここに包含されて，報酬と賞与との区別が曖昧になり，ここで示された方向性は2006年に施行される会社法においてより明確にされ，賞与を報酬に包摂して一本化する規定へと発展した[45]。

　そして，2006（平成18）年５月１日に施行された会社法（平成17年法律第86号）では，役員報酬とともに役員賞与も職務執行の対価として株式会社から受ける財産上の利益として位置付けられ，定款に当該事項を定めていないときは，株主総会の決議によって定めることとなった（会社法361条）。したがって，役員報酬および役員賞与は，いずれも職務執行の対価であり，同一の手続で支給されることになったので，両者を区別する必要はなくなった。このような税制改正により，「役員報酬」ならびに「役員賞与」という用語が「役員給与」という用語に一本化された。

　このように，全面的に法人税法の規定は改正されたが，過大役員給与あるいは過大役員報酬の文言に変更がなく，また過大役員給与あるいは過大役員報酬に該当すれば，損金算入されないことにも変更はないため，過大役員給与あるいは過大役員報酬に着目すれば，従来の枠組みと変化がないとの見方も可能かもしれない[46]。一方で，2006（平成18）年の改正では，法人税法34条の見出しが「役員給与の損金不算入」が付されているように改正前と対比した場合，原則損金算入が原則損金不算入に変更されているとの指摘がある[47]。

　以上のような法改正が実施されてきたのにもかかわらず，業績連動型報酬の導入企業数が大幅に増えることはなかった。役員に対する報酬の場合には，日本において，法人税法第34条により損金算入のためには事前（役務提供前）の金額確定が前提とされるため，損金算入に困難を伴うことが多い。つまり，事前の支給金額が合理的に決められていること，すなわち報酬決定プロセスの透明性が担保されていることを損金算入の要件としており，損金算入となる役員賞与として，事前確定届出給与やコーポレートガバナンス制度が適正に整備されている有価証券報告書提出会社に限定された利益連動給与等の規定が，改正税法で設けられた[48]。退職金や一定のストックオプションの場合は，法人税法第34条の適用除外となり，事前確定等がなくとも損金算入が可能とされている

が，退職金であっても株式を利用する報酬である場合や，ストックオプションであっても発行法人の子会社の役員に付与される場合となると，発行法人側，子会社側の双方において，その損金性は不明である。このような運用の難しさから，業績連動型報酬の導入は進展せず，固定報酬の割合の高さが維持されてきたと考えられる。

3.5 心理学的な視点からの考察

3.5.1 パズリングな現象

　以上まで，日本企業の経営者報酬制度の固有性について考察してきた。それは，わが国の内部組織とインサイダー型のコーポレートガバナンスの枠組みの中で生成されて，税制がその固有性を強化してきたと考えられる。

　ここで，今後の課題も含めて，異なる観点から固有性について考察する。Aoki（1994）が提唱した状態依存型ガバナンスによると，メインバンクは貸出企業に経営危機の兆候があらわれると監視を強め，財務危機に直面するとその経営コントロールを剥奪し，再建を試みた。経営者はこの経営介入への脅威のために，経営努力を続けることになる。しかしながら，これはあくまで企業が経営危機の兆しを見せた場合の話であり，黒字企業に対して平時から強力なモニタリングが行われてきたとは考えにくい。ここで，コーポレートガバナンスの観点から固有性を考察するに，ひとつのパズリングが発生する。つまり，日本のインサイダー型コーポレートガバナンスにおいて，エージェンシー・コストは低下することを述べたが，これは逆に経営者の自由度と裁量を高める方向に作用する面もあるのではないかという疑問が提起されるのである。当然のことながら，経営者は，企業価値を毀損させるために企業運営を行うわけではない。日本の場合に，平時にはメインバンクというよりも，労働組合を通じた従業員からのモニタリングのほうが機能を発揮していたのかもしれないが，山本（2012）が主張した，「声」を挙げない機関投資家の存在，株式持合いによる「相互信任－相互不干渉」の制度化による株主主権の形骸化は，ときに経営者のコントロール権を強めて，結果的に経営者報酬を高めるような方向に作用する可能性もあったはずである。つまり，英米のようなアウトサイダー型のコーポレートガバナンス・システムではなく，経営者への直接的なモニタリン

グ・インセンティブが強いステークホルダーが存在しない状態であるにもかかわらず，わが国企業の経営者報酬額の水準は欧米と比較すると低く，株主からレントを搾取したという結果となっていない。本来ならば，外部からのモニタリングの程度が脆弱なコーポレートガバナンスは非効率な分配を促し，経営者報酬の高額化をもたらす可能性もある。先行研究においても，Bebchuk, Fried and Walker（2002）は株主による経営者への圧力が弱く，経営者が自身の報酬決定に大きなコントロール権を持つ場合，経営者報酬制度は非効率的になる可能性もあると主張している。つまり，経営者は自らの権力をもとに，報酬を増大させていると論じている。また，Bebchuk and Fried（2004）は，取締役会や報酬委員会が形骸化すると，経営者が自らの報酬を決定するお手盛りの状況を生み出すことになると指摘している。その結果，報酬が高額化するとともに，ストックオプションやリストリクテッド・ストックといった価値の評価や観察が困難な報酬体系によってレント獲得が行われていると主張している。このような状況は，インサイダー型のコーポレートガバナンスによって株主権を形骸化させていた日本の状況にも当てはまる面があり，日本の多くの経営者はなぜレントを獲得しなかったかという興味深いパズリングが浮かび上がってくるのである。もちろん，株式持合いとメインバンクシステムを基盤としたインサイダー型のコーポレートガバナンスと従業員の賃金制度との連続性ならびに法による規制が，経営者報酬の高額化に歯止めをかけてきたことは間違いない。しかしながら，そのようなシステム以外にも固有性を補強してきた他の要因も存在する可能性も高いのである。

　そこで，新たな視点でそのパズリングを解明する必要がある。とくに重要だと思われるのは心理学的な面からの考察である。社会心理学での知見の蓄積から，自己の帰属意識を自己の側面から検討する社会的アイデンティティ理論を手掛かりとして，個人の組織に対する帰属意識を自己の側面から検討する概念の組織アイデンティフィケーションは，固有性を説明する上で有力なツールであると考えられる。

　さらに，契約理論研究において見られるエージェントの利己性や経済合理性に関する仮定を緩和し，人々の心理的な諸性質・諸法則を反映した選好を持ったエージェントを想定して意思決定モデルを構築・分析する行動契約理論と呼ばれる研究領域は有用であると考えられる[49]。また，それとの関連で利他主義的な人間観をエージェンシー理論に取り入れた行動エージェンシー理論という

概念も誕生しており，その観点からの経営者報酬のデザインを検討する研究もいくつか見られるようになった[50]。たとえば任（2018）は日米の経営者報酬の開きの差を，行動経済学と契約理論の結合—行動契約理論（Behavioral Contract Theory）のアプローチでモデルを構築し，整合性，一貫性のある理論分析を行っている。

　本節では，これらの見解を援用しながら，新たな視点から固有性についての考察を試みる。

3.5.2　組織アイデンティフィケーション（OI : Organizational Identification）

　日本企業の固有性は，組織における構成員の心理的な面も大きな要因の一つであると考えられる。これを説明するうえで，組織アイデンティティ（Organizational Identity）と組織アイデンティフィケーション（Organizational Identification）は有力な概念であると考えられる。林（2016）によると，前者は組織全体のアイデンティティを議論するものが主な研究であり，後者は組織の成員が組織に同一化する研究を主にしていて両者は分析レベルが異なると考えられ別々に議論されてきている。

　組織アイデンティフィケーションに関する代表的な研究成果として，Ashforth and Mael（1989）が挙げられる。高尾（2012, 2013）によると，Ashforth and Mael（1989）は，社会的アイデンティティ理論および自己カテゴリー化理論に依拠して，成員性についての認知と自己概念の結びつきから，組織アイデンティフィケーションを捉える枠組みを提示した。組織アイデンティフィケーションの定義は確立されていないが，彼らは，組織アイデンティフィケーションを組織への一体性（oneness）や組織に帰属していること（belongingness）に対する認知と定義している。組織アイデンティフィケーションは，所属企業に対する一体感や帰属意識を示す概念であり，見方によっては，組織構成員の所属する企業への忠誠心や組織としての求心力とも深く関連すると考えられる。

　また，組織に所属する人々の行動が，個々人の組織アイデンティフィケーションから影響を受けることが，先行研究で指摘されている。木村（2016）によると，組織成員の行動に対し，組織アイデンティフィケーションが与える影響は，以下のように大きく2つに分けられる。第一に，目標整合的な行動を促

すというものである。第二に，同じ組織に所属する人に対する協調的・寛容的な行動を促すというものである。

　以上の点をふまえると，日本企業は，自然に組織アイデンティフィケーションを促進させてきたと考えられる。新卒一括採用・長期雇用（終身雇用）と年功序列による内部労働市場の発達，いわゆる企業特殊的人材の育成は組織アイデンティフィケーションを促す仕組みになっていたと考えられる。この点について，高尾（2013）は，「終身雇用が規範性を持つ相互期待と認識され，企業に「所属」する個人は，当該企業への所属によって自己を捉えることが当然視されてきた」[51]と論じている。日本企業は内部昇進制により経営者が選抜されており，必然的に経営者の組織アイデンティフィケーションの程度は高く，目標整合的な行動を優先していたと考えられる。

　ジャコービィ（2005）によると，日本において企業は，コア従業員のものであり，企業の目的はコア従業員の利益を最大にすることになるとの従業員主権論が存在する。コア従業員は，平社員から経営者まで含んでいる。社内の平等主義，具体的には経営者と平社員との給与格差の少なさ，シングル・ステータス・ポリシー（管理職と非管理職に同じ制度や福利厚生が提供される），平社員よりも前に管理職が給与削減を受け入れるという自発的意思などが，正社員の間に共通の利害意識を育み，取締役会メンバーは社員の利害に対する配慮を保証させている。このような，社内風土は，組織アイデンティフィケーションを醸成させると考えられる。経営者報酬制度も平社員の利益を経営陣のそれと連携させる一助となっている。従業員の賞与が増えれば経営者の報酬も上昇し，経営者報酬は彼らが雇用継続に努めれば上昇していた。これは，日本企業の経営者が一般従業員の利益を考慮しており，限定合理的で限定利己的な側面も持つことを示唆している。これは，経営者の組織アイデンティフィケーションの程度が高いことを示唆するものである。

　ここでBoivie *et al.*（2011）によるアーカイバル研究を取り上げる。Boivie *et al.*（2011）は，エージェンシー問題と関連させながら，CEOの組織アイデンティフィケーションが報酬に対して及ぼす影響について実証分析を行っている。報酬への影響について，報酬と業績の連動性ならびに会社の自家用ジェット機の利用が対象となっている。分析結果によると，CEOの組織アイデンティフィケーションが高ければ，業績が悪いのにもかかわらず，高額の現金報酬を得ることはなく，CEOの私的な理由により会社の自家用ジェット機を利用す

ることもない。つまり，組織アイデンティフィケーションの高い経営者は，業績と報酬の連動性が高い報酬デザインを受け入れ，私的な理由でフリンジ・ベネフィットを利用することはしないことを確認し，エージェンシー・コストも低下させることを発見している。このように，Boivie *et al.*（2011）は，高い組織アイデンティフィケーションをもつCEOは，企業全体の目標に反するような行動をとらないことを明らかにした。つまり，高い組織アイデンティフィケーションをもつCEOは，目標整合的ならびに同じ組織に所属する人に対して協調的な行動をとるということを意味する。

　以上のような調査結果は，日本企業にも適用できると考えられる。上述したように，わが国企業の内部組織の性質上，経営者の組織アイデンティフィケーションは高くなる。その高さは，日本企業の経営者が，米国のように従業員給与の何百倍もの報酬を受け取ることを志向しなかった大きな要因の一つであると考えられる。これとの関連で，固定報酬の割合が高いことは，一見，Boivie *et al.*（2011）の調査結果と矛盾するようであるが，わが国企業のペイレシオ（CEOと従業員の報酬対比）の低さを考慮すれば，経営者が同じ組織に所属する人に対して協調的な行動をとり，企業全体の目標に合致した行動をとっている点で整合性がある。米国では，企業業績と経営者報酬との連動性の高さが，目標整合的な行動と捉えられている。日本では，低水準の固定報酬が主体の報酬制度が目標整合的な行動であると考えられる。つまり，組織アイデンティフィケーションが高い日本企業の経営者はそれを受け入れて，ペイレシオが低い状態にあったのである。以上のことをふまえると，わが国企業の経営者の組織アイデンティフィケーションの高さは，固有性を補強してきたと考えられる。

3.5.3　モチベーションのクラウディング・アウト効果

　金井（2006）によると，金銭的報酬に限らず，昇進，表彰，人からの賞賛や承認，メンバーからの受容など働く個人に外部から他の人によって提供される報酬（外発的報酬）を目標に，人が頑張ることは，外発的動機づけ，外発的モチベーション（extrinsic motivation）と呼ばれる。一方，達成感，成長感，仕事それ自体の楽しみ，自己実現等は，内発的報酬と呼ばれて，人がこれに突き動かされることは，内発的動機づけ，内発的モチベーション（intrinsic motivation）と呼ばれている。外発的な動機づけと内発的な動機づけの間には，相互作用がある。

Deci（1971）は，大学生を対象に，課題に従事することに対して金銭的報酬が内発的動機づけにどのような影響を及ぼすかという実験を3日間行い，内発的に動機づけられている人に対して外発的な報酬が付与されると，内発的な動機づけが低下してしまう場合があることを確認した。さらにDeci et al.（1999）は1971年から1997年までの期間にわたる合計128件の実証分析による研究結果を検証し，業績給のような有形の報酬の持つ内発的動機づけに対するクラウディング・アウト効果が存在していることを明らかにしている。同様の指摘は行動経済学研究でもなされており，金銭的インセンティブが，非金銭的な要因にもとづいたモチベーションを低下させてしまう効果のことをモチベーションのクラウディング・アウト効果と呼んでいる。

　高橋（2004）は，金銭的報酬によるモチベーションのクラウディング・アウト効果の存在が成果主義によって顕在化すると指摘している。つまり，人間は，成果主義により外発的報酬の獲得のために働くようになってしまうため，内発的動機づけが低下する。このため，高橋（2004）は，金銭的な報酬によりやる気を引き出すためには，金銭的報酬がパフォーマンスによって直接決定されないようにようにすればよく，「日本型年功制」が最適解の一つであると論じている。確かに高橋が指摘するように金銭的インセンティブによる外発的報酬が内発的動機づけをクラウディング・アウトしてしまう可能性は高いと言わざるを得ないし，数多くの実証分析もそうした効果の存在を認めている。

　Sliwka（2003）はプリンシパル・エージェントモデルをベースに金銭的報酬がエージェントのモチベーションを低下させること，具体的にはモチベーションのクラウディング・アウト効果を内生的に分析するモデルにより明らかにした。機会主義的行動をとらず，プリンシパルが提示した努力水準を必ず選択する信頼できるエージェント（reliable agents）に対しては，固定報酬を提供することが最適となる。とくに，エージェントの成果を評価する際のコストが大きいときには，成果主義的な報酬よりも，固定報酬が好ましくなると説明している。

　これは，わが国企業の固有性を説明する上で有益である。メインバンクシステムと株式持合いにより企業間関係が緊密な状況下で，内部昇進制により選抜された経営者は内部利害関係者からの信頼度が高いということから，上記の信頼できるエージェント（reliable agents）に相当する。それと関連して，わが国企業の組織アイデンティフィケーションの高い経営者も，目標整合的であり，

協調的・寛容的な行動をとるという点で，信頼できるエージェントとして捉えることができる。また，日本企業の経営者の職務が不明確なために経営者の成果の評価にコストがかかる。以上の点をふまえると，成果主義的な報酬よりも，固定報酬のほうが選好されて，これはわが国企業の固有性を補強したと考えられる。

●注

1 第2章でも触れたが，日本企業の経営者報酬の仕組みにインセンティブ機能が全くなかったというわけではない。詳しくは，胥（1993），Xu（1997），Murase（1998），阿萬（2002），蟻川（2004），星野（2003，第7章），乙政（2004，第4章），Kato and Kubo（2006），乙政・椎葉（2009），坂和・渡辺（2009），首藤（2010，第10章），新見（2010）を参照せよ。

2 田辺総合法律事務所・至誠清新監査法人・至誠清新税理士法人編著（2016），3頁。

3 蟻川（2004），139頁。

4 小針（2016），4頁。

5 小針・前掲（注4）4頁。

6 コーポレート・ガバナンスに関する法律問題研究会（2012），15頁。

7 Dore（2000），p.32.

8 谷内（2008），39頁。

9 谷内・前掲（注8）40頁。

10 厚生労働省（2013），166頁。

11 占部（1984），38頁。

12 大竹（1998），99頁。

13 谷川（2016），80頁。

14 川本（2009），3頁。

15 石田（2016），7頁。

16 胥（1996），20頁。

17 小越（2006），194頁。

18 幸田（2003a），33頁。

19 同上，33頁。

20 奥林（1988），152頁。

21 日本経営者団体連盟編（1955），4頁。

22 吉田（2010），179頁。

23 奥林・前掲（注20）154頁。

24 同上，154頁。

25 吉田・前掲（注22）180頁。

26 本寺（2016），119頁。

27 阿部（2006），21頁。
28 吉田・前掲（注22）180頁。
29 上田（2014），50頁。
30 Milgrom and Roberts（1992），p.241。
31 タワーズワトソン編（2015），42頁。
32 同上，42頁。
33 同上，43頁。
34 田中（1998），17頁。
35 金融システムという用語を明確に定義することは難しい。ここでは，金融システムを
　コーポレートガバナンスの観点から捉えて，直接金融と間接金融という意味で使用する。
36 小佐野・堀（2002），146頁。
37 同上，146頁。
38 小山（2011），213頁。
39 つまり，エージェントのボンディング・コストにあたる。
40 プリンシパルのモニタリング・コストに相当する。
41 小山（2008），169頁。
42 「相互的プリンシパル・エージェント関係」については，小山（2007）を参照せよ。
43 武田（1988），169頁。
44 白土（2008），98頁。
45 高岡（2007），19-20頁。
46 成宮（2013），14頁。
47 同上，14頁。
48 田辺総合法律事務所・至誠清新監査法人・至誠清新税理士法人・前掲（注2），56頁。
49 詳細は，伊藤（2015）の第1章，3-28頁を参照せよ。
50 これについては，Alexander（2015）を参照せよ。
51 高尾（2013），225頁。

第 | 4 | 章

日本企業の
経営者報酬制度の変容

　本章の目的は，内部組織とコーポレートガバナンスならびに法規制の変容が，日本企業の経営者報酬制度をどのように変容させるのかについて展望することである。前章で，わが国企業の経営者報酬制度の固有性について考察したが，その固有性は内部組織とコーポレートガバナンスの枠組みで生成されてきた。近年，それらの枠組みが変容しつつあり，制度的補完関係にある経営者報酬制度の経済合理性が失われることが予想される。そこで，本章では，わが国と同様の経済環境の構造変化を経験している米国とドイツの大企業の経営者報酬制度の変遷を分析することによって，わが国企業のその変容について展望する。米国を取り上げる理由は，世界でもっとも早く経営者報酬制度の改革に取り組んでおり，功罪両面を含めて，多くの知見が蓄積されているからである。また，ドイツを取り上げる理由として，日本と産業構造や金融システムが類似しており，比較分析をする上で有益である点が挙げられる。

4.1 ｜ 欧米における経営者報酬制度の変遷

　本節では欧米の経営者報酬制度の変遷について概説する。これは，日本企業の経営者報酬制度の変容を考察する上で，多くのインプリケーションを与えてくれる。

　最初に，欧米における経営者報酬制度の概要について説明し，経営者報酬に対する欧米の法規制を概観する。法規制について考察する理由は，それが欧米先進各国企業の経営者報酬制度の形成に大きな影響を与えたからである。最初に，法規制を世界に先駆けて整備した米国と英国の法規制を中心に考察する。

その後に米国とドイツの経営者報酬制度の変遷について分析する。具体的には，両国における内部組織とコーポレートガバナンスならびに法規制の変容が，経営者報酬制度に対してどのような影響を及ぼしたのか，どのような結果をもたらしたのかについて検討する。

4.1.1 欧米における経営者報酬制度の変遷の概要

　欧米における経営者報酬制度の変遷について概要すると，米国は1980年代以降，英国は1980年代半ば以降，英国を除く欧州においては1990年代以降に経営者の報酬水準が上昇し，経営者報酬制度の変容がみられるようになった。この変容の背景に類似した要因がいくつか観察される。最初に，1980年代に米国で発生した機関化現象のさらなる進展と経済の金融化に端を発した株主価値重視の理念が，欧州に伝播したことである。これにより，欧米のコーポレートガバナンスは変貌を遂げることになる。次に，世界的な企業間競争が激化し，欧米企業の内部組織が変革を迫られるようになったということである。以上の変数の動きは，制度的補完関係のもとで生成された経営者報酬制度を均衡点から乖離させた。

　世界で初めて，経営者報酬制度の改革を積極的に推し進めたのが米国である。1980年代以降，内部組織とコーポレートガバナンスの変容ならびに機関化現象と経済の金融化の進展は，経営者報酬に関する新しいスキームの開発や報酬の決定を管理する報酬委員会の設置を進展させた。とくにストックオプションで象徴される業績連動型報酬の比率の高まりに伴って，経営者報酬額の水準は大幅に高まり，1980年から1995年の間に，企業の利潤は145％増加し，労働者の賃金は70％に減少しているのに対して，CEOの給与および賞与は499％増加した[1]。さらに，1970年代半ばまで，CEOと一般労働者の平均報酬は20倍程度であったのに対して，1990年代前半に100倍を超え，2007年には275倍に達した[2]。

　また，欧州においても1990年代に，グローバリゼーションの急進展に伴い，多くの国でコーポレートガバナンスの改革論議が活発になされ，会社法などの関連法律・制度の見直しに拍車がかけられた。その改革論議の中心にあった理念が株主価値重視のイデオロギーである。Lazonick, W. and M. O'Sullivan（2000）によると，株主価値イデオロギーは米国と英国ではコーポレートガバナンス原則として定着しており，ドイツ，フランスなどのヨーロッパ諸国のコーポレートガバナンス改革論議においても中心の命題となった。

同時に，米国型の資本市場を整備するための法規制の改革と緩和が促進された。EUは加盟諸国に対して金融市場の自由化の方向を促し，そこでは，資本市場がより重要なものと位置付けられ，改革は投資家保護と会計基準を強化してきた[3]。

以上のような，株主価値イデオロギーは，内部組織とコーポレートガバナンスの変革を促し，従来までの制度と補完し合いながら生成された経営者報酬制度の変容を促した。米国で開発された様々な報酬スキームが，欧州企業の報酬デザインに採用されて，業績連動型報酬の割合が高まっていったのである。上述したように，米国においてはエンロン事件，米国と欧州では世界金融危機が発生し，そのたびに経営者報酬制度は批判の対象とされて，厳格な法規制が施されている。興味深いのは高額報酬が批判の対象になっているのにもかかわらず，経営者の報酬額の水準は規制されてはいない。つまり，経営者の報酬額水準の引き下げの議論が中心ではなく，企業業績と報酬の連動性を強めることを前提に，クローバック条項のようなリスク管理の要素を追加した報酬制度の構築や報酬委員会の質の向上，ならびに情報開示の拡充等の報酬ガバナンスの高度化を求める議論が主体となっているのである。

4.1.2 世界金融危機後の経営者報酬制度に対する法規制

経営者報酬に関する法規制は米国と英国において先行した。伊藤（2013）によると英米では，1990年代の初頭に，経営者報酬に関する議論が活発化し，法規制の整備が行われた。両国で，経営者報酬の決定過程が整備されるとともに，経営者報酬について詳細な開示が行われるようになり，経営者の法律に関する規律の基礎が形成されたのである。ここで留意すべきことは，両国においては，経営者の報酬決定が，経営者の監督・経営者へのインセンティブの付与という性質を有することが明確に意識されていることである。

欧米の経営者報酬制度の変遷を考察するうえで，米国において発生したエンロン・ワールドコム事件と2000年代後半の世界金融危機後の経営者報酬に対する法規制を概観する必要がある。なぜならば，それらの事象の発生後に欧米企業の経営者報酬制度が大きな変容を遂げたからである。そして，欧米の法規制の流れによる経営者報酬制度改革は，日本企業の経営者報酬制度のあり方を検討する上で大きな示唆を与える。そして，米国と英国における報酬規制の手段としてとくに重視されてきたのが開示制度である。

エンロン・ワールドコム事件と2000年代後半の世界金融危機は，多くの複雑な要因が絡み合い発生したものであると考えられるが，双方の事件に共通しているのは経営者報酬の問題であった。とくに世界金融危機後に，欧米金融機関の高リスク志向の経営を促した過度なインセンティブを付与した経営者報酬の是正の必要性から，国際的に経営者報酬規制の強化が求められるようになった。2008年11月のG7ワシントン・サミットで採択された行動計画に基づき，2009年4月，FSF（Financial Stability Forum（現FSB：Financial Stability Board））[4]が「健全な報酬慣行に関するFSF原則およびその実施基準の適用状況」を策定し，以降この原則をもとに経営者報酬に関する議論が進められてきた。本節では最初に，経営者報酬に関する規制の変化が顕著な米国での事例を挙げた後に，欧州での規制強化を情報開示と株主の権限の観点から考察する。

4.1.3 米国の経営者報酬制度の規制強化

伊藤（2013）によると，米国では，早い時期からストックオプション等の業績連動型報酬が発達し，経営者の報酬も高額であることから，経営者報酬をめぐる議論が，コーポレートガバナンスに関連した議論の中で重要な位置を占めており，その議論と規律の整備については，歴史上いくつかのピークがあった。過去20年を見れば，1990年代初頭が一つ目のピークであり，2000年代の初頭が二つ目のピークである。そして2000年代後半の世界金融危機の発生により，経営者の報酬に関する議論が盛んになり，これが三つ目のピークと捉えることができる[5]。

米国での1990年代初頭の経営者の報酬をめぐる議論は，経営者報酬の開示の拡充等の規律の整備をもたらした[6]。この議論の背景として，機関投資家のコーポレートガバナンスの関与と役員の高額報酬に対する大衆の批判が挙げられる[7]。さらに，若園（2015）によると，1991年に米国経済がマイナス成長（IMF統計）を記録するなどの国内経済の低迷に加えて，1992年の大統領選挙の影響も報酬規制強化への大きな要因である。第42代大統領となったビル・クリントンは，1992年の大統領選挙の期間中に，企業の役員報酬の問題を強く訴えており，このような経済と政治の両面から，SECに対応を促す圧力が増していた。1990年代の経営者報酬に対する具体的な制度の整備として主要なものは，1992年のSECによる役員報酬開示規定の制定と，1993年に内国歳入法典162条(m)項が新設されたことである。

前者について，1992年10月にSECは，SEC登録会社の情報開示を定める規則S-Kの項目402（役員報酬）等を修正し，会社に対して1934年の証券取引所法が定める委任状や登録届出書，年次報告書等で，役員報酬のより詳細な開示（開示方法のフォーマット化）を求め，また，翌1993年11月には新たな規則により，同情報の開示対象となる役員の範囲をCEOに加えて役員のうち報酬額上位4人にまで拡大している[8]。

後者については，高額報酬に関する大衆への批判として，1993年に内国歳入法典162条(m)項が新設された。この目的は，報酬額の過剰さの是正および報酬と業績との連動性を強めることによって，株主の利益に資することであるといわれる[9]。具体的には，原則として，公開会社の対象となる役員に対する企業業績と連動しないものの金額が100万ドルを超える部分について，損金算入が認められなくなり，役員報酬の税控除に制限を加えた。歩合給（I.R.C.§162(m)(4)(B)）および業績目標達成に基づく報酬（I.R.C.§162(m)(4)(C)）は，内国歳入法典162条(m)による控除制限の適用除外となっている。これは，報酬の高額化への社会からの批判に対応しようとするだけではなく，報酬と業績との連動性を強くしようとする意図があると考えられる。なお，業績目標達成に基づく報酬には，ストックオプションは含まれている（Treasury Regulations（"Treas. Reg."）§1.162-27(iii)(C)）。これは，ストックオプションを付与すると，株価上昇という株主の利益と役員に対するインセンティブにもなると考えられているからである。過剰な報酬額の是正という目的を含んだ内国歳入法典162条(m)項の新設であったが，高額報酬の抑制を目指すという考え方は主流とはならなかった。その要因として機関投資家は，主に経営者報酬の絶対額ではなく，報酬額と業績とが連動しているかという点に関心があった点が挙げられる[10]。

2000年初頭に，2001年のエンロン・ワールドコム事件において役員が多額の業績連動型報酬を受け取るために不正経理を行ったことをきっかけに，公開企業会計改革・投資者保護法（Public Company Accounting Reform and Investor Protection Act），いわゆるSOX法（The Sarbanes-Oxley Act of 2002）[11]が制定された。CEO（Chief Executive Officer），CFO（Chief Financial Officer）に対し，自社の財務報告が適正に作成されていることなどについての宣誓書を個人署名にて作成し会社の会計情報・その他の四半期報告書・年次報告書とともに米国証券取引委員会（Securities and Exchange Commission：以下「SEC」という）に提出する必要があり，虚偽の開示内容に対しては，刑務所への収監

もありうる重い責任が課されるようになった。大村（2008）によると，それにより，取締役による会計操作による過大利益計上には，一定の抑止効果をもつようになった。また，この304条（クローバック条項）に基づき，公開会社が不正行為による財務報告義務の重大な違反により，財務諸表の修正再表示が求められた場合には，CEOおよびCFOは，当該財務書類を最初に公表した時から12カ月間に会社から受け取ったすべての賞与，インセンティブ報酬，株式報酬および当該12カ月間の株式売却益を，会社に返還しなければならないとした[12]。

　その後，2006年にストックオプションの不正会計処理問題が発生し，経営者報酬に対する批判が再び高まっていった。具体的にはストックオプションの付与日をより株価の低い期日にさかのぼることにより報酬額をかさ上げするなどの不正会計処理問題が発生したことから，取締役会に設置されている報酬委員会が機能していないとの非難の声が挙がり，報酬規制がSECにより強化された。具体策としては，主に①役員報酬の情報開示強化，②Say on Pay（勧告的投票）の義務づけ，③巨額報酬に対する課税強化等が検討された。西川（2009）によると，この中で実現したのは①の情報開示の強化であり，具体的には，SECが報酬上位5名の過去3年分の情報開示等を求める新規則が2006年に採択された。

　以上のような規制強化が実施されたのにもかかわらず，2007年に過度なインセンティブが付与された経営者報酬が原因の一つと考えられる世界金融危機が発生した。とくに金融機関の経営者報酬体系が，高リスク経営の大きな要因になったと考えられたため，経営者報酬の適正化を実現するためのコーポレートガバナンス改革が行われた。2010年7月に金融改革法（ドッド＝フランク・ウォール街改革および消費者保護に関する法律：Dodd-Frank Wall Street Reform and Consumer Protection Act：以下「ドッド＝フランク法」という）が制定され，法文上はコーポレートガバナンスの一部改善があった。経営者報酬に関する点で，これは，すべての米国上場企業にSay on Payの実施を義務づけ，報酬決定プロセスにおいて，株主の意思をより直接的に反映させることを意図しており，成果分配としての経営者報酬の適正性を確保させるためのものであると考えられる。具体的には，ドッド＝フランク法951条によって追加された証券取引所法14A条およびSEC規則14a-21が，Say on Payについて定めており，同条が定めるSay on Payには経営者報酬一般に関するものと，ゴー

ルデン・パラシュートに関するものがある。経営者報酬に関するものは，さらに経営者の報酬の承認に関するものと，そのような決議を行う頻度に関する決議に分かれる。もっとも，これらの決議はいずれも会社・取締役会を拘束するものではなく，勧告的決議である（証券取引所法14A条(c))[13]。

　また，三菱UFJリサーチ＆コンサルティング（2014）の調査によると，注目すべきはSEC が以下のことを証券取引所に義務づける規則を制定したことである。報酬委員会の独立性が確保されていることを株式の上場要件とすることと下記の２点を全証券の上場要件とすることである。

① 財務諸表において報告される業績に基づいて支給されるインセンティブ
　　 ベースの報酬に係る方針が開示されていること
② 不正確な財務諸表に基づいてインセンティブベースの報酬が役員に支払
　　 われた場合，財務諸表訂正に先立つ３年度分について，過剰に支払った報
　　 酬を回収すること

　とくに①は，業績連動型のインセンティブ付与の経営者報酬が適正であるか否かの評価をするうえで重要である。また②は，経営者の不正な行動を抑止する効果が期待される。
　以上のような米国における規制強化の中核は情報開示と株主権限の強化であり，これは株主のみならず他のステークホルダーからのモニタリングを強化するうえでも有効であると考えられる。

4.1.4 欧州の報酬規制

　経営者報酬の規制強化は欧州においても進められている。この要諦は，米国と同様に経営者報酬の決定にあたり株主の関与と経営者報酬についての情報開示を一層強める点にある。
　英国の経営者報酬規制を最初に述べるが，理由としてはこれがEUの報酬規制にも大きな影響を与えているからである。上述したように英国においても米国と同様，開示の面が法規制の中心となっている。英国では1980年代後半から1990年代にかけて高額な経営者報酬が大きな問題となっていた。英国は1990年代から，キャドベリー報告書[14]やグリーンブリー報告書[15]で代表される各種報告書[16]，これらを総合して規則化した統合規範，そして上場会社に統合規範の

遵守を義務づけた上場規則，さらにかかる規則を強化するために実施された会社法の改正と，EUに先行して，規制の拡充・強化が行われており，菊田（2008）はEUにおける法規制の，かかる分野における英国への近接化傾向がみられると述べている。注目すべきは1995年にグリーンブリー報告書を発表したグリーンブリー委員会での主な検討項目が，取締役の報酬の決定方法の見直しと，報酬情報の開示の改善であることであり，他の欧州の国々よりも早い段階で経営者報酬について多くの議論がなされていた。1990年代の英国における上場会社の取締役の報酬についての規律の特徴は，伊藤（2013）によると以下の２点である。まず，上場会社において，業務執行取締役の決定に報酬委員会が大きな役割を果たすべきことを前提に，報酬委員会の職務や構成について模範的経営慣行規定で定め，その遵守状況の開示を要求することである。第二に，会社の報酬政策と取締役の個人別の報酬内容について詳細な開示を要求することである。つまり，米国同様，経営者の報酬権限は取締役会または報酬委員会にあり，経営者の報酬決定は，経営者の監督の一環と位置付けられている。これを前提に，取締役会・報酬委員会が経営者に十分なインセンティブを付与し，株主の利益に資するような報酬内容を決定することを確保するために，取締役・報酬委員構成員の独立性を確保し，取締役会・報酬委員会における経営者報酬の決定過程を整備すること，および，経営者の報酬に関する広範で詳細な開示を要求することが，米国同様目指されたのである[17]。

　2000年代に入ると，株主の権限をさらに強化するものとして，取締役報酬報告規則（Directors' Remuneration Report Regulations：以下「DRRR」という）が2002年に導入された。これは上場企業（quoted company）の取締役に，取締役報酬報告書（Directors' Remuneration Report：以下「DRR」という）の作成・開示義務を課したものである。DRRRによれば，企業はDRRを自己の開示情報として位置付け，株主総会において勧告決議（advisory vote）に付すこととなる。これは，同時に報酬についての情報開示の強化を促す。なぜならば，株主が経営者報酬の適正度を判断するためには，正確かつ詳細な報酬に関する情報が必要であるからである。しかしながら，これは拘束力がないために，結果的に経営者報酬の高額化を抑制することができず，実効性に大きな疑問が投げかけられた。このため，会社法が改正されて，上場企業のSay on Payについて拘束的議決の導入と情報開示の強化が図られた。

　また，英国における経営者報酬に対する規制は，会社法だけに限らず，とり

わけ上場会社については，英国コーポレートガバナンス・コードによる規制が重要な役割を果たしている。2014年の英国コーポレートガバナンス・コードのセクションＤは，報酬について規定しており，大きくD.1「報酬の水準および構成（The Level and Components of Remuneration）」，D.2「手続（Procedure）」に分けられ，それぞれについて原則（Main Principle）・補助原則（Supporting Principles）・各則（Code Provisions）が置かれている[18]。D.1「報酬の水準と構成」では，主要原則として，業務執行取締役の報酬の業績連動部分は，会社の長期的な成功を促進するよう，デザインされなければならないと定められている。強調されているのは，業務執行取締役の報酬のかなりの割合は，会社および個人のパフォーマンスにリンクするように構成されるべきであるという点である。補助原則（Supporting Principles）において，報酬委員会は，他社と比較して自社がどの位置にあるかを判断すべきであり，報酬委員会がそのような比較を行う際は，自社の業績改善や個人のパフォーマンスに相応しないような報酬の引上げ方向に偏る，というリスクに注意すべきであると定められている。D.2「手続」では，主要原則として，業務執行取締役の報酬方針を発展させて，個々の取締役の報酬パッケージを確定するにあたっては，正式かつ透明性のある手続が定められているべきであり，いかなる取締役も自らの報酬を決定することに関与してはならない，と規定されている。補助原則では，報酬委員会が利益相反に注意を払うべきことや，報酬コンサルタントの選任について責任を負うべきことが規定されている。

　欧州議会は上記の英国の流れを受けて，2017年3月に，EU各国に対してSay on Payを法制化し，加盟各国に対して法整備を義務化した。これに先立って，スイスでは，2013年3月に経営者報酬に対して株主権限の強化を目的とした法案をめぐって国民投票が実施され，7割近い賛成多数で可決となり，Say on Payの拘束的決議が導入された。

　ドイツにおいても，阿部（2014）によると，1989年以降，会社法，コーポレートガバナンス・コード，会計基準等を通じて大幅な報酬規制改革が行われ，報酬制度の設計と透明性の向上に大きな変容をもたらした。ドイツについては，後ほど詳細に述べる。

　以上のように欧州においても経営者報酬に対しての株主権限の強化が実施されており，経営者は株主に対して自らの報酬の適正性を明確に説明する必要がある。欧米の法規制の強化は，企業の経営者報酬制度の形成に以下のような大

きな影響を与えたと考えられる。第一に、業績連動型報酬の割合を高める方向に作用したことである。つまり、高額報酬の抑制という視点よりも、経営者にインセンティブを付与するという視点のほうが重要視されていることを意味する。第二に、報酬ガバナンスが進展したことである。経営者報酬に関する情報開示の拡充が図られて、報酬委員会の独立性と専門性が高まっていった。このような背景により、米国のみならず欧州の先進各国企業の経営者報酬制度は大きな変貌を遂げていったと考えられる。

4.2 | 米国における経営者報酬制度の変遷

4.2.1 米国の経済環境の構造変化と経営者報酬制度の変遷

本節では、米国における経営者報酬制度の変遷について論じる。経営者報酬制度がもっとも進展し、様々な報酬要素を開発してきたのは米国である。とくに、1980年代以降に経済環境の構造変化とともに、内部組織とコーポレートガバナンスが変容し、これらの制度と補完関係にあった経営者報酬制度も変容した。とくに機関化現象の進展と経済の金融化は、株主重視経営への転換を米国企業に促して、その変容はストックオプションを中心とする業績連動型報酬の比重の高まりと経営者報酬額の大幅な上昇という形で表れた。また、経済環境の高度化と複雑化は、経営者と株主の間のエージェンシー問題を深刻化させて、株式をベースとする報酬の増加につながった。本節では、米国における1980年代以降の内部組織とコーポレートガバナンスの変容を、経済環境の構造変化と関連づけて概観し、米国における経営者報酬制度の変遷について論じる。

4.2.2 米国企業における内部組織の変容

一般的なイメージとして、米国企業は、市場志向型の株主価値重視の経営を長年にわたって実践してきたと思われている。しかしながら、実態はそうではない。第2次世界大戦後の1950年代の米国大企業は、経営者覇権の時代であるとともに、ステークホルダー重視の経営が一般的な時代でもあり、すなわち、大戦後の経済の繁栄を広く分かち合うムードが社会に満ちていたのである[19]。つまり、1950年代から60年代は、米国においてもステークホルダー主義が全盛であった時代であり[20]、この点について、Gordon（2007）は、ステークホル

第4章　日本企業の経営者報酬制度の変容　79

図表4－1　米国の大企業における取締役会の内部者昇進者の比率

年	比率
1950	49%
1955	47%
1960	43%
1965	42%
1970	41%
1975	39%
1980	33%
1985	30%
1990	26%
1995	21%
2000	16%

出所：Gordon（2007），p.1473.

ダー資本主義には，共産主義との正統性の戦いという側面もあったと主張している。ジャコービィ（2007）によると，そのような米国のステークホルダーモデルは，第2次大戦から1980年代まで続き，この間米国ではCEOは通常，内部者（インサイダー）とされており，CEOの労働市場は存在しなかった。**図表4－1**は，米国の大企業における取締役会の内部昇進者の比率を示している。これをみると，取締役会における内部者の比率の低下は1980年代以降に顕著であり，これらの傾向が2000年に至っても継続していることがわかる。

　また，1960年以降は社会的責任も重視されるようになった。厚東（2013）によると，失業，貧困，都市開発，教育，福祉，大量輸送など，多くの社会問題の解決に，企業は，政府・自治体と共同作業が求められるようになり，環境汚染・廃棄物処理という企業活動に結びつく面だけでなく，多くの社会問題の解決に，企業の能力が求められるようになってきた。そして，「企業の社会性」の観点から，企業は「公共の目的」を達成するためにも活用され，また企業もこの役割を果たすようになり，この新しい問題解決の役割を引き受けたビジネスの側では，ビジネスを社会のなかに位置付けた。これは，「コーポレート・シチズンシップ＝企業の市民的活動」という言葉で語られたのであった[21]。

　ジャコービィ（2007）によると，同時期に米国企業は，長期計画を立て，長期的な投資を行い，終身雇用という長期的視点を重視するようになり，こうし

たシステムの中で，経営陣は，その役割を対立する利害の調整役として考える
ようになった。一種のステークホルダー的なアプローチであり，このとき企業
はステークホルダーとして従業員を認めて，従業員とリスクを共有し始めるよ
うになった。その一つの形として雇用保障や年金および健康保険を提供するよ
うになり，利益やレントも従業員と共有するようになった。経営者は収入を分
配し始め，トップ1％の収入が1930年代は18％であったが，1952年には8％ま
でに低下した。この8％のレベルは1980年代初頭まで維持された[22]。

　このように，1980年代に入るまでは，長期雇用と内部昇進は多くの米国企業
において一般的な制度であり，ステークホルダー志向のインサイダー型コーポ
レートガバナンスの性質を有していたと考えられる。また，経営者報酬につい
ても，従業員との格差は小さく，これは現在の日本の状況とほぼ変わらなかっ
た。

　しかしながら，1980年以降，米国において内部組織とコーポレートガバナン
スに大きな変容がみられるようになる。この大きな要因として米国製造業が
1970年代に収益力の低下に直面したことが挙げられる。1970年代以降，西ドイ
ツをはじめとしたヨーロッパ諸国，日本，アジアNIESなどのアジア諸国が台
頭し，米国製造業は国際競争力を失い，「産業の空洞化」が進んだ。そのため，
1980年代に，規制緩和が推し進められて，組合は弱体化し，世界競争の激化と
ともに，ブルーカラーを中心に失業者が増大した。このとき，米国経済は深刻
な産業競争力の衰退に直面したのである。

　それに加えて，後述するように，機関化現象と経済の金融化の進展は，株主
価値重視型のコーポレートガバナンスへの変容を迫った。株主価値重視の経営
を追求する企業は，外部よりCEOや取締役を採用するようになり，外部経営
者市場が形成されていった。**図表4−1**をみても，取締役会における内部者の
比率の低下は1980年代以降に顕著であり，この傾向が2000年に至っても継続し
ていた。通傳・西岡（2015）によると，米国大企業で1980年代に5％に過ぎな
かった外部CEOの登用比率は，2002年には3割半ばにまで上昇し，また，
1970年代まで2割程度であった独立系の社外取締役の登用比率は，2005年には
7割に達した[23]。Murphy and Zábojník（2004）は，CEOを外部登用する企業
の割合は，70年代には15％であったが，80年代には17％，90年代には26％と拡
大していることを明らかにしている。このように経営陣の選抜が，内部昇進者
から外部に一部シフトすることは，コーポレートガバナンスを変容させる方向

に作用する。さらに，有能な経営者への需要を高める方向に作用して，結果的に経営者の市場価値は上昇したと考えられる。

　そして，株主価値重視への動きは，企業行動の短期化を醸成し，中長期的な観点からの経営という概念は希薄化した。株主価値向上のために，効率性を優先させるために，事業売却が積極的に行われて，事業ポートフォリオによる企業価値極大化が志向された。そして，ダウンサイジングが要請されるようになり，リストラクチャリングも活発化した。結果として，1980年代末から1990年代初めにかけて，長い在職期間をもつ男性管理職の雇用安定度が急激に悪化した[24]。人員の削減は，企業の内部部門のアウトソーシング化を促し，外部労働市場を拡大させたと考えられる。つまり，そのような状況は雇用システムを変容させた。ジャコービィ（2005）によると，給与やキャリアに関する政策は，企業特殊的な技能の獲得といった長期（組織志向）の基準よりも短期（市場志向）の基準が重視されるケースが多くなり，非正規雇用者のようにフレキシブルに働ける従業員への依存度が急速に拡大した。報酬は，企業特殊的な知識の取得や組織内のその他の要因よりも外部労働市場の水準に大きく基づくようになった。

　このような状況は，非正規雇用者の割合が高まっており，外部労働市場が形成されつつある近年のわが国の状況と類似している。

4.2.3　機関化現象の進展と経済の金融化がガバナンスに与えた影響

　ジャコービィ（2007）は，1980年代以降に，米国はかつての20世紀初頭のような株主至上主義モデルにまた戻ったと述べている。つまり株主価値重視の経営が要請されるようになり，経営者報酬制度も大きな影響を受けることになったと考えられる。

　米国企業が株主価値重視への意識を高めるようになった要因として，機関化現象の進展による機関投資家の企業経営への積極的関与と経済の金融化に要因を求める研究がいくつか存在する。

　前者について，三和（1999）によると，1950年代後半以降，機関投資家の株式投資額および持株比率は増大傾向にあり，株式市場における機関化現象が進み，機関投資家の資産規模の拡大は1980年代も続いた。とくに，1980年代のM&Aブーム時に機関投資家と企業経営者，またその他の利害関係者との利益対立の状況の下で，機関投資家は，従来の慣行を破り，コーポレートガバナン

スへの関与を増大させていった[25]。具体的に，米国の機関投資家は，1980年代後半以降，株主提案権を行使することにより，株主としての権利を積極的に活用することによって，コーポレートガバナンスへの関与を深めていったのである[26]。

　Useem（1996）は，機関投資家は1970年代から80年代初めにかけて国内企業の株式を膨大に蓄積し，持株比率を上昇させて，その蓄積された株式の力を利用して機関投資家が，株主価値の最大化を求めて，企業経営に対して影響力を強めるようになったと主張している。さらに業績の悪い企業の経営者には圧力をかけてその責任を取らせ，ストックオプションのような株式報酬の導入により機関投資家と経営者の利害の一致を要請するようになった。たとえば，1992年から93年の間に，GMとIBMのCEOは長期にわたる業績不振により辞任を余儀なくされ，米国エクスプレス社やウェスティングハウス・エレクトリック社の経営陣は退陣に追い込まれた。これらの出来事は，米国最大の公務員退職基金のカルパース（CalPERS）に代表される年金基金や信託，保険会社，寄付基金（endowment fund），資金運用者（money managers）といった機関投資家の圧力によって生じたものであった。

　しかしながら，同時期に，上記のような株主によるコントロールが強まっている状況下にもかかわらず，多くの経営者が企業業績に見合わない巨額の報酬を長期にわたって受け取るという，株主価値重視経営の強化という視点で，説明できないような現象がみられた。一方で，1980年代以降の米国企業は，配当や自社株買いを活発化させており，矛盾するような状況が発生していたのである。

　そこで，上記の点をふまえて，株主重視経営が要請されるもう一つの要因として，「経済の金融化」を挙げることができる。三和（2016）は，現代経済において金融市場と金融産業の重要性と影響力が極度に高まっている現象を「経済の金融化」と定義し，このような現象は1980年代からの特徴であると述べている[27]。実際に，1980年代には，米国のGDPに占める金融部門が生み出した付加価値のシェアは上昇しており，製造業を追い越し，サービス業に次ぐ大きさとなった。柴田（2017）は，機関投資家の持株比率の増大も，経済の金融化という大きな構造変化のなかで生じたものであり，株主価値重視経営は，経済の金融化を背景としたM&Aの増加とストックオプションを通した経営者の自己利益追求によって生じたものであると論じている[28]。

第4章　日本企業の経営者報酬制度の変容　83

　以上のような経済環境の変化が，コーポレートガバナンスに与える影響とし
て，経営者は市場の代わりに社外取締役が業績の良し悪しについて判断してく
れるという仕組みに依拠するようになった[29]。つまり，株主価値重視の考えは，
社外取締役主体のモニタリング・モデルを推進させた。大杉（2013）によると，
モニタリング・モデルとは，取締役会の主たる機能を，経営の意思決定ではな
く，経営者を監督することに求める考え方をいい，その一般的な形式は，取締
役の一定数（比率）を社外（独立）取締役が占め，その社外（独立）取締役が
取締役会において，または取締役会の内部に設置される各種の委員会（監査委
員会・報酬委員会・指名委員会等）において，経営者を監視するというもので
ある[30]。このような動きは，1980年代以降に，米国でアウトサイダー型のコー
ポレートガバナンスへのシフトがさらに進展していったことを意味するのであ
る。

4.2.4 法規制の根底にある思想

　前節で，1990年以降の米国の経営者報酬制度に関する法規制について概観し
たので，その法規制の変遷の根底にある思想について整理する。

　米国では，1990年代に，経営者報酬の法律に関する規律の基礎が形作られた
ことは既に指摘した。伊藤（2013）によると，経営者報酬の決定権限は取締役
会または報酬委員会にあり，経営者の報酬決定は，経営者の監督の一環として
位置付けられている。それを前提に，取締役会・報酬委員会が経営者に十分な
インセンティブを付与し，株主の利益に資するような報酬内容を決定すること
を確保するために，取締役・報酬委員会構成員の独立性を確保し，取締役会・
報酬委員会における経営者報酬の決定過程を整備すること，および，経営者の
報酬に関する広範で詳細な開示を要求することが法規制の目的とされたのであ
る[31]。他方，経営者報酬の決定過程への株主の直接の関与は，限られた範囲し
か認められず，以上のような経営者報酬に関する規律は，経営者の報酬が高額
であること自体が不公平であるという発想ではなく，経営者の報酬が業績に連
動しているかどうかが重要であるという発想を基礎とする[32]。

　つまり，伊藤（2006）は，1990年代初頭の法規制の改革は，エージェンシー
理論を基礎として，役員報酬と業績を連動させるために，取締役会ないし報酬
委員会が株主の利益を考慮して最適な役員報酬を決定すること，ストックオプ
ションなどの業績連動型報酬を有効に利用することが期待されたと論じてい

る[33]。1991年に機関投資家を対象として実施された調査によれば，配当および株価の上昇を通じた株主還元を基準として経営者報酬に制約を設けることについては機関投資家の69.7％が賛成し，会社の年度利益を基準に報酬に制約を設けることについては67.3％が賛成しているのに対し，経営者報酬に絶対額ベースの制約を設ける点については61.1％が反対とされている[34]。これは，坂本（2012）が主張している，ミッション・コスト[35]と整合性がある動きである。

　2000年代に入っても，経営者報酬について，法改正等がさかんに行われたが，規律が強化されたのは主に経営者報酬の開示であった。たとえば米国で2010年にドッド＝フランク法によりSay on Payが導入されたが，勧告的決議であるため（証券取引所法14A条(c))，株主が経営者報酬の決定に関与できるわけではない。むしろ，これは，取締役・報酬委員会における経営者報酬の決定過程の整備と報酬の開示を通じた規律を補強するものとして理解すべきものである[36]。

　このように，1990年代の米国の法規制は業績連動型報酬の割合を高める方向に影響を与えた。同時に報酬委員会の独立性が高まって，情報の開示が進展したのである。つまり，野地（2016）が主張するように，政府主導で業績連動型報酬の拡大が実行され株式市場の好況とともに経営者報酬が高騰し，報酬内容および報酬水準の点で現在まで続く米国企業の報酬形態を決定づけたものと言える[37]。

4.2.5　米国の経営者報酬制度の変容

　これまで，米国企業の内部組織とコーポレートガバナンスならびに法規制の変容について概観してきた。米国においても1980年代に入るまで，ステークホルダー志向の経営が行われていたが，米国企業の低迷により，あらゆる経営改革が断行されて，内部組織は変容した。さらには機関化現象と経済の金融化の進展も加わり，株主重視経営への圧力が高まることによって，コーポレートガバナンスの性質も変わった。同時に法規制のあり方もそれに沿った形で変容した。以上の背景により，それらの制度と補完関係にあった経営者報酬制度も変容した。具体的には，既に述べたように業績連動型報酬の割合が高まって，とくにストックオプションで代表される株式報酬が普及し，経営者報酬額の水準が大幅に高まった。

　上述したように，内部組織とコーポレートガバナンスの変容による経営者外部市場の形成も経営者報酬制度に大きな影響をおよぼした。Murphy and

Zábojník（2004）は，外部から採用したCEOの報酬は内部昇進より選抜されたCEOと比較して高く，外部からのCEOの割合が高まった結果，CEO報酬は増加していると述べている。具体的には，外部から採用したCEOと内部昇進からのCEOの報酬の差は，70年代には6.5％であったが，80年代には17.2％，90年代には21.6％と拡大した。このような背景として，彼らは，企業経営に当たって有益な経済学や経営学，会計学，金融理論といった一般的な知識が進歩し，企業特殊的な知識の相対的有用性が低下したために，汎用的な知識を身につけた経営者報酬は市場価格で評価されて，企業特殊的な知識のみの経営者の報酬より高くなると論じている。

　そして，アウトサイダー型のコーポレートガバナンスへの傾向が高まると，株主と経営者との間のエージェンシー問題を緩和するために，業績連動型報酬の割合が必然的に高まっていく。このように，経営者報酬制度の内部ガバナンスのコントロールメカニズムとしての機能が求められるようになったと考えられる。

　次に，経営者報酬制度の性質の変遷について概観する。

　Frydman and Jenter（2010）は，1930年代から2005年までの米国の経営者報酬の推移を明らかにしている。米国の経営者報酬額は，1940年中頃までは第二次世界大戦の影響によって急激に減少し，その後1970年代中頃までわずかながら上昇している。この時期の年間平均上昇率は，約0.8％であった。このように，1970年代以前は，CEO報酬の水準自体は高くはなかった。しかし，1980年代頃から経営者報酬は急激に上昇し始めて，1990年代には年間で平均10％増加した。1992年時点と2000年時点を比較すると，経営者報酬額は230万ドルから640万ドルへと増加している。

　1930年代から2000年代にかけて，経営者報酬の構成も大きく変容している。1940年代までの報酬は，ほぼ固定報酬と年次賞与で占められている。1950年代から，報酬を複数会計年の業績に連動させるLTIP（Long-Term Incentive Plan）やストックオプションが導入され始めたが，これらの割合はきわめて低く，なおも固定報酬が主体であった。1960年代以降には，ストックオプションを中心とする業績連動型報酬の導入が増加する。1980年代には，固定給および年次賞与が74％，LTIPおよび株式が7％，ストックオプションが19％，1990年代には固定給および年次賞与が53％，LTIPおよび株式が15％，ストックオプションが32％と業績連動型報酬の割合が急増している。1992年時点と2002年

時点を比較すると，現金支給の割合が70％から41％へ下落しているのに対して，株式報酬は，20％から55％へと上昇している。つまり，現金中心の報酬体系から株式中心の報酬体系に移行したことが，1990年代の特徴として挙げられる。2000年代に入っても，その傾向は続いているが，注目すべきはストックオプションの割合が低下し，リストリクテッド・ストック等の他の株式報酬の割合が年々高まっていることである。2004年以降はストックオプションの割合が減少する一方で，株式そのものを報酬とするフル・バリュー型の報酬が増加し，2006年には両者の比率が逆転し，この傾向は2008年以降も継続している。

　以上のことを整理すると，1980年代以降に経営者報酬の額とその構成要素に大きな変容が見られた。これは，上述した1980年代以降の米国企業の内部組織とコーポレートガバナンスならびに法規制の変容と重なっている。つまり，1970年代までの内部組織ならびにコーポレートガバナンスと制度的補完関係にあった米国企業の経営者報酬制度は，80年代以降に均衡状態から乖離し，業績連動型報酬主体の新たな報酬制度に均衡点を求めたのである。とくに，株式報酬から構成される長期インセンティブの割合が急増したことが大きな特徴である。

4.3 ┃ ドイツにおける経営者報酬制度の変遷

　1990年代後半から2000年代初頭に，低成長，高失業率，経常収支赤字が続いたドイツは「欧州の病人（The sick man of Europe）」と呼ばれるほどの経済的苦境に陥っていた。経済低迷の要因として，90年10月の東西ドイツ統一に伴う財政負担，世界的な枠組みでの競争の激化，少子高齢化の進展等に加え，手厚い社会保障制度や硬直的な労働規制等の制度面の問題も指摘された。

　同時期に1990年代以降のグローバリゼーションの大きな動きのなかで，米国型経営に近接する展開が推進されてきた。この点でのドイツへの影響は，1990年代後半以降の大型M&Aブームにともなう企業間関係の変容，資本市場の圧力のもとでの経営手法と経営者の米国化にみられる所有・経営関係の変容，さらには雇用システムの変容という形で具現化された。

　そしてドイツ経済は，2000年代には「奇跡の回復」を遂げたと言われている。内閣府（2016）の調査によると，域内共通通貨・ユーロの導入がドイツの輸出競争力を高めたという指摘がある一方，ゲアハルト・シュレーダー首相（在

任期間：1998〜2005年）によって実施された構造改革，いわゆる「シュレーダー改革」がその回復に寄与したとの指摘もある。同改革は，労働市場，社会保障，医療，税制，企業制度等多岐にわたるが，中でも，「ハルツ改革」と呼ばれる労働市場改革が注目されることが多い。そのような状況下で，経営者報酬制度の改革も着実に進められた。

4.3.1 ドイツにおける内部組織の変容

ドイツの労働市場政策は，第二次世界大戦後の高度成長期においては，雇用就業者を守ることに重点が置かれ，労使関係については解雇規制や有期雇用契約の制限を前提とするなど，流動的な労働市場に対する視点に欠けていた[38]。つまり，ドイツの伝統的な労働市場政策は，1969年の就労促進法や1985年の就業促進法に代表されるように，失業者に対する手厚い社会的保護を前提とした上で，漸進的に雇用形態の柔軟化を図っていこうとするものであり，「ハルツ改革」のように失業給付のあり方から職業紹介機関の構造・機能，あるいは労働契約規制まで含めておよそ労働市場に関わるほとんどの領域について抜本的な改革を実現しようとする政策は戦後初めてであった[39]。このようなドイツの状況は，雇用の流動化や雇用形態の多様化等の労働市場改革が急務の日本の現在の状況と類似している。

また内部労働市場志向である点も日本と似ている。小山（2006）によると，ドイツではトップマネジメント組織のメンバーの選抜にあたって，外部から迎えることが多くなく，ドイツでは外部経営者市場は発達していなかった。むしろ「内部経営者市場」が有力であり，すなわち，ドイツの株式会社においては，経営者に関する内部労働市場が，経営管理者の規律づけの役割を果たしているということができる[40]。

その後，ドイツにおいても経済環境の変化が発生し，1970年代の二度の石油ショックを経て，80年代に入ると失業率が高まったことから，労働市場改革が緊急の課題となった。しかしながら，田中（2014）によると，労働市場改革は，労働協約上の労働条件など重要な労働法制や慣行に手を加えることを意味し，その実行には多くの反発が予想されたことから，歴代政権は改革を先送りし続け，そのことが事態の一層の深刻化を招いた[41]。その結果，1990年の東西ドイツ統一後の経済停滞や旧東独地区の失業率の高止まりが続き，これらは労働市場政策自体に起因するとの認識が高まった。そのため，ようやく労働市場改革

の重要性が認識されるようになり，本格的な労働市場改革に着手されるようになった。

　上述したように，シュレーダー政権下での労働市場改革は，フォルクスワーゲン（VW）社の労務担当役員であったペーター・ハルツ氏を委員長とする「ハルツ委員会」で検討されたことから，「ハルツ改革」とも言われる。田中（2014）によると，ハルツ委員会の報告書では，自助努力を促すこと，労働市場への参入を促進するための効果的な支援を行うことを原則とし，この原則に基づいて様々な提案がなされた。内容としては，失業に対する補償から就労促進へと労働政策の方針転換が図られるとともに，労働市場の柔軟化や多様化が進められたのである。具体的には，①失業給付水準の引下げと期間の短縮，②ミニ・ジョブ（僅少労働）制度の拡充，③自営業の促進等を通じた失業者の労働市場への参入促進，④一定の条件を満たした場合の補償金解決を可能とすることによる解雇規制の緩和，⑤企業新設後の4年間に限って有期雇用契約を自由に更新可能とする規制緩和，⑥職業紹介，就労支援体制の強化等のマッチング機能の強化等が行われた[42]。

　また，経営者の選抜にも変容がみられるようになり，風間（2011）は以下の2点を指摘している。

　第一に，ドイツ大企業の執行役会は，1990年代以降，伝統的な「自然科学と工学系志向」から離脱し，より「ファイナンス志向」へと大きく変容している。こうした変容の背景として，株主，とくに機関投資家からの要請が強まっており，経営者リクルート市場が国際化していることや若い経営者がますますアングロサクソン的経営文化を経験するようになってきたことを挙げている。

　第二に，経営者外部市場がみられるようになったことである。外部の経営者リクルート市場の役割は明らかに上昇しており，1990年に観察されたトップ経営者の17%が外部から登用された。1999年にはその割合は35%にまで増加したことを指摘している。

　以上のように，ドイツにおいても，1990年代以降，内部組織に変容がみられるようになった。この変容は，1980年代に米国で発生していた現象と類似しており，ドイツのコーポレートガバナンスにも大きな影響を与えることになった。

4.3.2　ドイツにおけるコーポレートガバナンス改革

　これまでのドイツの会社所有構造と企業金融は，①株式所有の高度な集中，

②会社間の戦略的所有関係の優位性そして③外部間接金融とモニタリングにおける銀行の重要性という特徴を保持してきた[43]。これらは，それぞれ，株式持合い，企業間系列，メインバンクシステムといった日本の諸制度と類似しており，コーポレートガバナンスを規定する重要な要素である。しかしながら，1990年代後半以降，世界的なコーポレートガバナンス改革の潮流の影響や，経済環境の構造変化への対応を迫られた金融機関の行動，1998年から2005年のゲアハルト・シュレーダー政権下におけるコーポレートガバナンス改革の遂行等を経て，コーポレートガバナンスが変革を遂げた[44]。

　ドイツでは，共同決定法の適用される大企業（株式会社）では，監督役会（Aufsichtsrat）の半数が株主総会により，残りの半数が労働者の組織より選任され，そのようにして構成される監督役会が業務執行を行う1人以上の成員から成る執行役（Vorstand）を選任する。大杉（2013）によると，通常，Aufsichtsratは「監査役会」，Vorstandは「取締役」と訳される。しかし，大杉（2013）によると，後者は業務執行を担う点で日本の取締役（会）に類似していなくはないが，前者は日本の監査役会とは類似せず，業務執行者の選解任権限を有し，後者についての業務規程を定める権限を有する。そこで，本書でも，大杉（2013）に倣って，前者を「監督役会」，その成員を「監督役」，後者を「執行役」と訳すことにする[45]。

　共同決定法（Mitbestimmungsgesetz）は，500人以上の労働者を雇用する資本会社（Kapitalgesellschaft：株式会社，有限会社，協同組合など）に適用され，監督役会設立の義務が課せられている[46]。小山（2006）によると，ドイツ企業の経営管理が株主代表と従業員代表からなる「監督役会（Aufsichtsrat）」によりコントロールされることは，ドイツの株式会社の特徴である。その特徴は2つあり，1つは執行役会（Vorstand）と監督役会の二層型システム（Two-Tier-System, Zweistufigkeit von Unternehmensleitung und Aufsicht），そして2つ目は上記の共同決定制度という法的な制度である。このように，ドイツでは二層型システムのトップマネジメント組織をとっており，業務執行機能を担う執行役会と監督機能を担う監督役会が組織的に分かれている。この二層型システムのもとで，従業員から選出される従業員代表が監督役となり経営に参画するのが共同決定制度である。1976年制定の共同決定法に基づき，従業員2,000人以上の会社は監督役会を20名で構成する必要があり，その内訳を株主代表と従業員代表とで10名ずつ，同数とすることが定められている。株主代表

については株主総会にて選出される。一方，従業員代表については，当該企業の従業員および労働組合から選出され，当該企業の従業員については，従業員8,000人超の企業においては間接選挙で，それ以下の企業においては直接選挙で選出されるのが原則である。二層型のシステムと，そのシステムを前提とした共同決定制度に基づき従業員がガバナンス主体として経営に参画するというステークホルダー間のバランスのとれたガバナンスシステムを構築しているのが，ドイツのコーポレートガバナンスの大きな特徴である。執行役は会社を代表して自己の責任において業務執行を担当することになる（株式法（Aktiengesetz）第76条第1項）。その際，ドイツでは共同決定制度のもとで執行役の業務執行を，監督役会をとおしてガバナンスすることになる。執行役（業務執行機能を担う取締役）は，企業者としての役割を担っているが，しかしその権限は「無制限」ではなく株式会社では執行役と監督役会と株主総会との間で権限が複雑に絡み合っている[47]。

　豊島（2009）によると，ドイツのコーポレートガバナンスは，株式所有の集中，銀行の重要性，共同決定制度，経営者の技術志向，長期投資，安定的なコーポレート・ネットワークをこれまでの主要な特徴としてきており，このようなシステムは，安定的長期雇用，労働者の職業訓練への投資，柔軟な高品質生産，低い賃金格差，協調的な労使関係によって補完されていた。これは，日本企業のコーポレートガバナンスと内部組織との間の制度的補完関係と類似している。

　しかしながら，ドイツにおいても米国同様に経済環境の構造変化が発生し，コーポレートガバナンスも変容を迫られるようになった。大きな影響を与えた要因は，企業の所有構造と経営者に対するモニタリングである。具体的には，ドイツにおいて下記のような変容がみられるようになった。

　最初に，機関化現象の進展と経済の金融化に伴い，外国人を中心とした機関投資家の保有比率が大きく上昇したことである。1990年代に入ると，政府と大銀行がそれぞれ民営化や資産運用の効率化を狙い，保有する企業の株式を放出し，企業に派遣された役員も引き揚げるようになった。みずほ銀行産業調査部（2015）の調査によると，金融機関株式保有比率は，1995年には19％であったものが，2000年には14％，2010年には5％となっている。他方で，年金基金などの海外機関投資家が，積極的に株式を購入し，ドイツ企業の経営者に対して収益をより重視するよう圧力をかけるようになった[48]。同じく，みずほ銀行産

業調査部（2015）の調査では，ドイツにおける上場企業株式保有構造のなかで外国人機関投資家の割合は，1995年には13％であったものが，2010年には33％にまで高まっている。純粋に株主価値向上を期待し，かつ議決権行使や株主提案を通じて「物言う株主」としての株主アクティビズムを展開する株主の保有比率上昇により，ドイツ上場企業は株主価値を追求するプレッシャーに晒されることになった[49]。

　第二に，ドイツの大手金融機関の行動の変化である。風間（2011）は，「大企業に対する銀行貸し出しは，こうした大企業が「自己金融」を中心とするようになり，さらには代替的な新しい多様な資金調達様式の可能性が拡がるようになるにつれて減少してきた」[50]と述べている。そして，陳（2011）によると，グローバル化の進展は，信用供与や役員派遣で維持されたドイツの大銀行と企業との結合関係を揺るがすようになり，国際市場での資金調達を容易にし，資金調達のコストを引き下げる。それゆえ，ドイツ企業はロンドンやニューヨーク金融市場で銀行の信用供与より低いコストの資金を利用するようになった[51]。このような状況は，企業と銀行との間の関係を希薄化させる。

　以上のような背景もあり，大規模な民間銀行はアングロサクソン流の投資銀行業務の強化に向けて戦略的方向転換を行ってきた[52]。このため，株式保有と監督役派遣を通じた金融機関と事業会社との強すぎる結び付きは，M&Aのアドバイザリー業務における利益相反関係など，金融機関による投資銀行業務強化の戦略遂行において障害となる場合もあり，企業の情報開示強化の流れの中で，監督役派遣まで行わずとも企業の情報を入手可能な環境が整備され始めていた[53]。このように，ドイツ金融機関は，自らの戦略的観点から，保有株式の売却や監督役派遣削減を遂行していたが，シュレーダー政権におけるコーポレートガバナンス改革も，それを後押しすることになった。1998年の「企業領域における監督および透明性に関する法律（以下「KonTraG」という）」によって監督役の兼任社数が10社まで，監督役会議長においては兼任社数が5社までに制約されることになり，金融機関による監督役派遣削減が促進された。2002年に定められた株式売却に係るキャピタルゲイン非課税措置も，金融機関による株式売却を促進することになった。

　第三に，敵対的買収に対する障害は取り除かれており，限定的規模ではあるが会社支配権市場が出現し始めていることである[54]。

　最後に，後述するように法規制もコーポレートガバナンスの変革を後押しし

た。上記の1998年のKonTraGにより，執行役による監督役会への事業計画の報告義務づけや，執行役に対するリスク管理体制および内部監視システムの構築義務づけが定められると共に，ストックオプション制度の導入も行われた。2002年の「透明性と開示のための株式法および会計法のさらなる改正のための法律（以下「TransPuG」という）」では，執行役が一定の業務を行う場合の監督役会の同意取得義務づけや，執行役から監督役会への情報提供内容の充実が定められた[55]。

　コーポレートガバナンス改革の象徴的な取り組みとしては，2002年のドイツ・コーポレートガバナンス・コード（Deutscher Corporate Governance Kodex, DCGK）の制定が挙げられる。2000年に政府がコーポレートガバナンス・コード策定に向けた専門委員会（通称「バウムス委員会」）を設置した。バウムス委員会は，フランクフルト大学のバウムス教授を委員長とし，政府・学界・企業経営者（監督役・執行役）・労働組合・証券業界からの代表で構成され，産・官・学一体となった検討の場であった。バウムス委員会は，OECD原則もふまえた上で，2001年に報告書を策定し，当該報告書に基づき策定委員会が設置され，2002年3月にコーポレートガバナンス・コードの公表に至った。主な内容は，株主の権利・平等性の確保や，監督役会・執行役会の機能の明確化，監督役・執行役の基準の明確化が盛り込まれた。コーポレートガバナンス・コードの目的は，小山（2008）によると，国内および国外の投資家に対して，企業管理ならびに企業統制に関するドイツでの現行ルールをはっきりさせるのに貢献することであり，そして間接的にはドイツの資本市場への信頼を究極的には強化させようというものである。

　以上のように，ドイツにおいても，株主価値向上の意識が高まり，市場志向の株主重視の強化に向けたコーポレートガバナンスへの変革を促した。一方で，共同決定制度や二層型のコーポレートガバナンス，特定の大株主への株式所有の集中など，変わらずに維持・強化された点も多く，これらは，ステークホルダー間のバランスのとれた経営や，中長期目線での意思決定を支え，変革に伴う効果と同様にドイツ企業の持続的成長の実現に寄与した[56]。

4.3.3 ドイツにおける法規制の変遷

　ドイツでは，執行役会（Vorstand）の個々の構成員の報酬は，監督役会（Aufsichtsrat）が会社を代表して執行役会の構成員と役員任用契約を締結す

る際の契約の一要素として，監督役会により決定される（株式法第87条第1項）。会社法は，具体的な報酬構造について規定はしていない。その形式的な定め方についてはとくに法定の定めはないが，執行役会構成員報酬の相当性に関する法律に沿った内容で定める必要がある[57]。

　ドイツにおいて，1990年代以降，1994年にメタル・ゲゼルシャフトの経営危機をはじめとする一連の大企業の不祥事・大型倒産に伴う従来のコーポレートガバナンスへの批判が高まった。このような動向に対応するためになされたのが，1998年のKonTraGによる1965年株式法（以下「65年法」という）の改正である[58]。伊藤（2013）によると，KonTraGは，監督役会制度以外の分野でも，65年法のルールについて多くの改正を行うものであり，ストックオプションのうち，下記の①②の方式を許容した。

　①　条件付資本増加を行い，執行役員に新株予約権を付与する形式
　②　ストックオプションを行使した取締役員に，会社が保有する自己株式を与える形式

　このような，ストックオプションの解禁を契機に，コーポレートガバナンスをめぐる議論の一環として，執行役報酬について論じられるようになった[59]。そして，上述した2002年2月のドイツ・コーポレートガバナンス・コードの制定の頃から，経営者報酬に関する規律が急速に整備されてきている。同コードは，ティッセンクルップ社の監督役会会長クロンメ（Cromme, G.）を委員長とする「ドイツ・コーポレートガバナンス規準政府委員会」によって定められた。そして同委員会は，2003年5月に執行役の報酬について個別開示を勧告（Empfehlung）している。勧告に関しては「遵守または説明」（comply or explain）の原則が適用されるので，個別開示をしない場合には上場企業はその理由を説明しなければならない。

　2003年2月には，コーポレートガバナンス政府委員会からの報告書の勧告のうち，ドイツ・コーポレートガバナンス・コードの制定とTransPuGにおいて扱われなかった事項について，ドイツは，「企業の健全性と投資家保護強化のためのドイツ連邦政府の措置カタログ」を公表し，執行役報酬についても，ストックオプション計画に関する情報提供・開示の拡充等を行うものとされた[60]。

　しかしながら，以上のように執行役報酬についての規律が一応確立された後も，個々の取締役員の報酬の開示が進まず，マンネスマン事件によって取締役報酬をめぐる批判は高まっていた。

ドイツ連邦政府は，2005年8月10日に「執行役の報酬の開示に関する法律，執行役の報酬開示法」（VorstOG）を成立させた。それによりドイツ・コーポレートガバナンス・コードにおける個別開示の勧告に法的な拘束力が与えられた[61]。同法1条によると上場企業は個々の執行役ごとに名前を挙げて報酬の総額を記載し，その際，成果に依存しない固定部分と成果に依存する変動部分と長期のインセンティブ作用のある部分とに分けて記載しなければならないと規定されている[62]。伊藤（2013）によると，そのような開示は，65年法87条1項が要求するように個々の執行役の報酬が相当なものであることを判断するための情報を株主に提供することが期待され，投資家にとっても重要なものである。

2009年7月には執行役報酬の相当性に関する法律（以下「VorstAG」という）によって，株式法や商法典の執行役報酬についてのルールが改正された。同法は，65年法の執行役報酬の相当性に関する規定・執行役報酬の決定についての監督役会の権限や監督役の責任に関する規定を改正し，執行役報酬について株主総会が勧告決議を行うことを許容する規定を新設する等の改正を行うものであった[63]。海道（2010）によると，このVorstAGにより，会社の状態が悪化した場合には執行役の報酬を減額する監督役会の義務が導入され，上場企業の執行役であったものは，2年以内にはその会社の監督役にはなることができないと規定された。

以上までドイツにおける経営者報酬制度に関する法規制を概観した，伊藤（2013）によると，同国の経営者報酬制度に関する規律として注目すべき点を以下のように述べている。ドイツにおいて，執行役報酬の決定が適正に行われることを確保するためのメカニズムとして期待されているのが，個々の執行役員の報酬額や報酬政策の開示を要求する法規制と，ドイツ・コーポレートガバナンス・コードによる執行役報酬の内容・決定過程・開示に関する規律だということである。

4.3.4 ドイツの経営者報酬制度の変容

ドイツにおいて，内部組織とコーポレートガバナンスの変容は，経営者報酬制度の変革を促した。つまり，米国と同様，業績連動型報酬の導入が進展し，固定報酬の割合は低下した。同国でストックオプションは，1996年まではほとんどみられなかったが，同年にダイムラー・ベンツやドイツ銀行においてその導入が問題となった。つまり，1990年代後半の経営者に対するストックオプ

ションの付与が経営者報酬の変革の大きな要因となったとする見方も多い。

　そこで，同国は1998年より長期インセンティブ型報酬に関する規制の緩和を進めて，長期的な観点から経営者報酬と企業業績をリンクさせる企業が増加した。さらにドイツ企業の経営者報酬制度の変革を促したのが，上述したようにドイツ・コーポレートガバナンス・コードが改訂されたことであり，具体的には長期インセンティブ型報酬が具体的な業績目標の達成と直接結びつけられるようになった[64]。また，このような変容に対しても労働者側は受け入れるようになった。陳（2011）によると，高額の配当と報酬を獲得するために，株主と経営者は収益向上を追求することも労働者の利益と一致している。労働者の中心的な利害関心は，企業の長期的な存続による雇用の安定に集まっているために，株主や経営者に高い配当と報酬を配分する制度に対して，監督役会の労働者側は必ずしも反対するとは限らない[65]。このような背景から，ドイツにおいても，業績連動型報酬の割合は高まって，経営者報酬制度は変容したのである。阿部（2014）は，役員報酬ガバナンスに関して，米国と英国が達成するまでに約30年を要したことをドイツはわずか10年で成し遂げたと述べている。

　ストックオプションの導入の状況をみると，1997年にはDAX30社のうち60％の企業で経営者に対するストックオプションが導入された。そして，DAX30社に含まれるすべての企業が2004年までにストックオプションを導入している。

　現在のドイツ企業の経営者報酬制度は，制度の詳細な説明が規制化され，業績連動型報酬の割合が高くなり，米国とほぼ同様のデザインとなっている。さらに経営者に株式保有を義務づける企業も増加しており，株主重視の経営者報酬制度が定着している。

4.4 日本企業の経営者報酬制度の変容と今後の展望

　第2章で，日本企業のインサイダー型のコーポレートガバナンスと制度的補完関係にある内部組織が，経営者報酬制度の固有性を生成させてきたことを説明した。つまり，そのような状況においては日本企業の経営者報酬制度は，トーナメントの優勝賞金として性質が色濃く，固定報酬の割合が高かった。これを可能にしたのはインサイダー型コーポレートガバナンスの共同体としての企業ならびに新卒一括採用・長期雇用，年功序列，内部昇進等の日本型雇用シ

ステムであったが，それらの変数は徐々にではあるが，動きつつある。とくに，変わりつつある変数は，労働者スキルの内部養成と外部市場からの採用を結合するハイブリッドな雇用制度を創り出す形で進行しており，新しいハイブリッドな雇用制度は，個人業績に焦点を合わせており，また労働力の増減のところでは転職と中途採用に，そして外部労働市場の動向に大きく依拠するシステムである[66]。

　そこで，本章では，米国とドイツのケースをふまえながら，日本企業の経営者報酬制度の変容について展望する。日本においても，内部組織とコーポレートガバナンスは劇的とは言わずとも，着実に変貌を遂げている。具体的に日本は，従来までの内部労働市場の高度化から，外部労働市場志向型への移行も模索しつつある。そのような状況で，諸制度と制度的補完関係にある経営者報酬制度は，均衡状態から乖離する可能性が高まる。また，グローバリゼーションが進展している現代においては，世界経済は相互にリンクしており，企業を取り巻く環境も同質化しつつあり，経済の高度化と複雑化は米国とドイツだけではなく，日本も直面している問題である。

4.4.1 内部組織の変容

⑴　非正規雇用者の増加と人事処遇の変容

　1990年代以降に景気が低迷し，企業による大規模な人員削減が増加したため，日本において雇用の流動化が進んだ。Hamaaki *et al.*（2012）は，1989年から2008年の賃金センサスの個票データを使用し，1990年代以降，大卒若年層において長期雇用比率が低下していることを発見している。彼らは，この結果から，制度的補完関係にある長期雇用制度と年功賃金制度の双方が同時に衰退傾向にあることで，よりよい雇用条件を求めて転職しようとする若年層のインセンティブが強まっていると主張している。とくに雇用の流動化は非正規雇用者の増加によるところが大きい。厚生労働省が2015年12月に発表した2014年の「就業形態調査」によると，民間事業者に勤める労働者のうち非正規社員の占める割合が40.5％に達し，初めて4割を超え，4年前に実施した前回調査から1.8ポイント上昇した。また，総務省の「労働力調査」によれば，1985年から2007年の22年間に非正規雇用は確実に年々増加してきており，1985年には15.3％であったものが2016年には35.4％と倍以上に上昇している。このように，雇用の

流動化は，着実に進展してきている。このように，非正規雇用の比率は高まっており，同時に能力主義および成果主義を採用する日本企業も着実に増えている。たとえば，Hamaaki *et al.*（2010）は，とくに非製造業において年功賃金や長期雇用が崩れてきていることを明らかにしており，大企業の中でもとくに非製造業において，より賃金カーブのフラット化が進んでいることを観察している。

さらに，上記のような，内部労働市場の変容は，政府による雇用システムの改革により後押しされている。第2次安倍内閣発足以降，いわゆるアベノミクスの第3の矢である成長戦略の一環として，雇用システムの改革が重要政策テーマに取り上げられている。すなわち，同政権が政策立案の重要会議と位置付ける「経済財政諮問会議」「産業競争力会議」「規制改革会議」のいずれにおいても，雇用システムの改革は主要課題として位置付けられ，2013年前半には精力的な議論が行われた。当初掲げられた検討テーマは，解雇ルールの見直しをはじめ，この分野でこれまで先送りされてきた正社員のあり方の見直しを含む内容であった[67]。

ここで，労務行政研究所が実施した調査に依拠しながら，わが国企業の資格（等級）制度の現状と昇格の変遷について分析する。労務行政研究所は，2014年10月6日から11月28日の調査機関で，全国証券市場の上場企業（新興企業の上場企業も含む）3,440社と，上場企業に匹敵する非上場企業（資本金5億円以上かつ従業員500人以上）298社の合計3,738社を対象に，「昇進・昇格，降格に関する実態調査」を実施している。ここでは，資格（等級制度）の現状を概説する。

まず，資格（等級制度）について，管理職では「職能資格制度」38.5％，「職務・役割等級制度」[68] 27.4％，「職能資格制度と職務・役割等級制度の併用」が29.9％となっていた。また，併用を合わせると，職務・役割等級制度の導入は57.3％となり，職能資格制度が主体でなくなってきている。また，前回2009年調査では，「職能資格制度」41.2％，「職務・役割等級制度」30.9％，「職能資格制度と職務・役割等級制度の併用」が19.1％となっており，併用を合わせた職務・役割等級制度の導入は前回調査より，7.3％上昇している。また，当研究所の調査から，一般社員と管理職を合わせた職能資格制度の導入率の推移を見ると，1990年には83.6％，1996年には87.3％と高い導入率が，2001年には68.5％，2004年には50.4％までに減少し，その後は5割前後で推移している。

これは，1990年代以降に，多くの企業が人事・賃金制度の見直しを行った結果
であり，年功的な運用を是正し，成果・貢献に見合った処遇にしようとする成
果主義の導入への機運が高まったことを表している[69]。このように，日本的雇
用システムの中核的な要素であった職能資格制度の導入が低下していることは，
内部組織の性質を徐々に変える。第3章で述べたように職能資格制度は日本的
経営の形成・確立に大きな意味を与えて，長期的関係を重視する一つの現れで
あった。実際に，多くの日本企業は，職能資格制度に基づく報酬管理を行って
おり，終身雇用，職能給，人材育成・技能研修，内部昇進制など，これらの人
事制度は，互いに補完的な関係を持ち，日本的経営を支え安定的なシステムと
して機能してきた。「職能資格制度」の導入の低下は，内部組織の中に組み込
まれて他の制度との補完性を弱めることになり，同時に他の制度も変容させる
のである。

　さらに国際化の進展と経済環境の変化は，日本人の労働に対する価値観の変
化をもたらしている。労働者の意識が質的に変容し，企業は従来とは異なるダ
イバーシティ（多様性）のある人材を育成・活用する「ダイバーシティマネジ
メント」が要請されるようになっている。たとえば，外国人労働者の雇用は高
まっており，2016年10月末現在で外国人労働者数は108万3,769人で，前年同期
比17万5,873人，19.4％の増加であり，2007年に届出が義務化されて以来，過去
最高を更新した[70]。さらに，外国人労働者を雇用する事業所数は17万2,798カ所
で，前年同期比2万537カ所，13.5％の増加となり，2007年に届出が義務化さ
れて以来，過去最高を更新した[71]。外国人を雇用する理由は，国際競争の激化
の中で成長を遂げるために，多様な価値観と知識をもっている人材を採用し，
結集させて企業価値を高めることにある。日本企業を取り巻く経済環境は，少
子高齢化の進展，高度成長から低成長へ，そして大量消費社会から多品種少量
消費社会・環境配慮設計社会へと大きく変貌しつつある。このような変容に対
応するために，ダイバーシティマネジメントへの取り組みは日本企業にとって
重要な問題となっており，外国人労働者の雇用の増加は報酬体系を変える可能
性がある。

(2)　賃金制度の変容

　（公財）日本生産性本部が上場企業を対象に実施している「第15回（2016年
調査）日本的雇用・人事の変容に関する調査」では，役割・職務給，職能給，

年齢・勤続給それぞれについて管理職層，非管理職層にどの程度導入されているかの最新の調査結果を明らかにしている。本調査は2016年7月下旬から2016年8月下旬の期間で，全上場企業2,177社の人事労務担当者を対象に（回答企業：133社（回収率6.0％）），アンケート調査票郵送方式により実施された。それぞれの導入率（「既に導入している」および「既に導入しているが，今後縮小・廃止予定」の回答率合計）について，管理職層について見ると，年々導入率が増加してきた役割・職務給は今回の調査では74.4％となっている。2007年調査以降，7割以上の導入率で推移しており，管理職層への役割・職務給導入は定着してきている。職能給は，2007年調査時点で74.5％だったが，今回の調査では66.9％となっており，それ以降，7割を切り徐々に導入率は低下している。「年齢・勤続給」は2007年時点で33.5％であったが，こちらもその後は3割を切り，今回の調査では24.8％となっている。非管理職層では，職能給の導入率がここ数年約8割と安定的に推移しており，今回の調査でも82.7％となっている。役割・職務給については導入率が右肩上がりで，2007年調査以降は5割強で推移しており，今回の調査でも56.4％となっている。一方，年齢・勤続給は調査以来ほぼ一貫して導入率は下がっており，今回の調査では49.6％と5割を切っている。年齢・勤続給については，管理職層，非管理職層いずれも，「導入していたが，廃止した」という企業が2割以上（管理職層＝27.8％，非管理職層＝23.3％）を占めており，「既に導入しているが，今後縮小・廃止予定」との回答も非管理職層で6.8％とやや高いことからも，日本企業の賃金制度は2000年代以降に大きな変容を遂げてきている。これは，前節の職能資格制度の割合が低下したことと深い関連があると考えられる。

⑶　外部からの経営者採用

　また，特筆すべき変化は，一部の上場企業において外部から経営者を採用するケースがみられるようになったことである。たとえばサントリーホールディングスは，コンビニエンスストアのローソンの前会長である新浪剛史氏（55）を2014年10月1日付で次期社長に登用した。新浪氏をスカウトした佐治信忠会長兼社長（68）は，創業者の鳥井信治郎氏の孫にあたる4代目社長であり，同社が同族出身者以外で，しかも外部の人材を社長に迎えるのは初めてであった。武田薬品工業は2015年6月，フランス人で英製薬大手グラクソ・スミスクラインの幹部だったクリストフ・ウェバー氏を社長兼COO（最高執行責任者）に

採用した。230年余りの歴史を有する老舗企業が，初の外部人材の社長に外国人を選び，大きな話題になった。前社長の長谷川閑史会長兼CEO（最高経営責任者）は非同族の生え抜き経営者で，社長を11年務めたが，この間にグローバル化への流れを加速化させるために，海外で総額2兆円余りのM&Aを実施し，外国人の取締役も増やしてきた。資生堂は2014年4月1日に日本コカ・コーラで社長，会長を務めた魚谷雅彦氏が社長に就任した。

　これらの人事が注目されるのは，通常日本においては例外的なケースであったからである。社外からの経営者採用は，経営危機に陥り，銀行から救済を受けたり，買収されたりする場合か，監督官庁からの天下りといった例が大半であった。

　今後は，国内外から外部経営者を採用するケースは増加することが予想される。理由として，以下の点が挙げられる。最初に，わが国においても外部労働市場が形成されつつあり，経営者の流動化に対して抵抗感が薄れつつあるからである。次に，わが国企業の国際化のさらなる進展である。日本の国内市場が少子高齢化により縮小しつつある中，国外市場への参入は常態化しており，国際的な視野とネットワークを持つ経営者の採用が要請されるようになっているのである。第三に，経済の高度化と複雑化が進展しており，経営能力に秀でた経営者に委託しなければ，企業価値を毀損させてしまう可能性もあるからである。

4.4.2　株式持合いの低下とメインバンクの役割の変容

　1997年の銀行危機以降，日本企業の所有構造は，従来の持合いを中核とするインサイダー優位の構造から，投資リターンの最大化を求める内外機関投資家を中心とするアウトサイダー優位の構造に大きく変化した[72]。つまり，日本の株式保有構造は，持合い解消が進む中で大きく変化している。国内企業の株式は，1990年代半ば頃までは，銀行や保険会社により保有される割合が高かったが，1990年代後半くらいからその割合は徐々に低下してきた。この間，外国法人等による株式保有割合は上昇傾向をたどり，2014年度には過去最高を更新し，2016年度も30％を維持している[73]。とくに，全国上場企業の海外機関投資家による株式保有の合計が，1996年の12％から2014年には32％に達した。つまり，インサイダー（内部投資家）[74]による株式保有の低下に伴って，従来の相互株式持合いが解体し，それに代わって海外機関投資家による株式保有が増加し

た[75]。

　また，2016年8月18日の日本経済新聞によると[76]，3月期決算上場企業は，2016年3月期末までの1年間に，取引関係の維持などを目的に保有する持合い株式を実質で1兆円強削減した。記事によると東京証券取引所と金融庁が定めた上場企業の経営規範である企業統治指針の導入が影響を及ぼしていると考えられており，企業数では約半分が持合い解消に取り組んだ。2015年度末の合計は46兆5,000億円で，14年度末（54兆4,900億円）から8兆円近く減少した。ここで注目されるのは，旧財閥系企業で持合い縮小が目立ったことである。三菱UFJフィナンシャル・グループ傘下の三菱東京UFJ銀行は三菱ケミカルホールディングス株や三菱ガス化学株を一部売却し，みずほフィナンシャルグループ傘下のみずほ銀行はクレディセゾン株やJFEホールディングス株の持ち分を減らした。事業会社同士ではテルモと協和発酵キリン，三菱ケミカルHDと大林組が互いに削減した。2016年6月以降も持合い解消の動きは続いており，2016年6月に三菱電機，三菱商事，三菱重工業が三菱総合研究所の一部株式を売却した。2016年8月9日には1％強の株式を持ち合っていたスズキと富士重工業が資本関係を解消した。

　このように，株式持合いの解消が徐々に進む中で，メインバンクと日本の上場企業の関係も変わりつつある。このような変容を明らかにした点で，蟻川ら（2016）の都市銀行（メガバンク）を調査対象とした分析結果は興味深い。分析結果によると，企業側の借入比率の低下もあって，株式保有比率，役員派遣の程度，貸出，業績不振企業に対する救済のどの点から見ても，メガバンク成立後においてメインバンクの影響力は低下していることを確認している。具体的に，1990年の銀行の顧客企業の株式保有は，平均が4.1％，中央値が法的上限の5％に近い4.6％を示していたが，急速な株式持合い解消の結果，2013年には，銀行の持株比率の平均および中央値が2.2％まで低下した。さらに，1990年に銀行からの役員派遣を受け入れた企業の割合は44％であったが，2013年にはその値は24％まで低下した。このように，1990年代から2010年代の間の企業負債比率の急速な低下と相俟って，銀行による顧客企業の株式保有および役員派遣が著しく低下したことを明らかにしている。

　以上のような，メインバンクの役割低下と株式持合いの解消は，日本のコーポレートガバナンスの形と性質を変容させる方向に作用する。さらに平成18年5月（2006年）に会社法が施行されてから，株式会社の機関設計が柔軟に設計

できるようになり，2015年施行の改正会社法では，これまでの監査役設置会社，指名委員会等設置会社に加えて監査等委員会設置会社の選択が可能になった。後述するように，社外取締役の選任の増加によって従来の内部昇進者中心の取締役会は徐々に変貌を遂げている。つまり，これまでのインサイダー型のコーポレートガバナンスから，アウトサイダー型の要素を加味した新しいタイプのコーポレートガバナンスに変わりつつある。

4.4.3 法規制と税制の改革

　日本のコーポレートガバナンスをめぐる法規制も大幅に変容しつつある。わが国においても，政府の成長戦略（日本再興戦略）では，2013年以降，コーポレートガバナンス改革のための多岐にわたる施策が**図表４－２**のように実施されている。その枠組みの中で，経営者報酬制度の変革の必要性も記されている。

　まず，2014年２月に，日本版スチュワードシップ・コードが策定された。本コードでは，「本コードにおいて，『スチュワードシップ責任』とは，機関投資家が，投資先企業やその事業環境等に関する深い理解に基づく建設的な『目的を持った対話』（エンゲージメント）などを通じて，当該企業の企業価値の向上や持続的成長を促すことにより，『顧客・受益者』（最終受益者を含む）の中長期的な投資リターンの拡大を図る責任を意味する」と前文に述べられている。これにより，上場企業は受託者責任を果たすべき機関投資家からの厳しい要望に応える必要がある。

　2015年６月には，コーポレートガバナンス・コードが証券取引所の上場規則に組み込まれた。日本版スチュワードシップ・コード同様，法的拘束力はないが，「コンプライ・オア・エクスプレイン（Comply or Explain）」の原則の下，

█ 図表４－２ 　2013年以降のコーポレートガバナンス改革

	施　　策	実　施　状　況
日本再興戦略	日本版スチュワードシップ・コード	2014年２月公表
	会社法改正	2015年５月施行
日本再興戦略改訂2014	コーポレートガバナンス・コード	2015年６月適用開始
日本再興戦略改訂2015	コーポレート・ガバナンス・システムに関する研究会	2015年７月報告書公表

出所：筆者作成。

コーポレートガバナンス・コードを遵守するか，さもなければ遵守しない理由を説明するかが求められている。コーポレートガバナンス・コードには，①株主の権利・平等性の確保，②株主以外のステークホルダーとの適切な協働，③適切な情報開示と透明性の確保，④取締役会等の責務，⑤株主との対話が提言されている。東京証券取引所のコーポレートガバナンスの定義とは「会社が，株主をはじめ顧客・従業員・地域社会等の立場をふまえた上で，透明・公正かつ迅速・果断な意思決定を行うための仕組み」を意味するとしており，本コードは，対象企業が持続的成長と中長期的な企業価値の向上を自律的に実践し，経済発展に寄与することを目的としている。

さらに2015年6月に閣議決定された「『日本再興戦略』改訂2015」では，「アベノミクス第2ステージ」の政策目標の一つとして，「稼ぐ力」を高める企業行動を引き出すための，「攻め」のコーポレートガバナンスの更なる強化を掲げた。そのための具体的な施策として，①企業と投資家の建設的な対話の促進（株主への情報開示の促進），②成長志向の法人税改革，③民間投資促進に向けた官民対話，を挙げている。

図表4-3で示されるように，コーポレートガバナンスの強化には，株式報酬，業績連動型報酬の柔軟な活用に向けた仕組みの整備が必要であるとされ（『日本再興戦略』改訂2015），これを受けて平成28年度税制改正（2016年度税制改正）に報酬関連の法人税法の改正が盛り込まれたのである。前章で述べたように，これまで，役員に対する報酬の場合には，法人税法第34条により損金算入のためには事前（役務提供前）の金額確定が前提とされるため，損金算入に困難を伴うことが多い。このような運用の難しさから，業績連動型報酬の導

図表4-3 『日本再興戦略』改訂2015の中の経営者報酬に関連する事項

「日本再興戦略」改訂2015（平成27年6月閣議決定）
【(3)新たに講ずべき具体的施策 ⅰ】「攻めの経営の促進」①コーポレート・ガバナンスの強化
・会社法の解釈指針や具体的な事例集の作成・公表 ・経営陣に中長期の企業価値創造を引き出すためのインセンティブの付与 　「……経営陣に中長期のインセンティブを付与することができるよう金銭ではなく株式による報酬，業績に連動した報酬等の柔軟な活用を可能とするための仕組みの整備等を図る。」

出所：『日本再興戦略』改訂2015より筆者が抜粋。

入は進展せず，固定報酬の割合の高さが維持されてきたと考えられる。そのため，2016年度（平成28年度）税制改革において，会社法第361条１項が，役員賞与を取締役の職務執行の対価として位置付けたことと，企業会計上の役員賞与は費用となるべきであるという考え方をふまえ，役員報酬，役員賞与，役員退職金等を含む役員給与という包括的な概念での整理のもとで，損金算入できる役員給与の範囲を部分的に拡大した[77]。

　平成28年度税制改正において注目すべき点は，内国法人が個人から受ける役務提供の対価としてリストリクテッド・ストック（特定譲渡制限付株式[78]）を交付した場合の法人税法ならびに所得税法上の取扱いが新たに規定されたことである（法人税法第54条，所得税法施行令第84条）。これは，役員に対するインセンティブの付与に関するコーポレートガバナンス上の「必要性」に関する提言を受けて，会社法上の法的構成の整理のもと，税務上これに「許容性」を与え優遇的な取扱いを導入したものと考えられる[79]。具体的には，株式報酬（リストリクテッド・ストックによる給与）について以下の整備がなされた[80]。

イ）法人税法
　①　特定譲渡制限付株式を対価とする費用の帰属事業年度を給与等課税事由の生じた日（譲渡制限解除日）とする特例の創設
　②　役員給与として支給された一定の譲渡制限付株式による給与を届出が不要となる事前確定給与の対象とする改正
ロ）所得税法
　　特定譲渡制限付株式の交付を受けた個人の各種所得（給与所得など）の収入金額は，特定譲渡制限付株式の交付日ではなく譲渡制限解除日の価額となる旨の明確化

　改正法人税法では，内国法人が個人から受ける役務提供の対価として，当該内国法人または当該内国法人の100％親法人のリストリクテッド・ストックを交付したときは，被付与者において給与等課税事由が生じた日に，内国法人が役務提供を受けたものとして役務提供の対価に係る費用を損金算入することが認められる。そして，株主総会の決議等一定の要件を経てリストリクテッド・ストックが役員給与として交付されるときは，事前確定届出が不要の役員給与として損金算入が認められることになった。さらに，法人税法上，損金算入と

なる「利益連動給与（同法第34条第１項第３号）」の算定の基礎となる利益の状況を示す指標の範囲について，純粋な利益指標（営業利益，経常利益等）に加え，EBITDA，EPS，ROE，ROA，売上高営業利益率等の一定の利益関連指標（有価証券報告書に記載されたものに限る）が含まれることの明確化が行われた（法人税法34項３号，法令69条８項）。

　リストリクテッド・ストックが株式報酬について損金算入が認められたのは，大きな前進ではあったが，事前確定届出給与の枠内で整理されたものであり，一般的な自社株交付や中長期的な業績に連動することを想定したような多様な役員報酬制度に対応させるには，困難な面があった。

　そこで，平成29年度税制改正では，役員報酬に関する税制において，①平成28年度税制改正において導入した譲渡制限付株式報酬（事前交付型リストリクテッド・ストック）の損金算入対象を非居住者役員や完全子会社以外の子会社の役員に拡大する，②業績連動給与について，複数年度の利益，株価等の指標に連動したものも損金算入の対象とする，③株式交付信託やストックオプションなどの各役員報酬類型について全体として整合的な税制とする等の措置が講じられた。改正の要点は，とりわけ上記②の業績連動給与に関し法人税法上の「損金算入の範囲」が拡大したことにある。これにより，これまでであれば役員報酬として損金に算入できなかった類型も，①事前確定給与類型か，②業績連動給与類型に該当すれば，損金算入が可能になる。業績連動賞与については，その要件が拡大された結果，パフォーマンス・シェア・ユニット（PSU），リストリクテッド・ストック・ユニット（RSU），株式交付信託，ファントム・ストック，ストック・アプリシエーション・ライト（SAR）等も業績連動給与として損金算入が認められ得ることとなった。

　これにより，わが国においても経営者報酬要素の選択肢が大幅に拡大し，自社の中長期目標や戦略性と整合性のある報酬デザインが可能になると考えられる。

4.4.4 日本企業の経営者報酬制度の変容と展望

　日本企業の内部組織とコーポレートガバナンスが変容しつつあり，同時に法規制と税制の変革が図られていることを確認してきた。このような状況において，わが国企業の経営者報酬制度がどのような変容を遂げていくのかを展望することが本章の重要な問題意識である。その際に，米国とドイツのその変遷を

参考にしながら，わが国の報酬制度の変容を検討する。

　最初に，米国とドイツの経営者報酬制度の変遷について整理する（**図表４－４参照**）。まず，経営環境の変化は急速かつ劇的で，同時に技術革新の発展とともに経済の高度化と複雑化が世界的に拡大していった。これにより，外部からの経営者の業績評価が難しくなるために，エージェンシー・コストは高まる。さらに米国とドイツにおいて，報酬制度改革が始まる前に共通点がみられた。米国においては1970年代からの企業の国際競争力の大幅な低下，ドイツにおいても1990年代後半から2000年代前半の「欧州の病人（The sick man of Europe）」と揶揄されるほどの経済的苦境で示されるように，両国経済が低迷したことが共通点である。これを克服するために，両国の政府と企業は改革を断行した。これにより両国企業の内部組織は変貌を遂げた。具体的には外部労働市場が発展し，社外から経営者を選抜するケースが増えた。これと並行するように，外生的要因として機関化現象と経済の金融化が進展し，株主価値重視の経営が要請されるようになった。この機関投資家の株式保有の高まりによる株主構成の変化は，議決権行使，株主提案，経営者との対話を通じて株主の経営者に対するモニタリング機能を促進させた。このような背景により，株主と経営者の間のエージェンシー問題を緩和する目的で，経営者報酬制度が内部ガ

■ 図表４－４　米国とドイツの経営者報酬制度の変遷の要因と結果

経済環境の急速な変化と複雑化・高度化　⟶　エージェンシー・コストの増加			
	要因	変容の内容	変容の結果
内部組織	経営者選抜 労働市場	内部昇進が主体⇒外部経営者市場の形成 ↑↓ 内部労働市場⇒外部労働市場の発展	・報酬額の高騰 ・総報酬額に占める業績連動型報酬額の割合が高まる ・株式報酬を主体とした長期インセンティブの割合の増加
コーポレートガバナンス	機関化現象の進展と経済の金融化	・株主構成の変化 ・株主重視経営への流れが進展 ・独立社外取締役の比率の増加 ・株式持合いの低下（ドイツ）	
法規制と税制	・業績連動型報酬の導入を推進 ・報酬委員会またはそれに相当する任意の委員会の独立性の強化 ・情報開示の拡充		

出所：筆者作成。

バナンス・メカニズムとして機能するように様々な改革が試みられたのである。これにより，1980年に入るまでは米国とドイツの経営者報酬制度と日本のそれとは大幅な違いはなかったが，80年以降に大きく分岐し始めた。つまり，内部組織とコーポレートガバナンスの変容は，これらと制度的補完関係にある経営者報酬制度を業績連動型報酬が主体のモデルへと転換させたのである。そして政府も，自国経済の活性化のために様々な法規制を通じて，その転換を後押しした。以上が，米国とドイツの経営者報酬制度の変遷である。

　グローバル化が進展する中で，日本も米国とドイツのような経済環境の構造変化に直面している。日本もバブル崩壊後の1990年代は経済低迷が続き，「失われた10年」と呼ばれ，銀行の不良債権問題や企業のバランスシートの毀損に直面した。これによりメインバンクは一部機能不全に陥り，株式持合いも徐々に低下した。同時期に機関化現象の進展と経済の金融化とともに，外国人投資家の割合が増え始め，わが国においても株主重視経営への意識が高まっていった。2000年代以降，銀行の不良債権問題や企業のバランスシートの毀損は解決に向かったが，この流れは継続し，コーポレートガバナンスに関する議論はさらに活発化して，これに関する様々な改革が政府主導で行われるようになっている。

　このような状況下で，内部組織の変容は，外部労働市場の領域を拡大する方向に作用する。この背景には，経営環境の変化のスピードが上がって，企業特殊的人材を長期にわたって育成するシステムが，業種によっては効果的に機能しなくなっている可能性が考えられる。外部労働市場の発達は，トーナメント形式の内部昇進制による経営者選抜のあり方に影響を与える。これにより，従来までの経営者の選抜形態が徐々に変容し，トーナメントの賞金としての経営者報酬のあり方を変える方向に作用する。これに伴い，外部から経営者を採用するケースも増えつつあり，外部経営者市場が徐々に形成されつつある。とくに，グローバル化の視点により外国人経営者を採用するケースもみられるようになり，外部経営者市場の国際化が進展する。つまり，経営者の市場価値が，わが国でも測定されるようになり，欧米企業の評価額がメルクマールとなる。現に，わが国企業の外国人経営者の報酬額は日本の基準値とは大きくかけ離れている。さらに，日本でも情報開示の拡充が要請されており，欧米企業並みに開示が進展すれば，企業間での経営者報酬制度の比較が容易になり，経営者報酬額は世界基準につられて高くなる可能性が高い。とくに，国際競争の枠組み

で持続的な成長を求められている企業の経営者報酬制度は，業績連動型報酬への比重を高めて，報酬額の水準も高める方向に性質が変容すると考えられる。なぜならば，従来までの日本型の経営者報酬制度では，有能な経営者を雇い入れることは不可能になるからである。

　また，株式持合いの一部解体とメインバンクシステムの役割の変化は，機関化現象の進展と相俟って，エージェンシー・コストを高める方向に作用させる。既に述べたように，業績が悪化した顧客企業に対するメインバンクの関与の仕方についても大きな変化が見られるようになっている。たとえば，再建の過程でメインバンクが主導的な役割を果たす事例は大幅に減少していた。実際に，経済の高度化と複雑化が進展する中で，顧客企業に対して精度の高いモニタリングを実施することが困難であることも大きな要因の一つである。そして，債権者兼株主であるメインバンクによる顧客企業の株式保有および役員派遣は著しく低下しており，これはエージェンシー・コストを高めることになる。

　さらに，外国人投資家比率の高まりとともに，機関投資家の投資対象企業への関与が多様化していることも，株主と経営者の間のエージェンシー問題を複雑化している。スティール・パートナーズやサーベラスで代表される「物言う株主」としてのアクティビストファンドは，投資先企業の経営陣に対する対決姿勢の強さが特徴であった。そのようなアクティビストファンドは，一定割合の株式を保有することによって，短期的な利益を獲得するために，投資先企業に敵対的TOB（株式公開買付け）やプロキシーファイト（委任状合戦）を仕掛けていた。吉川（2016）によると，近年は，アクティビストファンドの要求事項がコーポレートガバナンス改革など一般株主と利益を共にする方向で多様化してきている。彼らは，従来型のアクティビストファンド同様に株主還元の強化を求めるケースが多いが，コーポレートガバナンスに関連する要求事項が増加している点も特徴として挙げられる[81]。たとえば，社外取締役の選任や，買収防衛策の廃止，政策保有株式の売却，監査等委員会設置会社への移行に対する反対などである。また，不採算事業の切り離しや，業界再編など，事業戦略に対して要望する事例も出てきている。吉川（2016）は，このようなアクティビストの要求事項の変化は，「従来の「短期的かつ直接的な株主価値の最大化」から，「企業価値の最大化（＝長期的かつ間接的な株主価値の最大化）」に目線が上がってきているとも評価できる。」[82]，と述べている。

　そして，牛島（2016）によると，2015年３月の大塚家具の経営権争いにおい

ては，保険会社，年金基金などの国内機関投資家が，外国の議決権行使助言会社の動きをにらみつつ，自ら議決権行使について真摯に検討し決断を下した。また，後述する日本取締役協会の機関投資家へのアンケート調査とインタビュー調査においても，国内外の機関投資家への対話（エンゲージメント）の実践が活発になっていることを確認することができ，現状の日本企業の固定報酬主体の経営者報酬制度に対して疑問を呈していた。以上のことからも，複雑化したエージェンシー問題は，企業価値向上のための業績連動型報酬の導入を促進させると考えられる。

　また，法規制と税制の改革は，上記のような経営者報酬制度の変容を促進させる触媒となる。とくに，税制改革により，株式報酬の設計と導入が普及しやすい状況になり，株式報酬主体の長期インセンティブの比率を上昇させると考えられる。

　以上までの議論から明らかなように，日本企業の経営者報酬制度は，**図表4－4**で示したような米国とドイツと同じ経路に沿って進むことが予想される。つまり，内部組織とコーポレートガバナンスの変容ならびに法規制と税制の改革により，日本の経営者報酬制度も，新たな均衡点を求めて変容する。この変容の到着点についての展望として，業績連動型報酬が主体の報酬デザインが求められるようになり，必然的に総報酬額は高まっていくと考えられる。

　次に検討すべきは，その変容の程度である。米国型の経営者報酬制度に収斂するのか，ドイツ型のそれに収斂するのかの問題である。まず内部組織の変容の程度から考察すると，繰り返しになるが，外部労働市場の形成，職能資格制度から職務主義への部分的な変容がみられ，内部昇進制と経営者の選抜も一部の企業では大きく変わりつつある。ただ一つ，現時点において両国とは異なるわが国固有の要素が存在する。それは，現在でも，新卒一括採用が日本において多くの企業で採用されていることである。しかしながらこの流れも徐々に変わりつつある。2019年の4月23日の日本経済新聞朝刊によると，4月22日に経団連と大学側は新卒学生の通年採用を拡大することで合意した。ITなどの高い技術を持つ人材の通年採用が進めば，新卒一括採用で入社した人も含めて専門性が求められる時代になり，人材の流動化につながる可能性が高まる。このような流れは新卒一括採用を縮小する方向に作用させると考えられている。一方で2019年4月24日の讀賣新聞の社説によると，経団連の中西宏明会長は記者会見で，「一挙に通年採用に変わる話ではない。価値観や生活観と結びついて

いくので時間がかかる」と述べている。このことからも，わが国で新卒一括採用はしばらく続くことが予想される。新卒一括採用と長期雇用は，制度的補完関係にあり，これらはトーナメント形式の昇進を形成する大きな要素であるため，内部昇進制と経営者選抜は部分的な変容にとどまる可能性が高い。これを，Hacker（2004）の制度変化の理論を援用して説明する。**図表４－５**は，Hacker（2004）が提唱した，制度（政策）が変化する４つのモードに依拠して，加筆・修正したものである。この中で，Drift（放置）は，外生的な変化による影響があるのにもかかわらず，制度の整備をDrift（放置）することである。Conversion（転化）は既存の制度を新しい制度目的に転化することである。重層化・上乗せ（Layering）は，既存の制度の上に，新しい制度が積み重なる状況を指し，その制度の構造を徐々に変えていく。Revision（改革）は，既存の制度を改廃することである。わが国企業の内部組織の変容は，重層化・上乗せ（Layering）に該当すると考えられる。つまり，内部組織は漸進的に変容し，急にその性質が転換することはない。そして，ドイツの労働市場政策が，いわば就労最優先主義という性格を有している点は，日本とはほぼ変わりない。つまり，日本の内部組織の変容はドイツに近似すると考えられる。しかしながら，その変容の程度については新卒一括採用がなおも維持される可能性は高く，ドイツほど大きくはならないと考えられる。

　また，コーポレートガバナンスの変容の程度については，独立社外取締役の選任の急増が顕著である。独立社外取締役に関して，株式会社東京証券取引所が2018年７月31日に発表した「東証上場会社における独立社外取締役の選任状況」によると，２名以上の独立社外取締役を選任する上場会社（市場第１部）の比率は91.3％に，またJPX日経400では97.7％となっており，高い数値を示し

■ 図表４－５　制度変化の４つのモード

| | | 内在的変革に対する障害の程度 | |
		High	Low
企業を取り巻く外部環境の現状維持志向性の強さ	High	Drift（放置）	Conversion（転化）
	Low	Layering（重層化・上乗せ） ・日本の内部組織 ・日本のガバナンス	Revision（改革）

出所：Hacker（2004），p.248をもとに筆者が加筆・修正。

ている。また，2018年8月1日の日本取締役協会によって実施された日本の上場企業（東京証券取引所1部）を対象とした「上場企業のコーポレート・ガバナンス調査」によると，取締役会に占める独立社外取締役の比率が3分の1以上かつ3人以上を選任する企業の比率は，前年を4.4％上回り23.6％（496社，独立取締役）となっている。また取締役会を機能させる機関としての，指名・報酬委員会のいずれかを設置する企業は，法定・任意を合わせて39.0％（703社）になっており，前年比3.3％増となっている。しかしながら，機関の選択においては，上述したように指名委員会等設置会社を採用している企業はきわめて少なく，監査役設置会社と監査等委員会設置会社が大半である。上記の現象は，もっとも採用されている監査役設置会社の上に，独立社外取締役制度や委員会制度を接合している状況を意味している。この点を鑑みれば，二層型システムと共同決定制度が維持されて，これらの制度の上に株主重視モデルを接合させたドイツの変容の程度に近いと考えられる。これを，**図表4−5**のHackerの理論に適用すると，内部組織と同様に重層化・上乗せ（Layering）に含めることができる。

　このように，内部組織もコーポレートガバナンスも既存の制度の上に新しい要素が積み重なっている状態であるとすると，経営者報酬制度も同様に重層化・上乗せ（Layering）のカテゴリーに含まれて，漸進的な変容を遂げると考えられる。これは，**図表4−6**で示されるように，変容の程度は米国ほど大きくはないが，ドイツのそれに近似することが予想される。しかしながら，新卒一括採用が維持されているため，内部組織の変容の程度はドイツより小さい。そのため，経営者報酬制度の変容の程度は，ドイツのそれに達しないと考えられる。つまり，変容の程度は，現状の日本企業の経営者報酬制度とドイツのそれとの中間に位置付けられることが予想される。

　以上のことをふまえて，日本企業の経営者報酬制度の変容についての展望を整理すると，経営者報酬制度の固有性は漸進的に薄まっていく。そして，業績連動型報酬とくに株式報酬を主体とした長期インセンティブへの比重が高まり，これと同時に総報酬額も高まっていく。そして，変容の程度と性質は，米国というよりもドイツ企業の経営者報酬制度に近似すると考えられる。しかしながら，わが国の法規制と税制の変革を鑑みると，株式報酬主体の長期インセンティブのデザインについては，米国企業の性質に近接する可能性が高い。

　実際に，わが国において，上記で述べた変容を示唆するような以下のような

■ 図表４－６　経営者報酬制度の変容の程度

	機関化現象と経済の金融化の進展による影響度	内部組織の変容の程度	コーポレートガバナンスの変容の程度	• 総報酬額に占める業績連動報酬額の比率が高まる • 株式報酬を主体とした長期インセンティブの割合が高まる • 報酬の高額化
米国	◎	○	○ ＊独立社外取締役を主体とするモニタリング・モデル	◎
ドイツ	◎	○ ＊米国ほど外部経営者市場は発展してはいない	△ ＊二層型システムと共同決定制度は維持	○
日本	◎	△ ＊新卒一括採用・長期雇用は維持されている。 ＊米国ほど外部経営者市場が発展していない	△ ＊独立社外取締役の選任が急増 ＊指名委員会等設置会社を採用する企業は少ない	△ ドイツの変容の程度に類似することが予想されるが，その程度はドイツより小さい

◎強い　○やや強い　△中

出所：筆者作成。

状況がみられる。2018年7月12日にウイリス・タワーズワトソンは『2017年度日米欧CEO報酬』結果を発表した[83]。この調査結果によると売上高1兆円以上の主要企業の中央値で比較した結果，日本企業のCEOの報酬総額は1.5億円であった。2015年度は1.2億，2016年度は1.4億円で年々増加している。

　さらに，2019年の5月28日の日本経済新聞によると，野村証券の調べで株式報酬の導入企業は5月22日時点で1,514社に達している。株主総会を迎える6月末までの時点で1,550社程度に達する見込みで，2014年の487社のおよそ3倍になる。これは，2018年の企業統治指針の改訂で報酬の客観性や透明性が求められており，現金に偏っていた報酬体系から株価が上昇すれば報酬が増える仕組みに変えて株主の理解を高めるためであると考えられる[84]。

　このように，日本企業の経営者報酬額の水準は高まりつつあり，株式報酬を

第4章　日本企業の経営者報酬制度の変容　113

導入している企業数も急増しており，わが国においても米国とドイツに類似した経営者報酬制度の変遷への萌芽がみられるようになってきている。

◉注

1　Lazonick, W. and M. O'Sullivan（2000），p.25.
2　Mishel, Lawrence, Bernstein, Jared and Shierholz, Heidi.（2009），p.221.
3　Jackson, G.（2005），p.419.
4　金融市場の監視や情報交換を目的として1999年に創設された国際的なフォーラムであり，主要国の中央銀行，財務当局，金融監督当局ならびに世界銀行やIMFなどの国際機関が参加している。2009年に金融安定理事会（FSB: Financial Stability Board）に改組され，組織体制が強化された。
5　伊藤（2013），124頁。
6　詳しくは伊藤（2013），123-124頁を参照せよ。
7　詳しくは伊藤（2013）の126頁を参照せよ。
8　若園（2015），96頁。
9　伊藤・前掲（注5）127頁。
10　伊藤・前掲（注5）125-126頁。
11　SOX法はすべての上場企業に対して，財務報告，運用，関連資産についての内部統制の実施と，当該内部統制の有効性の評価を正式な文書でSECに提出すること，また，内部統制の有用性や企業財務に影響を与えかねない不正や損失が発生する可能性について定期的な開示を行うことを義務づけている。
12　取戻しの執行主体は SECとされている。
13　松尾（2015），18頁。
14　1980年代に企業不祥事（BCCI銀行，マクスウェル等）が続発した背景から，企業不祥事を防止して良好な経営環境の整備に取り組むため，エイドリアン・キャドベリー卿を委員長とするキャドベリー委員会が設置されたが，この委員会が1992年に公表した報告書のこと。これは世界的にも先駆的なコーポレートガバナンス規範であり，キャドベリー委員会およびグリーンブリー委員会，ハンペル委員会の各報告書を統合して，1998年に統合規範が公表された。これは財務報告評議会（Financial Reporting Council: FRC）が所管し，上場規則にも採用されている。
15　1995年1月に，CBI（Confederation of British Industry）の委託を受けて設立されたグリーンブリー委員会による報告書のこと。グリーンブリー委員会は，取締役の報酬体系の見直しと報酬に関する情報開示の強化を勧告した。
16　キャドベリー委員会報告書・グリーンブリー委員会報告書・ハンペル委員会報告書についての翻訳として八田進二・橋本尚（2000），それぞれの論点の考察として，日本コーポレート・ガバナンス・フォーラム編（2001）を参照せよ。
17　伊藤・前掲（注5）152頁。
18　FRC（2014）"The UK Corporate Governance Code."

https://www.frc.org.uk/getattachment/59a5171d-4163-4fb2-9e9d-daefcd7153b5/UK-Corporate-Governance-Code-2014.pdf

19 大杉 (2013)，19頁。

20 大杉 (2016)，15頁。

21 厚東 (2013)，18頁。

22 サンフォード・M・ジャコービィ (2007)

http://www.jil.go.jp/foreign/labor_system/2007_3/america_02.html（2016年1月25日アクセス）。

23 通傳・西岡 (2015)，14頁。

24 ジャコービィ (2005)，153頁。

25 三和 (1999)，134頁。

26 詳しくは三和 (1999，第9章) を参照せよ。

27 三和 (2016)，87頁。

28 柴田 (2011)，34頁。

29 大杉・前掲（注19）22頁。

30 同上，17頁。

31 伊藤・前掲（注5），262頁。

32 同上，262-263頁。

33 伊藤 (2006)，1026頁。

34 園田 (1995)，21頁。

35 坂本 (2012) によると，エージェンシー・コストを上回る報酬が株主から役員に支払われている理由として，機関投資家が株主価値を最大化するために，より優秀な経営者を求めて経営者市場にメッセージを送り届けているからであると述べている。つまり，機関投資家自らのミッションが役員報酬額に表現されており，役員報酬は，現在では結果（経営成果）ではなくて，将来株主価値を達成するための費用，ミッション（伝達）・コストになっていると論じている。

36 伊藤・前掲（注5）263頁。

37 野地 (2016)，3頁。

38 田中 (2014)，128頁。

39 労働政策研究・研修機構 (2006)，91-92頁。

40 小山 (2006)，180頁。

41 田中・前掲（注38）128頁。

42 石川ら (2017)，115-116頁。

43 風間 (2011)，122頁。

44 みずほ銀行産業調査部 (2015)，340頁。

45 大杉・前掲（注19）31頁。なお，伊藤 (2013)，海道 (2010) ではVorstandについて取締役（会）という訳語が充てられている。

46 陳 (2011)，243頁。

47 海道 (2010)，19頁。

48 陳・前掲（注46）242頁。

49 みずほ銀行産業調査部・前掲（注44）348頁。

50 風間・前掲（注43）128頁。

51 陳・前掲（注46）245頁。

52 風間・前掲（注43）128頁。

53 みずほ銀行産業調査部・前掲（注44）347頁。

54 風間・前掲（注43）128頁。

55 みずほ銀行産業調査部・前掲（注44）346頁。

56 みずほ銀行産業調査部・前掲（注44）356頁。

57 経済産業省（2015），75頁。

58 伊藤・前掲（注5）300頁。

59 同上，301頁。

60 同上，302-303頁。

61 海道・前掲（注47）31頁。

62 同上，31頁。

63 伊藤・前掲（注5）323頁。

64 ゴールドマン・サックス（2015），10頁。

65 陳・前掲（注46）255頁。

66 ジャコービィ・前掲（注24），260頁。

67 山田（2013），5頁。

68 「職責の大きさ（ジョブサイズ）」によって処遇を決定。職務分析・職務評価を実施し，社内のあらゆる職務・ポストを「職務等級」として序列づけることを指す。

69 労務行政研究所（2015），17頁。

70 2017年1月27日の厚生労働省の発表。
http://www.mhlw.go.jp/stf/houdou/0000148933.html（2017年3月29日アクセス）

71 同上。

72 宮島・保田（2012），1頁。

73 株式会社東京証券取引所（2015b）「2014年度　株式分布状況調査の調査結果について〈要約版〉」
http://www.jpx.co.jp/markets/statistics-equities/examination/nlsgeu0000010nfj-att/bunpu2014.pdf（2016年7月28日アクセス）
株式会社東京証券取引所（2017）「2016年度　株式分布状況調査の調査結果について〈要約版〉」
http://www.jpx.co.jp/markets/statistics-equities/examination/nlsgeu000002ini6-att/j-bunpu2016.pdf（2017年8月5日アクセス）

74 インサイダーとは，銀行（信託銀行の信託勘定分を除く），保険会社，事業法人を指す。

75 宮島ら（2017），97頁。

76 2006年3月期以降の財務を継続比較できる3月期決算の2,194社を調査している。原則，子会社・関連会社株を除いた「その他有価証券」のうちの株式を持合い株とみなし，保有額などを集計している。

77 小林・戸村（2016），15頁。

78 「譲渡制限付株式」の要件を満たした上で，さらに「特定譲渡制限付株式」の要件を満たしたものをいう（法令第111条の2）。

79 小林・戸村・前掲（注77）17頁。
80 榎本・飯塚（2016），13頁。
81 吉川（2016年10月26日）。
82 同上。
83 ウイリス・タワーズワトソン　ウェブサイト
　https://www.willistowerswatson.com/ja-JP/press/2018/07/japan-us-europe-ceo-compensation-comparison-2017（2019年4月26日アクセス）
84 日本経済新聞朝刊「株式報酬導入42％に増加」2019年5月28日。

第 5 章

経営者報酬制度の実態調査

　日本における経営者報酬調査についての実態調査は数少ない。このような状況で，2004年に日本取締役協会はわが国ではじめて経営者報酬制度に関する調査を行っている。日本取締役協会に設置した独立委員会の「制度インフラと透明性委員会」は，国内外の投資家の視点のみならず，わが国の経営文化に配慮する企業経営者の視点をも組み込んだ複眼的な観点に立って，『経営者報酬の指針』を作成した[1]。本指針は，2004年6月10日に公表した「経営者報酬に関する指針（中間試案）」を基本とし，本委員会の下に設置した「経営者報酬ワーキンググループ」で国内外から寄せられた意見を検討した結果をもとに，本委員会で審議してまとめたものである[2]。これは，経営者報酬のあり方についてのガイドラインの提示と法律・税制改正についての要望を含んでおり，わが国の経営者報酬制度の高度化を目指すものである。

　そして，2006年には同協会に設置したディスクロージャー委員会は上記の理念をふまえながら，「経営者報酬制度の実態調査」を実施した。この調査結果をもとに，同協会は『経営者報酬の指針』の発展形として『経営者報酬ガイドライン』を作成し，2007年10月1日に公表した。本ガイドラインは，まず，日本において唯一かつ包括的な経営者報酬に関するガイドラインとして経営者報酬制度の課題を整理しつつ，次に，「経営者報酬の方針」，「業績連動型報酬」，「株式報酬」，「報酬委員会」，「法規制・税制改正の要望」の各項目において各企業の指針となりえる規範としてまとめたものである[3]。筆者は，この本ガイドラインのリサーチ担当として，「経営者報酬制度の実態調査」のアンケート調査と結果分析ならびに調査結果をもとにした報酬制度と企業業績に関する実証分析を行った。2006年に引き続き，2013年の『経営者報酬制度（第三版）』

と2016年の『経営者報酬制度（第四版）』のリサーチ担当として，経営者報酬制度の実態調査を行ってきた。2016年の調査においては，国内外の機関投資家への訪問インタビュー調査を実施し，わが国経営者報酬制度に対しての様々な意見を集約し，整理した。

　本章では，2016年に実施された経営者報酬制度に関する実態調査をもとに，機関投資家側からの視点も考慮に入れながら，日本企業の経営者報酬制度の現状を整理し，課題を浮き彫りにする。それをふまえて，次章で経営者報酬制度のあり方の方向性について検討する。

5.1 日本企業における経営者報酬制度の実態調査

　本節では，2016年度に実施されたJPX400採用企業を対象としたアンケート調査の結果について整理する。JPX400採用企業を対象にした理由は以下の通りである。日本においては，既に述べたように欧米のような経営者報酬制度についての法規制が存在せず，大半の新興企業や規模が小さい企業については経営者報酬制度の整備が進んでいない。本調査は，経営者報酬制度と企業パフォーマンスとの関係を分析することも視野に入れており，報酬制度の質をガイドラインの基準に照らして評価する場合には，報酬制度が一定程度整備されている企業の現状を探ることが必要だったことからJPX400採用企業を対象にした。

5.1.1 調査概要

　調査概要は以下の通りである。
① 目　的
　日本取締役協会による経営者報酬ガイドラインを策定するに当たり，日本企業における経営者報酬ガバナンスの現状を確認するためアンケートによる実態調査を行う。
② 期　間
　2016年 3 月 1 日から2016年 3 月31日
③ 対　象
　JPX400採用企業および，予備調査として日本取締役協会会員企業

④　回収サンプル

50社（本調査回収率約7.25％）

⑤　備　考

調査は郵送またはメールで依頼され，書面あるいは専用ファイルへ記入された回答を収集した。

アンケート調査票は，下記のような構成となっている。

	アンケート項目
1	機関設計，組織運営等に関わる事項
2	経営者へのインセンティブ付与状況
3	経営者報酬の構成要素
4	経営者報酬の開示状況
5	経営者報酬の決定方針
6	リスク管理

5.1.2　各項目の集計結果分析

以下に，本調査および予備調査のアンケートの内容および集計結果を記す。なお，無回答項目および特定の選択肢を選んだ企業のみを対象とした質問項目や本調査に移る過程で除外あるいは追加した設問を含むため，各設問の集計実数の合計は必ずしも一致しない。集計値は比率で表すが，その際の分母は該当項目回答企業数である。

(1)　機関設計，組織運営等に関わる事項

本項では経営者報酬の機関設計，組織運営等に関しての質問の回答結果を整理した。具体的には**図表5－1**の通りである。問1の回答結果から，多くの企業が報酬委員会を設置している。日本経済新聞（2016年9月2日付電子版）によれば，報酬委員会を導入した企業は2016年8月までに660社にのぼり，2015年に比べて約3倍となっており，全上場企業の19％にあたる。これは，大半の企業が機関設計にかかわらず報酬委員会を設置していることを意味しており，委員会制度が導入されてから10年以上が経過し，日本企業においても取締役会に委員会を設けることの重要性が広く認識されるようになったと考えられる。

報酬委員会の規定，権限，目的等が明文化されているかについては，それぞれ75％，97％，79％と高い数値を示している。また，「報酬委員会またはそれ

120

■ 図表5－1 機関設計，組織運営等に関わる事項

問1	報酬委員会またはそれに相当する任意の委員会はありますか。	1．はい	2．いいえ
		76%	24%
問1-1	報酬委員会またはそれに相当する任意の委員会がない場合は，経営者報酬の決定機関をお教えください。		
	株主総会および取締役会，取締役会，取締役社長が決定，株主総会と取締役会の委任を受けた代表取締役		
問2	報酬委員会またはそれに相当する委員会の規定は明文化されていますか。	1．はい	2．いいえ
		75%	25%
問3	報酬委員会またはそれに相当する任意の委員会の権限は明文化されていますか。	1．はい	2．いいえ
		97%	3%
問4	報酬委員会またはそれに相当する任意の委員会の目的は明文化されていますか。	1．はい	2．いいえ
		79%	21%
問5	報酬委員会またはそれに相当する任意の委員会は半数以上の独立社外取締役から構成されていますか。	1．はい	2．いいえ
		88%	12%
問6	報酬委員会またはそれに相当する任意の委員会の委員長の役職をお知らせください。（例：「代表取締役」など）		
	規定上は互選であり現状は代表取締役，代表取締役頭取，社外取締役，代表取締役社長，委員長の設置なし，社外有識者，独立社外取締役，筆頭社外取締役，代表取締役		
問7	経営者報酬の最終的な決定権限が報酬委員会またはそれに代替しうる機関に委譲されていますか。	1．はい	2．いいえ
		55%	45%

出所：筆者作成。

に相当する任意の委員会は半数以上の独立社外取締役から構成されているか」の質問に対しても88％との数値である。調査により集計（回答）企業が異なるため多少のブレはあるものの，2006年から2007年にかけて実施されたアンケート調査での同じ質問に対しては51.6％であったことから，形式上は報酬委員会の独立性が担保されつつあることを示している。

しかしながら，問7の「経営者報酬の最終的な決定権限が報酬委員会またはそれに代替しうる機関に委譲されていますか」という質問に対しては，55％の企業しか決定権限が委譲されていない。つまり，本調査では最終的な決定権限は必ずしも報酬委員会には付与されておらず，経営者自身にある場合も散見される。報酬委員会またはそれに相当する機関の設置については定着したが，現状では経営者による報酬の自己決定，いわゆる「お手盛り」の危険性は依然と

第5章　経営者報酬制度の実態調査　121

して残っていると考えられる。

(2)　経営者へのインセンティブ付与状況

本項では，経営者へのインセンティブ付与状況について質問している。**図表5－2**は，回答結果を整理したものを示している。

経営者報酬の固定報酬，業績連動賞与，株式報酬，退職慰労金等の各要素の組み合わせの比率およびその比率の考え方について明確に意識している企業はおよそ6割ほどである。組み合わせの比率を設定していないということは，インセンティブとしての報酬をデザインすることへの意識が希薄であることの表れである。報酬水準については8割以上の企業が考え方を設定している。これは株主総会で経営者報酬の総額について決議を行う日本企業の現状を反映した

■　図表5－2　経営者へのインセンティブ付与状況

| 問8 | 固定報酬，業績連動賞与，株式報酬，退職慰労金等の各要素の組み合わせの比率が設定されていますか。 | | | | | | | | | | | | | 1. はい 62% | 2. いいえ 38% |

| 問9 | 固定報酬，業績連動賞与，株式報酬，退職慰労金等の各要素の組み合わせの比率に関する考え方が設定されていますか。 | | | | | | | | | | | | | 1. はい 64% | 2. いいえ 36% |

| 問10 | 報酬水準に対する考え方が設定されていますか。 | | | | | | | | | | | | | 1. はい 81% | 2. いいえ 19% |

	経営者報酬の水準を決定する際に，どのような点を考慮していますか。（複数回答可）														
	1. 株主	2. 国内従業員の給与水準	3. 海外従業員の給与水準	4. 海外役員の給与水準	5. 外国人役員の登用	6. 同業他社の報酬水準	7. 税制	8. 業績連動部分の拡大	9. 経営戦略（or事業戦略）	10. グローバル化の進展（or国際競争の激化）	11. 議決権行使助言会社	12. 機関投資家の議決権行使基準	13. 金融庁ガイドライン	14. その他	
	48%	50%	6%	6%	6%	58%	18%	50%	52%	14%	6%	4%	4%	20%	

問11で，複数の項目を選択された方は，とくに重視する項目を1つお選びください。

問11	1. 株主	2. 国内従業員の給与水準	3. 海外従業員の給与水準	4. 海外役員の給与水準	5. 外国人役員の登用	6. 同業他社の報酬水準	7. 税制	8. 業績連動部分の拡大	9. 経営戦略（or事業戦略）	10. グローバル化の進展（or国際競争の激化）	11. 議決権行使助言会社	12. 機関投資家の議決権行使基準	13. 金融庁ガイドライン	14. その他
	16%	4%	0%	0%	0%	28%	0%	12%	18%	0%	0%	0%	0%	22%

「14. その他」をご選択された方は，具体的な内容をお書きください。

業績，業績と各々の貢献度，株主と長期的なリターンとリスクを共有，業績や株主価値の向上に向けたインセンティブ効果の拡大，目標達成時には競合企業に遜色のない水準の提供といったことを策定にあたっての基本的原則としている，業績と他社の報酬水準，日系優良企業（マーケット）の報酬水準，グローバルに事業展開する国内主要企業の報酬水準・優秀人材の確保

| 問12 | 日本人役員と外国人役員の報酬体系は異なりますか。 | | | | | | | | | | | | | 1. はい 35% | 2. いいえ 65% |

出所：筆者作成。

結果であると考えられる。経営者報酬の水準を決定する際に，どのような点を考慮しているかについては，同業他社の報酬水準が58％ともっとも高く，経営戦略が52％，業績連動部分の拡大と国内従業員の給与水準が50％，株主が48％とそれに続いている。この結果で注目されるのが，従業員の給与水準を配慮している企業が多いことであり，ステークホルダー志向の経営が現在でも主流であることが読み取れる。次に水準の決定要因として「業績連動型報酬部分の拡大」が多かったことであり，日本企業は固定報酬主体の報酬デザインを変えたいという意識が強まりつつあるのかもしれない。また，「同業他社の水準」がもっとも高かったが，これは横並びの意識によるものと考えられる。今後，欧米企業のように有能な経営者を引きつけて，リテインするための戦略性の観点から「同業他社の水準」を重視することが必要になる。また，経営戦略（or事業戦略）を考慮している企業はほぼ半数であり，報酬制度と戦略性との整合性を確保するという観点からは，改善の余地があると思われる。最後に，外国人役員との報酬体系が異なる企業が35％もある。今後はグローバル化がさらに進展することが予想されるため，経営陣や従業員のモチベーションを低下させることがないように，統一した報酬体系の整備が必要になる。

(3)　経営者報酬の構成要素

　本項では経営者報酬の構成要素についての問いを設定し，業績連動性がどの程度確保されているかについて実態を確認した。**図表５－３－１**と**図表５－３－２**はそれらを整理したものである。本質問項目の業績連動型報酬には，短期インセンティブ（年次賞与）と長期インセンティブが含まれている。業績連動型報酬を設定している企業は89％であり高いように思えるが，逆に考えると11％の企業が経営者報酬をインセンティブ報酬として認識していない点で，わが国企業の固有性が感じられる。業績連動型報酬を，全社業績に連動させているかという質問に対しては，60％以上連動させるという企業が42％と半数を下回っており，報酬と全社業績との連動性が弱いことが窺える。連動対象となる業績のKPIは，自社の企業戦略を反映させているかの質問に対して，91％の企業は「はい」と回答しているが，これは企業側の視点であり，実際の報酬デザインを見ると，実効性について疑問が残るケースも見られる。また，どのような財務的KPIを用いているかとの質問については，営業利益57％，税引後純利益34％，売上高32％と会計利益が大半である。欧米企業でよく採用されている

第5章　経営者報酬制度の実態調査　123

図表5-3-1　経営者報酬の構成要素

問13	業績連動型報酬は設定されていますか。					1．はい	2．いいえ
						89%	11%

問13-1	業績連動型報酬を，全社業績にどの程度連動させていますか。					
	1．完全に連動させていない	2．20%未満	3．20%以上40%未満	4．40%以上60%未満	5．60%以上80%未満	6．80%以上
	6%	7%	23%	21%	6%	36%

問13-2	連動対象となる業績の評価指標は，自社の企業戦略を反映させていますか。	1．はい	2．いいえ
		91%	9%

問13-3	連動対象となる業績の評価指標は，定性ではなく財務指標を中心としていますか。	1．はい	2．いいえ
		98%	2%

問13-4	問13-3の質問に対して「はい」とお答えの方にお伺いします。どのような財務指標を用いていますか。（複数回答可）								
	1．税引き後純利益	2.1株当たり利益	3．ROE（株主資本利益率）	4．売上高	5．営業利益	6．ROA（総資産利益率）	7．経済付加価値（EVA）	8．TSR（総株主還元率）	9．その他
	34%	7%	18%	32%	57%	11%	5%	0%	16%
	問13-4の質問に対して「9.その他」をご選択された方は，具体的な内容をお書きください。								
	当期連結経常利益および連結純利益，主たる事業の営業利益，経常利益（2名の回答者），従業員賞与水準増減率，売上高営業利益率，前年比利益伸び率								

問13-5	代表取締役（あるいはCEO）の総報酬における業績連動型報酬の割合は次のどれに該当しますか。					
	1．10%未満	2．10%以上20%未満	3．20%以上30%未満	4．30%以上40%未満	5．40%以上50%未満	6．50%以上
	2%	12%	24%	24%	17%	21%

問13-6	非業務執行取締役（独立取締役や執行非兼務の取締役（委員会設置会社における社内監査委員等））の報酬として，株式報酬が提供されていますか。	1．はい	2．いいえ
		20%	80%

問13-7	事業部門担当役員の報酬は，全社業績に連動させていますか。	1．はい	2．いいえ
		93%	7%

問13-8	事業部門担当役員の報酬は，担当部門の業績に連動させていますか。	1．はい	2．いいえ
		66%	34%

問13-9	連動対象となる業績目標を期首に設定し，期末には特殊なケースを除き事後の裁量による調整は行わず，支給額は同じく事前に定めた算定方式に沿って決定していますか。	1．はい	2．いいえ
		80%	20%

問13-10	業績が目標を大きく下回る場合，経営者報酬はどのように変化しますか。			
	1．変化しない	2．50%未満の減額	3．50%以上の減額	4．支給なし
	0%	68%	19%	14%

出所：筆者作成。

TSR（総株主還元率）が全く使用されていないことがわが国企業の特徴であり，株主に対する意識が高まっている中で，KPIの見直しは必要である。代表取締役（あるいはCEO）の総報酬における業績連動型報酬の割合が50％以上の企業はわずか21％で，固定報酬が主体である。株式報酬や株価連動型の長期インセンティブを導入している企業は76％と多くなっている。株式報酬の中でも，

■ 図表５－３－２ 経営者報酬の構成要素

問14	中長期の株主価値とリンクした長期インセンティブ報酬システムが導入されていますか。				1．はい	2．いいえ
					76%	24%
問14-1	長期インセンティブ報酬システムに該当するものを教えて下さい。（複数回答可）					
	1．従来型ストックオプション	2．株式報酬型ストックオプション	3．株式購入資金（役員持株会を通じて一定の持株数を強制購入するプラン）	4．現金による業績連動賞与	5．その他	
	10%	60%	14%	8%	8%	
	問14-1の「5.その他」をご選択された方は，具体的な内容をお書きください。					
	株式報酬（役員報酬BIP信託）					
問14-2	問14-2. 代表取締役（CEO）の総報酬における株式報酬の割合は次のどれに該当しますか。					
	1．10%未満	2．10％以上20%未満	3．20％以上30%未満	4．30％以上40%未満	5．40％以上50%未満	6．50%以上
	29%	34%	24%	8%	5%	0%
問15	解禁が予想される新しい株式報酬制度（譲渡制限付株式，パフォーマンス・シェア）の導入は検討されていますか。				1．はい	2．いいえ
					45%	55%
問16	退職慰労金は廃止されていますか。				1．はい	2．いいえ
					96%	4%
問16-1	退職慰労金を在任期間のみで決定せずに，一定部分は在任中の業績に連動させていますか。				1．はい	2．いいえ
					67%	33%

出所：筆者作成。

株式報酬型ストックオプションの割合が高く，欧米同様，従来型ストックオプションの割合が低くなっている。しかしながら，代表取締役（CEO）の総報酬における株式報酬の割合が30%以上の企業は13%にすぎず，株式報酬主体の長期インセンティブの重要度が低いことを示唆している。また，退職慰労金については，大半の回答企業の間で廃止されており，経営者の在任中の業績に連動させている企業の割合も高くなっている。

(4) 経営者報酬の開示状況

　経営者報酬制度をコーポレートガバナンスの手段として考えた場合，情報開示の深度は非常に重要な問題である。本項では，この問題について企業側の意識を確認した。回答結果は**図表５－４**で示される通りである。全体として，70%の企業は開示状況が十分であると考えており，問18の対象を投資家に絞った場合でも改善点を意識している企業は少なかった。後述する本調査と同時期に行った機関投資家向けアンケート調査およびインタビュー調査では，日本企業の経営者報酬制度に関する課題として企業側の開示不足が共通認識として浮

第5章　経営者報酬制度の実態調査　125

■ 図表5－4　経営者報酬の開示状況

問17	1億円未満の個別役員の報酬も開示している場合，開示のポリシーについてお書き下さい。										
	開示なし，1億円未満の場合には開示していない，1億円未満の個別役員の報酬は未開示										

問18	投資家に対して自社の経営者報酬の制度が充分に開示されていると思われますか。									1．はい	2．いいえ
										70%	30%

問19	経営者報酬を決定する際に，どのようなステークホルダーを考慮していますか。（複数回答可）										
	1.国内投資家	2.海外投資家	3.株主	4.国内従業員	5.国外従業員	6.同業他社	7.銀行	8.取引先	9.地域社会	10.政府官公庁	11.その他
	64%	58%	90%	48%	12%	46%	2%	12%	6%	6%	10%
	問19の質問で「11.その他」をご選択された方は，具体的な内容をお書きください。										
	同規模の他社の水準，日系優良企業，海外本社										

問19-1	問19の質問で，複数項目を選択された方は，とくに重視する項目を1つお選びください。										
	1.国内投資家	2.海外投資家	3.株主	4.国内従業員	5.国外従業員	6.同業他社	7.銀行	8.取引先	9.地域社会	10.政府官公庁	11.その他
	5%	5%	72%	9%	0%	0%	0%	2%	0%	0%	4%

問20	貴社の経営者報酬の決定プロセスは，ステークホルダーにもわかりやすい客観性の高いものであると思われますか。									1．はい	2．いいえ
										84%	16%

問21	貴社の経営者報酬の決定プロセスは，ステークホルダーにもわかりやすい透明性の高いものであると思われますか。									1．はい	2．いいえ
										78%	22%

問22	経営者報酬に関する情報の開示を積極的に従業員に行っていますか。									1．はい	2．いいえ
										16%	84%

問23	有価証券報告書「コーポレート・ガバナンスの状況」等における役員報酬の開示制度は，一部役員の個別報酬額の開示など近年になり変化を遂げています。こうした変化，また現状の開示制度は企業にとって意義のあるものと思われますか。開示のための企業側負担や株主への効果の実感などを含め，ご自由にご意見をお聞かせください。
	・意義はあるという認識ですが，開示の程度は企業の裁量の範囲で決定することが適切であると考えています。 ・日本の多くの企業が成長性と内部留保がアンバランスであったため，報酬の開示と株主重視（ROE）の経営へのシフトはあるべき姿であると思う。一方で形式の先行により，成長性とリスクを加味した本来の長期的視野の経営が軽視される傾向もある。単純な業績連動，株式給付といったものから，より成長性とリスク対処の貢献に応じた報酬に議論，政策が拡大することを望んでいる。 ・役員報酬の個別開示は，個人情報保護法の観点から課題が多いと考える。役員報酬の個別開示は義務づけるのではなく，各企業の判断に委ねる方法（任意の開示）が良いと考える。 ・当社では，従来より役員報酬の方針や支給根拠を積極的に開示・説明してきたため，有報での1億円以上個別開示により，対外的な説明を変更したり，より充実したいとは考えていない。 ・総額開示の必要性は理解できるが，個別の開示迄は必要ないと考える。 ・役員報酬情報の充実を求める傾向自体は，報酬制度の公正性や透明性を高めるために重要なことであると考えている。ただ，開示された報酬情報はややもすれば興味本位に取り扱われる場合の方が多く，開示の取り組みがどのように企業価値の向上に結びついているのか手応えが無いというのが事務局としての実感である。株主や投資家に提供すべき情報は他にも数多くあり，欧米のように飛び抜けて多額の報酬を得ている役員が日本企業では少ない中，役員報酬情報の開示のために手続きをこれ以上増やすことにあまり意味があるとは正直思えない。 ・役員報酬の決定に当たり，株主を始めとするステークホルダーの視点は欠かせない要素であり，役員の役割・責任に応じて開示すべき情報を開示することは効果的であると考える。 ・企業側負担についても，都度，適切な情報開示のために，適正なレベルの負担を負うことは必要不可欠と考える。 ・報酬の考え方や仕組みの開示は有意義。開示はトップのみで良い。

出所：筆者作成。

かび上がっており，企業と投資家の認識の乖離ひいては対話不足が指摘できる。一方で，投資家から情報開示について評価されている企業が，開示状況を不十分であると回答しているケースも見られた。また，注目すべきは，問23の役員

報酬の個別報酬額の開示に関する意見で，意義ありと意義なしとの意見がほぼ2つに分かれた点である。個別報酬額の開示の意義は理解しているが，わが国経営者報酬の現状（報酬額の低さなど）を考えると，現段階では必要はないとの意見はあり，これはインタビュー調査においてもよく聞かれた。

(5)　経営者報酬の決定方針

　本項では，経営者報酬の決定方針および決定に関わる制度面での認識について質問した。回答結果は**図表5－5**で示される通りである。

　経営者報酬の方針の決定に際してもっとも多くの企業に意識されているのは，企業価値であり，次いで株主および経営戦略，僅差で同業他社の報酬水準が続く。この結果は，欧米企業の意識とさほど変わりがなくなりつつあることを意味している。また，今後考慮すべき要素として中長期計画を挙げており，これは自社の報酬制度に戦略性という意味を与える点で注目される結果である。株主に対する意識も高まっているものと考えられるが，配当政策や自社株買いなど具体的な株主の利害との連動性は高いとは言えない。また，経営者報酬コンサルタントに関する方針（経営者報酬コンサルタントの独立性の確保に関する方針等）は，大半の日本企業の経営者報酬の方針の一内容として定められていない。後述するが，報酬委員会の高度化を果たす意味で，経営者報酬コンサルタントの役割は増しており，方針の枠組みにそれを規定すべきである。最後に，経営者報酬の税務上の扱いについての認知度も完全とは言えず，グローバル化が進展するなかで，国際税務の面も考慮しながら経営者報酬をデザインすることが重要である。

(6)　リスク管理

　エンロン事件や世界金融危機の発生の要因として，経営者への過剰なインセンティブ付与が問題視された。本項では，リスクマネジメント分野との連携およびクローバック条項の導入について質問した。回答結果は，**図表5－6**で示される通りである。

　日本においては，経営者報酬額の水準と業績連動型報酬の割合も低いことから，報酬制度とリスクとの関連性についての意識が低いことが窺える。しかしながら，わが国においても経営陣が主導した企業不祥事が発生しており，業績連動型報酬の導入が進展している状況で，クローバック条項やマルス条項の導

第5章　経営者報酬制度の実態調査　127

■ 図表5－5　経営者報酬の決定方針

問24	貴社独自の経営者報酬の方針が設定されていますか。											1. はい	2. いいえ
												88%	12%

問25	報酬の指針を検討した際に，どのような経営要素を考慮しましたか。（複数回答可）												
	1.企業価値	2.株主	3.企業のミッション	4.企業文化	5.企業理念	6.社訓	7.経営戦略	8.同業他社の報酬水準	9.国内の従業員	10.海外の従業員	11.グローバル化の進展（or国際競争の激化）	12.地域社会	13.その他
	67%	58%	31%	15%	27%	2%	65%	60%	34%	6%	15%	4%	13%

問25で，「13. その他」をご選択された方は，具体的な内容をお書きください。

経済情勢など，日系優良企業，海外本社の報酬指針，グローバルに事業展開する国内主要企業の報酬水準，優秀人材の確保

問26	今後，報酬の方針を検討する際に考慮対象とする予定の項目があればお選びください。（複数回答可）			
	1．年次計画	2．中長期計画	3．人事戦略	4．その他
	20%	44%	8%	4%

問26で，「4. その他」をご選択された方は，具体的な内容をお書きください。

経営理念とミッション，当社独自の役員報酬に関わる原則

問27	経営者報酬を決定する際に，株主への利益還元を考慮していますか。			1. はい	2. いいえ
				48%	52%
	問27で，「はい」とお答えの方にお伺いします。過去に経営者報酬制度の設計と関連して株主への利益還元を実施したことがある場合，具体的にどのような利益還元策を実施したのかについてお聞かせ下さい。（複数回答可）				
	1．配当性向を高める	2．自社株買い	3．株式分割	4．その他	
	65%	17%	0%	4%	

問27-1で，「4. その他」をご選択された方は，具体的な内容をお書きください。→増配

問28	経営者報酬コンサルタントに関する方針（経営者報酬コンサルタントの独立性の確保に関する方針等）が経営者報酬の方針の一内容として定められていますか。	1. はい	2. いいえ
		8%	92%

問29	グローバルでは，たとえば，代表取締役社長の場合，基本的に役員（取締役）の報酬と使用人（社長）の給与は区別されることを認識していますか。（日本では代表取締役社長につき，使用人兼務役員の概念は適用されませんが，グローバルな基本概念では，取締役報酬と使用人給与が区分されない場合，クロスボーダー税務上で二重課税等の問題が生じます。たとえば，グローバルでは通常，CEOとは高級管理職である使用人の職務を指します。）	1. はい	2. いいえ
		44%	56%

問30	子会社役員へのストックオプションの対価につき，損金算入していますか。	1. はい	2. いいえ
		36%	64%

問31	1円ストックオプションは，諸外国では税務上で違法または特殊の取扱がされることを認識されていますか。	1. はい	2. いいえ
		62%	38%

出所：筆者作成。

入への検討は必要であると考えられる。

■ 図表5－6　リスク管理

問32	経営者報酬制度を運用するにあたって，リスクマネジメント部門との連携はされていらっしゃいますか。	1．はい	2．いいえ
		33%	67%
問33	クローバック条項に類するような制度の導入を検討されていますか。	1．はい	2．いいえ
		19%	81%

出所：筆者作成。

5.2 機関投資家へのアンケート調査の集計結果とインタビュー調査

5.2.1 機関投資家へのアンケート調査の集計結果

⑴　調査概要

調査概要は以下の通りである。

①　目　的

本アンケート調査の目的は，日本取締役協会による経営者報酬ガイドラインを策定するにあたり，国内外の機関投資家の目線から見た日本企業における経営者報酬制度の現状を確認することにある。アンケート調査は，2012年に引き続いて2回目となり，インタビュー調査は初めての試みである。前回と異なる背景として，今回の調査がコーポレートガバナンス・コードと日本版スチュワードシップ・コードの導入後に実施されたことが挙げられる。機関投資家の経営行動に変化がみられることも予想され，インタビュー調査により，現場の意見を集約することも本調査の重要な目的である。

②　期　間

2016年3月1日から2016年3月31日

③　対　象

スチュワードシップ・コード受け入れ機関201社

④　回収サンプル

20社（本調査回収率約9.95％）

⑤　備　考
　調査は郵送またはメールで依頼され，書面あるいは専用ファイルへ記入された回答を収集した。

⑵　経営者報酬に対する評価
　ここでは，経営者に対する評価の質問を行った。この回答結果は**図表５－７－１**と**図表５－７－２**で示される通りである。
　問１について，調査により集計（回答）企業が異なるためブレはあるものの，前回調査では投資判断として経営者報酬制度を考慮している企業の比率がおよそ44％（９社中４社）であったが，今回の調査ではおよそ63％（19社中12社）と増加している。これによると，機関投資家は日本企業の経営者報酬制度を評価基準の一つに組み込みつつあることを示唆している。問１－１のどのような事項を重視しているかという問いに対しては，経営者報酬の方針，経営者報酬の制度設計，経営者報酬の業績連動性をとくに考慮していることが示されている。これは，適正な方針を設定し，企業価値向上との関連で報酬デザインを構築することが求められるようになっていることを意味する。
　問２によると，報酬委員会またはそれに相当する任意の委員会が存在することを高く評価している機関投資家が多い。これは，わが国企業の経営者報酬制度の高度化を図るうえで，報酬委員会の役割が重要であるとの考えに基づくものであると考えられる。
　問２－１では，予想通りではあるが，独立取締役を社外委員に据えるべきであるとの意見が多い。これは，報酬委員会の独立性を担保する上で，報酬委員会の属性は重要な要素であるとの認識を持つ機関投資家が多いことを意味している。
　問２－２の質問において，これも，予想通り50％以上が望ましいとの回答が多い。少なくても50％以上の社外委員の比率でなければ，独立性を担保できないとの考えによるものであると考えられる。
　問３で，これについては，予想外で「はい」の回答数が低かったが，経営者報酬コンサルタントに対する認識が低いという要因も考えられる。報酬委員会の高度化を図るうえで重要なのは，上記の独立性に加えて専門性も重要な役割を果たす。欧米企業においては，専門性を高めるために経営者報酬コンサルタントが報酬委員会に参画することは珍しいことではない。ただし，それについ

130

図表５－７－１　経営者報酬に対する評価

問1	日本企業への投資判断に際し，経営者報酬の状況を考慮していますか。			1．はい	2．いいえ	
				12	7	
問1-1	問1-1．とくにどのような事項を重視していますか（問1で「はい」と回答した企業のみ）。					
	1．経営者報酬の方針	2．報酬の決定機関	3．経営者報酬の制度設計	4．経営者報酬の水準	5．経営者報酬の業績連動性	6．その他
	6	2	6	4	5	1
問2	報酬委員会またはそれに相当する任意の委員会が存在することをプラスに評価しますか。			1．はい	2．いいえ	
				16	4	
問2-1	報酬委員会またはそれに相当する任意の委員会における，社外委員としてもっとも評価するのはどれですか。					
	1．独立取締役		2．社外監査役		3．社外有識者（学者，弁護士など）	
	16		1		1	
問2-2	報酬委員会に相当する任意の委員会における，社外委員の比率はどの程度であれば適切ですか。					
	1．50％未満		2．50％以上99％以下		3．全員	
	2		14		1	
問3	経営者報酬コンサルタントに関する方針（経営者報酬コンサルタントの独立性の確保に関する方針等）が経営者報酬の方針の一内容として定められていることを重視しますか。			1．はい	2．いいえ	
				6	12	
問4	日本企業において，経営者報酬の決定権限は経営者自身から充分に分離されていると思われますか。			1.はい	2.いいえ	
				0	19	
問5	経営者報酬に株式報酬が組み込まれていることを重視しますか。			1．はい	2．いいえ	
				12	7	
問6	株式保有ガイドラインは必要だと思われますか。（※株式保有ガイドライン：役員に一定の自社株式の保有を推奨・義務づけるもの）			1．はい	2．いいえ	
				7	13	
問7	業績連動性は必要だと思われますか。			1．はい	2．いいえ	
				19	1	

問8	業績連動型報酬は，全社業績にどの程度連動させるべきだと思われますか。					
	1．連動させる必要はない	2．20％未満	3．20％以上40％未満	4．40％以上60％未満	5．60％以上80％未満	6．80％以上
	0	2	3	6	1	2

問9	業績が目標を大きく下回った場合，経営者報酬はどのように変化すべきだと思われますか。				
	1．業績を立て直すためのインセンティブとして増加	2．経営者の裁量外での業績変化であれば変える必要はない	3．報酬体系に組み込まれた範囲で減額	4．報酬を返納する	5．報酬を全額返上する
	0	0	15	1	0

出所：筆者作成。

ては規制も厳しく，たとえば米国においては，経営者報酬コンサルタント等の選定にあたり，報酬委員会は，コンサルタント等の独立性を考慮する必要がある。具体的には，コンサルタント等を雇用する者が，会社に対して提供している他のサービス，コンサルタント等を雇用するものが会社から受け取るコンサルタント報酬等がその雇用主の総収入に占める割合，報酬コンサルタント等と

第5章　経営者報酬制度の実態調査　131

報酬委員会委員との間の事業上または個人的な関係等を考慮しなければならないとされている（証券取引所法10C条(b)(2)，SEC規則　10C-1(b)(4)）[4]。さらに，それについての詳細な情報開示が要請されているのである。

　問4の回答結果は，日本企業の経営者報酬制度に対する投資家の見解として大きな意味を持つものである。つまり，大半のアンケート回答の機関投資家は，経営者のお手盛りにより，報酬が決定されているとの認識を持っているということを意味する。これは，5.1の日本企業における経営者報酬制度の実態調査の問7「経営者報酬の最終的な決定権限が報酬委員会またはそれに代替しうる機関に委譲されていますか」に対しての回答結果についての分析と整合的である。つまり，最終的な決定権限は必ずしも報酬委員会には付与されておらず，経営者自身にある場合も散見されて，報酬委員会またはそれに相当する機関の設置については定着したが，現状では経営者による報酬の自己決定，いわゆる

図表5−7−2　経営者報酬に対する評価

問10　業績連動型報酬の評価対象指標（KPI）は次のうちどれが適切であると思われますか。（複数回答可）

1. 税引き後純利益	2. 1株当たり利益	3. ROE（株主資本利益率）	4. 売上高	5. 営業利益	6. ROA（総資産利益率）	7. 経済付加価値（EVA）	8. TSR（総株主還元率）	9. その他
7	8	13	2	8	4	4	2	4

問10の質問で，「9. その他」をご選択された方は，具体的な内容をお書きください。

- 任期中に企業価値をどれだけ向上させたか
- 絶対値のみならず同業他社，あるいは市場との比較も必要であろう
- 会社，業種により異なる
- 経常利益
- 経営方針に合致したもの

問11　日本企業の経営者報酬の水準についてどのように思われますか。

1. 高い	2. やや高い	3. 妥当	4. やや低い	5. 低い
0	0	6	9	3

問11-1　経営者報酬の報酬水準を妥当なものにするには，どのような報酬要素を変化させることが望ましいと思われますか（複数回答可）。

1.基本報酬	2.業績連動賞与	3.退職慰労金	4.通常型ストックオプション	5.株式報酬型ストックオプション（権利行使価格1円のストックオプション）	6.パフォーマンス・シェア	7.信託型株式報酬プラン	8.有償ストックオプション	9.譲渡制限株	10.中長期キャッシュプラン（評価期間が複数年度の業績連動賞与）	11.自社株購入プラン（現金支給の報酬の一部で自社株を強制購入する制度）	12.その他
4	9	0	4	1	4	2	2	2	5	1	0

出所：筆者作成。

「お手盛り」の危険性は依然として残っていると考えられる。これは，多くのわが国企業では，経営者報酬決定までの過程がブラックボックス化していることを示唆しており，上記の問2の報酬委員会のあり方とも深く関連する。

　問5では，「はい」と回答する機関投資家は12社（63％）と，日本企業に対しても株式報酬の導入の有無が，経営者報酬制度の評価基準になりつつあることを示している。しかしながら，問6の回答結果から，株式保有ガイドラインを必要と考える機関投資家はわずか7社（35％）であった。この数値は一見低いが，これまでの機関投資家が，日本企業の株式保有ガイドラインの設定に対して全く意識がなかったことを考えれば，かなりの変化であると思われる。

　問7において，大半の機関投資家は経営者報酬を企業業績と連動させることの必要性を感じている。実際に機関投資家に対するインタビュー調査でも，日本企業の経営者報酬制度の問題点で，業績連動性が低いことが問題と指摘するケースが多かった。

　問8の回答結果から，業績連動型報酬は必要であるとの意識は共通ではあるが，企業業績との連動の割合については回答が分散している。40％以上60％未満の連動比率がもっとも多い。

　問9の結果から，経営者の業績が，目標値を下回った場合には，報酬額が減額する仕組みを報酬制度に担保することが望ましいことを示唆している。

　問10は，短期インセンティブ（年次賞与）と長期インセンティブを含めた業績連動型報酬全般の評価対象指標（KPI）についての質問である。近年のトレンドとしてROEを評価対象指標として挙げる機関投資家が多く，その他では，税引き後純利益，営業利益，一株当たり利益等の会計利益が多い。欧米企業は，ROEをKPIとして，日本ほどには重要視しておらず，これは機関投資家の欧米企業に対する評価基準の違いに起因しているのかもしれない。また，TSRと回答している機関投資家も2社あり，今後，日本企業のTSR採用への意識が高まる可能性もある。

　問11と問11-1の回答結果から，多くの機関投資家は，日本企業の経営者報酬の水準が低いと感じている。また，報酬水準を妥当なものにする上で，業績連動賞与を変化させることを希望している回答がもっとも多かった。株式報酬の変化についても，その手法は様々であるが多くの機関投資家は見直しが必要であると考えているように思われる。

第5章　経営者報酬制度の実態調査　133

(3)　情報の開示とリスク管理

本質問項目では，情報の開示とリスク管理について質問をしている。回答結果は**図表5－8**で示す通りである。

大半の機関投資家の開示内容についての評価は低い。これは，後述するが，5.1の日本企業における経営者報酬制度の実態調査の結果と大きく乖離している。充実すべき開示内容として，経営者報酬の方針・基本的な考え方が挙げられている。これは，経営者報酬が企業価値向上のために自社の戦略とどのよう

■ 図表5－8　経営者報酬に対する評価(3)

問12	日本企業の経営者報酬に関する開示内容は十分であると思われますか。			1．はい	2．いいえ
				2	17

問12-2	具体的には，とくにどのような内容について開示内容を充実させる必要があると思われますか。				
	1．経営者報酬の方針・基本的な考え方	2．報酬構成要素の構成割合	3．業績連動賞与の連動対象指標	4．業績連動賞与の業績目標値	5．業績連動賞与の業績の実績値
	7	2	2	0	2
	6．業績連動賞与の支給変動幅	7．株式保有ガイドライン	8．報酬水準の決定方法	9．報酬（諮問）委員会設置の有無	10．報酬（諮問）委員会の構成メンバー
	1	0	1	0	0
	11．報酬委員会の独立取締役の資質	12．報酬委員会への教育システム	13．報酬（諮問）委員会における審議内容	14．クローバック	15．退職慰労金
	0	0	0	0	0
	16．顧問相談役報酬など役員退任後の報酬	17．その他			
	1	0			

問13	経営者報酬の個別開示は必要であると思われますか。	1．はい	2．いいえ
		9	10
問14	顧問相談役の報酬は開示すべきだと思われますか。	1．はい	2．いいえ
		14	5
問15	インセンティブの詳細開示（指標，支給公式，支給レンジ）は必要だと思われますか。	1．はい	2．いいえ
		17	1
問16	賞与に上限を設定すべきだと思われますか。	1．はい	2．いいえ
		5	12
問17	報酬決定プロセスにおいてリスクマネジメント部門は関与すべきだと思われますか。	1．はい	2．いいえ
		11	6
問18	日本においても，Say on Payを実施することが必要であると思われますか。（※Say on Pay：株主総会で経営者報酬について法的拘束力のないアドバイザリー投票を行うこと）	1．はい	2．いいえ
		7	12
問19	日本においても，クローバック（条項）は必要だと思われますか。	1．はい	2．いいえ
		6	12

出所：筆者作成。

にリンクしているのかを機関投資家は把握しておきたいのかもしれない。さらに，報酬構成要素の構成割合，業績連動賞与の連動対象指標，業績連動賞与の業績目標値，報酬水準の決定方法等の報酬デザインに関する情報の開示が望まれている。これも，上記と同様に企業価値向上に寄与するか否か，自社の短中長期計画とリンクしているかを評価する上で，重要な要素であるからである。

　問13について，この質問項目については，意見がほぼ半々に分かれている。しかしながら，以前より個別開示に対する関心は高まっており，将来的に個別開示が一般化すると考えられる。機関投資家へのインタビュー調査においても，日本の企業風土や経営者報酬の額の低さから，個別開示は必要ではないとの意見も一部あったが，近年は個別開示を求めることについて抵抗感は下がってきている。

　問14の調査結果からも，顧問相談役に対する機関投資家からの批判は高まっている。上記の個別開示の質問項目と比較しても，ほとんどの機関投資家は開示すべきであるとの意見である。

　問15によると，インセンティブの詳細開示（指標，支給公式，支給レンジ）についての開示の要請が強いことは明らかである。この結果は，日本の機関投資家の経営者報酬に対する意識が高まっており，具体的な報酬の中身について企業価値向上との関連で評価をしようとする姿勢の表れであると考えられる。

　問16から，この結果も，機関投資家の意識が徐々に変わりつつあることを示すものである。つまり，高業績を実現させた経営者に対しての高額報酬は許容されることを意味している。

　リスク管理についての問17の回答結果から，近年，企業を揺るがすような様々なリスクが露呈していることから，経営者報酬制度の設計にあたっては自社のリスクマネジメント部門との連携を図ることが必要であると機関投資家が考えていることを示している。

　問18の回答結果から，Say on Payについては，日本の機関投資家はその中身と実態について情報があまりないように思われる。また，日本の株主の権利は欧米ほど弱くはないという意見もあり，このような結果になっていると考えられる。

　問18の質問と関連して，問19の回答結果についてもSay on Payと同様である。ただし，インタビュー調査においては，ほとんどの機関投資家がクローバック（条項）は必要であると回答しており，その導入への要望が今後高まる

第5章　経営者報酬制度の実態調査　135

ことが予想される。

⑷　経営者報酬の課題

　本項では，機関投資家に対して経営者の課題について質問した。回答結果は，**図表5－9**の通りである。

　問20の回答結果より，多くの機関投資家は日本企業の経営者報酬制度について，高く評価していない。「評価できる」はゼロで，「あまり評価できない」と回答している機関投資家数がもっとも多い。しかしながら，「やや評価できる」が1社であった前回調査と比較すると（「評価できる」はゼロ），「やや評価できる」は5社となり，幾分か経営者報酬制度の質が向上していることを示唆しているのかもしれない。

　問21より，過去3年の経営者報酬制度の変化については「やや良くなった」の回答がもっとも多かった。これは日本企業の経営者報酬制度への意識が高

図表5－9　経営者報酬の課題

問20	日本企業の経営者報酬制度に対してどのような評価を与えることができますか。				
	1．評価できる	2．やや評価できる	3．あまり評価できない	4．全く評価できない	5．どちらでもない
	0	5	7	0	7
問21	過去3年で日本企業の経営者報酬制度はどのように変化したと思われますか。				
	1．良くなった	2．やや良くなった	3．変化していない	4．やや悪くなった	5．悪くなった
	0	13	6	0	0

問22	会社法の施行によりストックオプションを役員報酬として支給することができるようになりました。このような変化に伴い，経営者報酬に対して株主の意思が反映されるような制度が実現されたと思われますか。		1．はい	2．いいえ
			8	11
問23	日本企業の経営者報酬制度に関して，問題点があると思われますか。		1．はい	2．いいえ
			18	2

問24	次のどの項目を問題点であるとお考えですか。					
	1．経営者報酬の方針	2．報酬の決定機関	3．経営者報酬の制度設計	4．経営者報酬の水準	5．経営者報酬の業績連動性	6．その他
	7	5	8	7	7	1
	問24の質問で，「6．その他」をご選択された方は，具体的な内容をお書きください。					
	・経営者のストックオプションが乱発されると既存株主の価値が希薄する。 ・もしストックオプションを利用するのであれば，一定期間（5年程度）権利行使が出来ない。 ・行使価格を1円ではなく，発行時の株価等にプレミアムをつける事が望ましい。しかし日本の経営者は資本政策の理解が低いので，単純に制度を作っているにすぎない。					

問25	投資の際に，経営者報酬制度に問題があると感じた場合の投資行動は下記のどれに相当しますか。		
	1．投資対象から外す	2．投資対象から外すこともある	3．投資行動には影響がない
	0	12	7

出所：筆者作成。

まって，その改革を進めてきていることの反映であると考えられる。

　問22から問24の回答結果より，徐々にではあるが，わが国企業の経営者報酬制度の質が高まってきていることを認めながらも，多くの機関投資家は，日本企業の経営者報酬制度に関して，なおも多くの問題点があると考えている。これは機関投資家が以前より経営者報酬制度に対しての評価を厳密に行っていることを意味している。また指摘された問題点として，経営者報酬の制度設計がもっとも多く，経営者報酬の業績連動性，経営者報酬の水準が続いており，報酬デザインについて多くの改善点があることを示している。また，報酬の決定機関についても，問題視している機関投資家が多く，これは報酬委員会の高度化により改善されるものである。

　問25の結果は，経営者報酬制度が投資の対象とするか否かの評価基準として重要な要素になっていることを意味する。

5.3 国内外機関投資家へのインタビュー調査報告の結果から

　日本取締役協会では日本企業の成長や株式市場の活性化を促す経営者報酬ガイドラインを作成するにあたり，現状を再確認するため，2016年の5月から9月にかけて国内外機関投資家13社（国内機関投資家8社，海外機関投資家5社）に対するインタビュー調査を行った。経営者報酬に関する質問項目は下記のとおりである。しかしながら，日本企業の経営者報酬制度についてはその仕組みが成熟化しておらず，欧米企業と比較しても詳細な開示がなされていない点と報酬額そのものの低さから欧米企業ほど問題視されていない点で，以下の質問についてそれぞれの機関投資家から得られた回答内容にばらつきがあり，整理することは非常に困難であった。

　しかしながら，国内外の機関投資家の日本企業の経営者報酬に対する関心は確実に高まっていることを確認することができた。これまでは日本企業の経営者報酬については欧米と比較すると報酬額も低いということもあり意識されることもなく，議決権行使の枠組みの中で評価されることが多かった。しかしながら今回のインタビュー調査を通じて彼らの多くは経営者報酬そのものをコーポレートガバナンスの重要な要素として捉えており，そのあり方について双方で議論を深めることができた。具体的にはほぼ全ての国内外機関投資家は，中

長期的な企業価値向上へとつながるための報酬体系の構築と独立性が高い報酬委員会の設置を要請している。とくに海外機関投資家の経営者報酬への意識はきわめて高く，現実に彼らは日本の株式市場に大きな影響を与えていることを鑑みると，今後わが国企業の経営者報酬制度をさらに変容させる可能性が高いと考えられる。

　質問内容は主に以下の通りである。

　＊日本企業の経営者報酬制度について
　　•日本企業への投資判断と経営者報酬の状況
　　•日本企業の経営者報酬の決定機関について
　　•経営者報酬と独立社外取締役の役割
　　•日本企業の経営者報酬の決定プロセスについて
　　•日本企業の経営者報酬の設計について
　　•日本企業の経営者報酬に関する情報開示について
　　•セイオンペイならびにクローバック（条項）の必要性
　　•日本企業の経営者報酬制度の問題点と改善点
　＊日本版スチュワードシップと経営者報酬制度との関連について

　以上のようなインタビュー調査の内容から日本企業の経営者報酬制度に対する意見を以下の6つに集約することができた。

　最初に，自社の経営者報酬制度についての方針を持っている企業が少数であるとの不満がある。つまり経営者報酬制度をコーポレートガバナンスの重要な要素として認識しておらず，経営者報酬制度に対しての自社の哲学が明示されていない。おそらく，それは経営者報酬額の水準の低さに起因するものであろうが，欧米においては経営者報酬制度とコーポレートガバナンスの両者は報酬ガバナンスと捉えられており，報酬額の多寡にかかわらず経営者報酬制度はコーポレートガバナンスの重要な機能であると考えられている。そのような意識が日本企業には希薄であるとの認識である。

　次に，経営者報酬制度と短中長期的な企業価値向上とのリンクが不十分であることが挙げられる。つまり自社の経営者報酬制度が，具体的にどのような根拠により経営者へのインセンティブを強めて企業価値を向上させるのか，短中長期の企業価値向上のための自社の戦略と整合性がとれているか等の問題であ

る。結果的に，コーポレート・ガバナンス報告書などで開示される内容が画一的であり独自性が感じられないとの意見も多かった。つまり企業価値創造とリンクしたストーリー性が経営者報酬のデザインに組み込まれることが求められているのである。

第三に，上記との関連で，経営者報酬と企業業績との連動性が低いことを，多くの機関投資家は問題視していた。これは，総報酬額に占める固定報酬額の割合の高さと業績連動部分の割合の低さにつながっており，具体的には長期インセンティブとして株式報酬の割合をさらに高めるべきであるとの意見が多かった。

第四に，日本企業の報酬水準は低いとの意見である。大半の機関投資家は，少なくとも上場企業の代表取締役の報酬が1億円を超えることに違和感を覚えることはないと考えている。企業目標を達成した経営者であるならば，それに相当する報酬額を支給すべきであり，そのためには上述したように，報酬と企業業績との連動性を強めて，経営者への動機づけを高めるような最適なインセンティブを付与する報酬デザインを構築する必要がある。その代わり，企業目標を達成できない場合には，報酬額を減額するような結果責任を負わせるような仕組みも組み込むべきであるとの見解を持つ機関投資家は多かった。

第五に，経営者報酬制度に関しての情報開示の質の低さである。具体的に，これは上記の点とも関連するが，経営者報酬制度の方針が明らかにされておらず，企業価値向上のための報酬設計や決定プロセスの開示について十分な開示がなされていないとの意見が多かった。また，個別開示については，開示すべきであるとの意見と開示する必要はないとの意見でおよそ半々に分かれた。アンケート調査においても，回答企業19社のうち17社は日本企業の経営者報酬制度についての情報開示は不十分であるとの認識であり，日本企業はその情報開示の質を高めることに力を注ぐべきである。

◉注

1　松尾（2005），2頁。
2　同上，2頁。
3　同上，2頁。
4　一般財団法人比較法研究センター（2015），16頁。

第 | 6 | 章

日本企業の経営者報酬制度の
あり方の方向性

　本章では日本企業の経営者報酬制度のあり方の方向性について，報酬デザインの高度化と報酬ガバナンスの確立という観点から検討する。経営者報酬制度のあり方は，コーポレートガバナンスの枠組みにおける内部コントロールの有効性を確保する点において，企業価値の持続的成長の観点からも，きわめて重要な問題である。報酬デザインの高度化は，経営者に最適なインセンティブを付与することによって企業価値を向上させることであり，報酬ガバナンスは，総合的な報酬制度を管理する枠組みのことである。第4章で述べたように，わが国においても内部組織とコーポレートガバナンスが部分的に変容してきており，従来までの経営者報酬制度は均衡点から乖離しつつある。また，わが国政府も，ROE等の資本効率の低さが経営者のリスクテイキングの度合いの低さにあることを指摘しながら，経営者報酬制度の改革を法規制と税制の面から推進している。このような背景から，わが国の経営者報酬制度を規定してきた変数が変化しており，米国とドイツの事例分析から，業績連動型報酬の割合が高まり，とくに株式報酬を主体とした長期インセンティブ報酬の導入が増加することを指摘した。現実に，わが国の経営者報酬制度は変容を遂げつつある。

　しかしながら，なおも日本の経営者報酬制度には，多くの問題点があると考えられる。経営者報酬制度を変更している企業は増加したが，実態調査により，企業側と機関投資家の間に報酬制度についての大きな認識の違いがいくつか見られた。そこで，実態調査をもとに浮き彫りにした問題点を以下に整理した。

①　経営者報酬の個別分配については，取締役会が代表取締役に一任することが多く報酬決定プロセスが不明確である。そのため，代表取締役自身が自ら

の報酬決定を行うことによる利益相反を完全には排除できない。

② 報酬委員会で代表される経営者報酬を決定する機関の独立性は担保されておらず，専門性も低い。

③ 総報酬額に占める固定報酬の割合はなおも高く，報酬デザインに戦略性がみられない。

④ 上記と関連して，業績と報酬の連動性は低く，とくに株式報酬を主体とした長期インセンティブの部分の整備が遅れている。

⑤ 社長を経て会長を務め，退任後に顧問や相談役への就任まで含め，単年度報酬は低いが，かなり長期間の処遇となっている日本企業のケースが多く，この点について情報開示がされていない。

⑥ 日本企業の経営者報酬制度に関する情報開示の質は低く，投資家に対して業績と経営者報酬の関係について納得しうる材料を提供していない。

このように，日本企業の経営者報酬制度には多くの改善の余地が残されていると考えられる。

そこで，本章では，日本取締役協会の「経営者報酬ガイドライン（第四版）（以下「ガイドライン」という）」と同協会によって実施された経営者報酬の実態調査ならびに欧米企業の報酬デザインと報酬ガバナンスをもとに日本企業の経営者報酬制度のあり方の方向性について検討する。そして，第4章に引き続いて，欧米企業の中でも米国とドイツの事例と比較する。報酬ガバナンスは，①報酬委員会，②情報開示，③リスク管理の3つの要素から構成されて，相互に密接な関係にある。①については，報酬デザインの構築と検証の高度化が求められる。報酬デザインの考え方として，企業業績との連動性を一層高めることが必要になってくる。とくにAnthony and Govindarajan（1998）が主張するように，本社のCEOについては，全社業績と関連付けたKPIを使用することが適切である。年次賞与や長期インセンティブの部分を，自社の短中長期の経営計画や戦略と整合性を保たせることにより，経営者に適切な動機づけをもたらすような報酬ポートフォリオをデザインすることが必要である。

6.1 経営者報酬制度の変革の必要性

上記で，実態調査から導き出された問題点を整理した。つまり，現状の経営

者報酬制度は，企業価値の向上に寄与しておらず，内部ガバナンスのコントロールメカニズムとしての機能を果たすような段階に達していないということである。もっとも大きな問題は，日本企業の経営者のリスク回避度の高さを是正することである。これが，日本企業の低い利益率の大きな要因であることはよく指摘されている。経営者に企業家精神の発展に資するようなインセンティブを付与することによって，リスクテイキングの度合いを高めることは企業価値の向上に寄与すると考えられる。

以上の点について，中野（2016）が，日本企業の「低収益性」の要因として，「低リスク」というもう一つの特性について指摘していることは既に述べた。

野間（2015）は実証分析を通じて，①未積立の企業年金が大きい企業ほど，リスクテイクに消極的であること，②未積立の企業年金が大きい企業ほど，R&D投資を削減することを通じて損失の計上を回避することの2点を明らかにしている。つまり，日本の経営者は，企業と長期的関係を構築している従業員の利害あるいは持分を守るために，リスク回避的行動をとっている。また，R&D投資の削減という一見すると近視眼的な行動をその目的のために日本企業は選択している。つまり，日本企業は長期志向であるがゆえに，リスク回避的であり，また一見矛盾するような近視眼的行動をとると説明している。

日本企業のリスクテイキングの程度の低さについて，Ikeda *et al.*（2016）は，Graham *et al.*（2013）を参考に，日本企業の投資水準やリスクテイキングに対して経営者の楽観度やリスク回避性向が影響を与えていることを明らかにしている。そして，日本企業のサーベイデータとGraham *et al.*（2013）のデータを結合して分析し，各国の平均的な経営者の楽観度やリスク回避度が国別の企業の投資行動に影響を与えていることを提示している。興味深いのは，全世界2,700社の平均の楽観度指数が16.9であったのに対して，日本企業195社の平均は11.3であり，分析対象国の中でもっとも低かったことである。さらに，経営者の楽観度が平均的に高い国の企業は，投資水準を増加させて，リスクテイキングを高めていることを発見している。逆の言い方をすれば，わが国企業の経営者は悲観的であり，リスク回避性が高いことを意味している。

また，蟻川ら（2017）は，日本企業の低収益・低株価要因のうち，コーポレートガバナンス要因や雇用制度要因で説明できなかった部分を，少なくとも一部は，日本の経営幹部の相対的に見て悲観的な態度で説明できる可能性を示唆している。

境（2018a，2018b）は，Fehr and Schmidt（1999）に従って社会的選好を定式化した大洞（2006）に依拠して，不平等回避（Inequity Aversion）の程度が高い経営者，つまり協調的・寛容的な行動をとる傾向が強いわが国企業経営者から高水準の努力を引き出すためには，強いインセンティブを付与する業績連動型の報酬デザインを提示しなければならないことを明らかにしている。

このように，日本企業の低収益性が経営者のリスク回避度の高さに起因していることを示す研究結果もいくつか出てきている。この問題を解決する上で，内部ガバナンスのコントロールメカニズムとしての経営者報酬制度はきわめて重要な役割を果たすと考えられる。

6.2 | 報酬デザインのあり方

阿部（2001）によると，経営者報酬とは企業のミッションや目標の実現に向けて経営戦略を推進していく上で，企業が持ちうる自由度の1つである。企業の報酬デザインは，その企業が事業推進上，何を重要な指標とし，何を達成しようとしているのかを表すものであり，その企業が目指す経営戦略を報酬という側面から翻訳したものである[1]。したがって，経営者報酬をデザインする際には，報酬方針に照らし合わせて，自社の短中長期計画と経営戦略との整合性を保つ必要性がある。つまり，同業他社を真似て，形式的に報酬デザインを設計するのではなく，デザインの中に自社の針路が包括されていることが重要である。さらに，それらを情報開示することによって，株主を含むステークホルダーの理解を得ることが必要である。米国と欧州においては，経営者報酬のデザインと報酬決定の評価算出式（フォーミュラ）等が開示されており，その中に自社の方向性を見出すことができるのである。

その際に重要になるのが，どのKPIを採用するかの問題である。報酬デザインを機能させるためには，各企業の戦略を反映したKPIが採用されるべきである。そして，効果的に報酬デザインを機能させるためには，松尾（2012）によると「業績評価」を測定するKPIが，以下の条件を満たしていることが必要である[2]。

① 経営者のコントロール外の事由によって影響される程度が低い。
② 株主としての利益を適切に反映している。

③　株主にとって客観的に観察および検証可能であり，経営者による恣意的な操作の余地が少ない。

①については既に述べたが，採用されるKPIが，経営者のコントロール外の要因によって影響される程度が大きければ，経営者へ適切な動機づけを促すことは困難になる。つまり，経営者は当該KPIが高まることを運に委ねて，積極的に自ら行動を起こそうとはしない可能性も考えられる。

②は，株主利益を適切に反映するKPIを採用しなければ，経営者がKPIを改善させることに努力しても，それが株主の利益とリンクしない可能性が高まる。

③は，「業績」を測定するKPIが，株主から客観的に観察および検証可能でなく，経営者による恣意的な操作の余地が大きいものであれば，経営者が，当該KPIを真に向上させるのではなく，恣意的な操作によって当該KPIを一時的または表面的に向上させる方向に向かってしまうおそれがある[3]。これは，経営者の利益調整行動（Earnings Management）を促すかもしれない。

つまり，Holmstrom（1979, 82）が主張したように，事後的なパフォーマンスが経営者の努力水準を示す十分統計量であることが，経営者報酬を企業業績に連動させる際に重要であり，経営者の努力水準を示すKPIの選択が企業戦略と整合性のある形で行われる必要がある。

ここで注意すべきは，すべての企業に適用しうる報酬デザインの最適解は存在しないということである。報酬デザインは，各企業の短中長期経営計画，経営戦略，成長ステージ，企業規模，産業の特性，グローバル化の度合い，企業ミッション，企業文化等の多くの要因が反映されているからである。以上のことをふまえて，本章では多くの企業に適用可能な汎用性が高い報酬デザインのあり方の方向性について考察する。本節では，報酬デザインの要素の中でも，業績連動型報酬である短期インセンティブとしての年次賞与と長期インセンティブに焦点を絞り検討する。

6.2.1　年次賞与（短期インセンティブ）

⑴　年次賞与のデザイン

短期インセンティブである年次賞与は，単年度事業計画や戦略目標の達成に対するインセンティブを与えるものとして重要な役割を果たす。CEOだけではなく，経営幹部に考察の対象を広げると，一般的に年次賞与の水準は，全社

| 図表６－１ | 年次賞与に対する一般要件 |

合理性・合目的性	経営計画の達成，もしくは企業価値の増大を動機づけるものであること
客観性・透明性	財務指標等の定量的な指標を採用しており，支給額を検証可能なこと
実効性	・仕組みがシンプルで理解が容易であること ・経営者にとってコントロール可能な要素により評価すること ・実現可能なものであること ・水準や固定報酬に対する割合が一定以上あること ・支給額が十分に変動するものであること
説明可能性	・支給に関する条件等が事前に定められて，経営者にシェアされていること ・支給額決定に関する情報が経営者とシェアされていること

出所：タワーズペリン（編）（2008），15頁。

業績・担当事業業績・個人業績の結果を反映して決定される。そのうち個人業績については非財務的な評価が求められることが多いため，上長の裁量をもって評価・支給水準が決定されるが，全社業績・担当事業業績部分については，財務目標の達成度に応じて評価・支給水準が算出される[4]。とくに経営者に対する年次賞与には，株主や投資家への合理的な説明ができるかという観点と，経営者のインセンティブとして機能しているかどうかという観点の双方からデザインしていく必要があり[5]，双方の観点をふまえ，一般的な要件を整理すると**図表６－１**のように示される。

　年次賞与について，設計のアプローチの相違により，ターゲット型モデルとプロフィット型賞与モデルの２つが主に採用されている。第２章で既に述べたが，ターゲット型モデルは，財務指標を主たるKPIとし，事業目標に対する達成度に応じ，支給額に変動させる公式を，当該会計年度に設定し，期末に当該公式によって計算された額を支給する[6]（**図表６－２参照**）。プロフィット型賞与モデルは利益に一定の比率を乗じた額を賞与の原資として，当該原資を分配するモデルである。

　日本においては，一般的な経営者の年次賞与（業績連動賞与）は，業績が良くても年次インセンティブは総報酬額の25〜30％程度で，上限の可能性も限られている。KPIも不明確で，定められた報酬決定の評価算出式によって支給額が決定されるわけではない。実態調査で示されたように，KPIの結果を勘案し

第6章 日本企業の経営者報酬制度のあり方の方向性　145

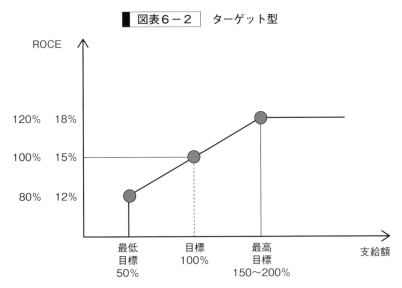

図表6－2　ターゲット型

出所：ペイ・ガバナンス資料より筆者が加筆・修正。

てはいるが，その業績連動度は低く，裁量や定性評価を中心としながら，期末に支給額は決定されている。阿部（2014）によると，「日本では高額ボーナスはインセンティブにならない」との意見もあるが，一方，現行の報酬制度は長期に在籍することで結果として累積的に報酬を獲得させ，アカウンタビリティが不明確な報酬体系となっていることも事実である。株式報酬の導入が進展する中で，短期インセンティブとしての年次賞与は経営者の短期目標を達成するための行動を促す意味で重要な役割を果たす。これは，行動エージェンシー理論の観点からも指摘されており，株式報酬主体の長期インセンティブは，将来への不確実性や将来キャッシュフローの時間価値等の要因により，経営者のモチベーションを短期的に高めるようには作用しない。長期インセンティブはあくまで長期的な観点からのものであり，短期的な観点から，経営者のモチベーションを高めるためには，年次賞与の機能が必要になる。このようなことから，年次賞与を高度化し，変化の激しい経営環境下において株主の負っているダウンサイドの投資リスクと同等のリスクを経営者も負い，また業績が向上した際に株主が獲得できる利益も，経営者が享受できるような，株主・経営者の双方にとってのWin-Win関係を構築する必要がある。同時に，目標の設定・評価のプロセスを報酬委員会が厳密に検証することにより，過度なリスクテイキン

グや会計不正等の年次インセンティブの負の部分への対応も強化することが重要である。

(2) 米国とドイツの年次賞与とKPIの選択

報酬をデザインする上で,非常に重要なのはKPIの設定である。なぜならば,KPIを企業の短中長期経営計画や企業目標と深く結びつけて,戦略そのものをKPIに反映させることは,企業価値の向上に大きく寄与するからである。つまり,適切なKPIを選択することによって,最適なインセンティブを経営者に付与することができれば企業価値の向上につながるだろうし,これを誤れば逆に企業価値の大幅な毀損をもたらす可能性もある。本項では,米国とドイツを参考にしながら,年次賞与のKPIについて検討する。

最初に,米国においては,明確なKPIに基づいた年次賞与の設計が一般的である。米国では,企業ごとに業績達成の基準が異なることを反映し,様々なKPIが使用されている。米国企業で採用されている年次賞与のKPIとその採用数の割合を**図表6-3**で示した。これによると,利益／1株利益,フリーキャッシュフロー,効率指標,売上等がKPIとして採用されており,KPIの達成度に応じて支給額が決定されることが多い[7]。図表には示されていないが,非財務的なKPIも存在し,定性的な目標も併せて設定されており,これはドイ

図表6-3 米国企業で採用されている年次賞与のKPIとその採用数の割合

採用されている指標	%
利益／1株当たり利益	73%
フリーキャッシュフロー	45%
効率指標(ROIC/ROC/RONA)	25%
売上	16%
EVA等	12%

採用する指標数	%
1	20%
2	33%
3	24%
4以上	24%

出所:ペイ・ガバナンス調査(2015年度米国上場製造企業売上高上位200社の調査)。

ツにおいても同様である。

　また，多くの企業では１～４個のKPIが年次賞与に組み込まれており，単独指標の採用は少数となっている。ただし，これは主に財務的KPIの場合に限定される。米国において，戦略的な観点から財務的KPIに加えて３個から５個の短期経営計画や戦略性と整合性のある非財務的なKPIが導入されている。しかしながら，10個を超えるようなKPIは採用されることはなく，とくに財務的KPIについては上記のように絞られている。なぜならば，多くの財務的KPIを用いると，目標値が多くなるため，経営者の集中度が分散し，望むような結果が出ない可能性が高くなるからである。経営者が自社の目標を達成するうえで，もっとも関連度が強い財務的KPIに絞り込むことが重要である。

　採用されている指標については，利益／１株当たり利益がもっとも多く，次いでフリーキャッシュフロー，効率指標の順になっている。これは，財務数値を採用することによって，支給額の検証を容易にする意図が含まれていると考えられる。Pay Governance LLCの2015年の調査によると，使用されている利益は営業利益とEBITDA（Earnings before interest, taxes, depreciation and amortization：利払い税引き償却前利益）およびNon-GAAP metrics（非GAAP指標）であるNon-GAAP営業利益が用いられているケースが多い。この理由として，それらは本業の収益性をみる指標として最適であり，経営者による恣意的な操作が困難であるからである。そしてNon-GAAP metrics（非GAAP指標）が使用される理由は，年次インセンティブの連動対象指標として，GAAP/IFRSに基づいて算出された利益基準の数値を調整した指標を用いることで，経営陣が年次の結果に対し公平に報われるようにするためである。調整後の利益基準は「adjusted」利益（調整後利益），「core」利益（中核利益）などと呼ばれる。さらに１株当たり利益（EPS）もよく使用されており，これは米国企業の株主重視の姿勢を表していると考えられる。また，注目すべきは効率性指標において，ROIC（投下資本利益率），ROC（資本利益率），RONA（純資産利益率）が採用されており，ROEとROAが主な指標として採用されていない点である。とくに，ROIC（投下資本利益率）は多くの企業で採用されており，この理由としてROICは，事業そのものの収益力を計測することができるという考えがあるからである。ドイツにおいてもROICと同じ意味を持つROCEが多くの企業で採用されている。

　次に，ドイツの年次賞与も，制度の詳細な説明が規制化され，現在では，米

148

■ 図表６－４ ドイツDAX30社で採用されている年次賞与のKPIと財務的KPI数

採用されている主な指標	採用企業数
定性的目標	21社
ROEC	7社
フリーキャッシュフロー	7社
純利益（成長率も含む）	7社
EBIT	6社
売上高（成長率も含む）	6社
営業利益	5社
EPS	4社
EBITDA	4社

採用されている財務的KPI数	採用している企業数
1	11社
2	12社
3	6社

出所：DAX30社の2018年度（28社），2017年度（２社）のアニュアルレポート，統合報告書，ホームページより筆者作成。

国とほぼ同様のデザインとなっている。**図表６－４**で示されるように，ドイツ企業のKPIは，財務指標に加えて定性的目標が主体となっている。定性的目標として，自社の企業戦略と整合性がある個人目標かつ組織目標達成への貢献度さらにはESG的な指標が挙げられる。これらは，自動車会社であれば，車の生産台数の目標値や品質の基準（不良率等）で表される。例えばBMWの場合には財務指標であるEBITに加えて，製品品質がKPIの中に含まれる。同社の場合には，その他にも経営陣に占める女性の割合等のダイバーシティや従業員満足度もKPIとして用いられている。また，ミュンヘン再保険も，KPIとしてESGや従業員満足度を使用しており，ドイツの年次賞与の決定に非財務的なKPIは米国よりも大きな役割を果たしている。これは，米国型の株主重視のコーポレートガバナンスとステークホルダー重視のコーポレートガバナンスの違いに起因していると考えられる。ドイツにおいては，上記のように定性的目標がもっとも多く使用されるKPIであり，次にROCEやフリーキャッシュフロー等の利益指標も高い頻度で採用されている。

　効率性としては，ROCEが多くの企業で採用されており，これは米国企業で

採用されているROICと同じ意味を持つKPIである。そして米国同様，ROE，ROA，EVA等のKPIを採用している企業はきわめて少ない。BASFは2018年度の年次賞与のKPIとしてROEの代わりにROCEを使用することになった。

また，**図表6－4**で示されている採用KPI数について，ドイツの非財務的KPIは企業によって性質が大幅に異なるため，財務的KPIを対象とする。DAX30社が採用する財務的KPIの数は，2個が12社ともっとも多く，4個以上を採用している企業は見られなかった。Götz and Friese（2013）によると，DAX（ドイツ株価指数）とMDAX（ドイツ中型株指数）に上場している企業の年次賞与の決定で使用される平均KPI数は2.6となっている。これは米国同様KPIを絞ることによって，経営者の目標設定を容易にする点で効果があると考えられる。

⑶　年次賞与のKPI

前項まで米国とドイツ企業の年次賞与のKPIについて考察した。効果的な経営者報酬制度を設計するためには，経営者を評価するためのKPIを何にするかがきわめて重要になる。さらに，戦略性と一致したKPIを採用することが企業価値の向上に寄与すると考えられる。年次賞与の場合に，米国とドイツは，会計利益をベースにしたKPIを主に採用していた。理由としては，経営者の短期的な成果を評価する必要がある点と，短期的な業績向上のための努力を引き出すためである。Scott（2011）は，経営者の短期的な努力を引き出すためには，会計利益にもとづく部分を増やすほうがよいと主張している。また，第2章で指摘したように会計利益と業績との関係においても，業績感応度が高いという多くの研究結果がある。以上のような研究結果は，米国とドイツの大企業が年次賞与のKPIについて会計利益を用いている状況と整合性があり，年次賞与を設計する場合には会計利益を主体としたKPIを採用すべきである。

しかしながら，会計利益をKPIとすることにより，経営者は長期的利益の向上への優先度を低下させてしまう可能性が高まる（Rappaport, 1978: Smith and Watts, 1982: Anthony and Govindarajan, 1998）。つまり，投資の意思決定において経営者は，短期的には当期利益を減少させるが正味現在価値が高いプロジェクトよりも，正味現在価値は低いが当期利益を維持させるプロジェクトを選択する可能性が高まり，正味現在価値が高いプロジェクトを選好する株主との間にコンフリクトが発生するかもしれない[8]。

また，経営者報酬が会計上の報告利益をKPIとして決められると，経営者は機会主義的に利益を調整することによって報酬を増加させるインセンティブを有している，という報酬契約仮説が提唱されている。ただし，経営者報酬が報告利益の増加関数であっても，報告利益がある水準以上あるいはある水準以下のとき経営者報酬が一定であるならば，経営者は将来の報酬を増大させるために，当期の報告利益を減らす誘因をもつ[9]。つまり，経営者の利益調整行動（Earnings Management）である。首藤（2010a）によると，利益調整とは，一般に認められた会計基準の範囲内において，何らかの特定の目的を達成するために，経営者によって行われる会計数値を対象とした裁量行動である[10]。これは会計手続選択の変更のみを意味するのではなく，会計上の見積りや認識のタイミングといった調整も含まれるが，このような利益調整はGAAP（Generally Accepted Accounting Principles：一般に認められた会計原則）の範囲内で行われる裁量的な会計行動であり，粉飾決算や不正会計とは異なる。浅野・古市（2015）によると，利益調整の手法は様々であり，その定義や範囲も論者によって異なるが，報告利益の増減に着目すると，利益増加型，利益減少型，利益平準化型の3通りに大別される。利益増加型とは，文字通り，利益を捻出あるいは費用を圧縮して当期の報告利益を増加させることをいう。たとえば，売上を前倒しで計上する，市場価格以外の公正価値を高めに見積ることにより評価益を多く（または評価損を少なく）計上する，減損損失や引当金を遅めに（少なめに）認識する等が挙げられる。他方，利益減少型とは，利益を圧縮あるいは費用を捻出して当期の報告利益を減少させることをいう。このような利益調整は企業にネガティブな影響を及ぼす可能性がある。その点で指摘される利益調整の特徴に，アクルーアル反転（accruals reverse）という性質がある。これは経営者がある時点において，利益調整を通じて利益を増加（減少）させた場合，会計利益の構成要素である会計発生高が反転することによって，将来利益がその分だけ減少（増加）するということである[11]。

　以上のような経営者の過度な短期志向の経営や利益調整行動を抑止するためにもいくつかの工夫を年次賞与のデザインと制度に組み込むことが必要である。挙げられる工夫として，①会計利益以外のKPIを追加すること，②年次賞与の上限と下限を業績達成度に応じて段階的に設定すること，③賞与の後払い等の仕組みを設定すること，④株式報酬を主体とした長期インセンティブの割合を増やすこと，等が考えられる。とくに後者の利益調整行動の抑制については，

報酬委員会がチャレンジングな水準かつ達成可能性のある目標を設定し，経営者の行動を検証することが重要である。

　①については，非財務的なKPIを付加することは，経営者の近視眼的な短期主義や利益調整行動に陥ることを抑制するうえで効果的であると考えられる。実際に，欧米企業が非財務指標を用いることは一般的である。野村・亀長（2016）によると，多くの欧米企業ではMBO（目標管理）方式を採用し，期首に，企業・担当事業の特性・経営ステージを鑑みたKPI・取組み内容・達成レベルを定め，期末に評価対象者の上位機関（報酬委員会等）が評価を実施しており，非財務評価の観点を事前に設定・開示をしているケースも多い[12]。

　②については，年次賞与の上限と下限を業績達成度の段階に応じて設定することが重要である。欧米企業では，年次賞与について，事前に定められた目標の達成度に応じて，基準額の0〜200％の範囲内で支給額を決定することが多い。つまり目標をはるかに上回る業績を達成した場合には高い報酬を，逆に目標をはるかに下回った場合にはゼロとなるような信賞必罰の仕組みとなっている。段階的に目標数値を掲げる理由としては，少数の目標数値では経営者の利益調整行動を引き起こしやすくなるからである。

　そして，③について，年次賞与の支給を繰り延べる（後払い）制度を導入しており，年次賞与の現金報酬のうち一定の割合の支払い日を複数年後に延ばす仕組みを，いくつかの欧米企業は報酬デザインに組み込んでいる。たとえば年次賞与が3,000万円として，支給額の40％を繰り延べる仕組みとすると，目標KPI達成時に3,000万のうち40％が繰り延べられ，60％相当の1,800万円が支払われる。残りの1,200万円は繰り延べられて，業績が堅調であることを条件に，複数年度（通常は3年）にわたって支給される。

　④については，短期インセンティブである年次賞与と長期インセンティブである株式報酬を組み合わせることにより，短期と長期の調和のとれた経営者の行動を促すことが可能になる。

　そして，このような仕組みを機能させるためには，後述するように報酬委員会の役割がとくに重要である。阿部（2014）によると，年次賞与における日本と欧米の違いは，欧米では賞与決定公式を報酬委員会が厳格に確認する手法が確立しつつある点を挙げており，米国の大手企業の例で，目標水準は，

①　当該企業の過去10年の当該KPIの推移

② 比較対象企業群（Peer Group）における当該KPIの推移
③ 当該企業に対する今季業績の株主の期待値[13]
④ 比較対象企業群（Peer Group）における今期業績の期待値

　等を勘案して検証される。また，ペイ・ガバナンスの調査は，米国の大手企業における目標達成確率は53％であり[14]，容易に達成可能な目標設定となっていないことを明らかにしており，制度面でのお手盛りが抑制されていることが窺える。このように，報酬委員会は，経営者に適正なリスクテイキングを促すような，チャレンジングな水準かつ達成可能性もある目標を設定し，年次賞与の妥当性を検証しなければならない。そして，経営環境の変化に応じて，KPIを見直す必要もある。これにより，経営者による過度な短期志向偏重の経営や利益調整の問題を克服することが可能になると考えられる。

⑷　年次賞与の事例

　以上のことをふまえて効果的な年次賞与をデザインしていると考えられるドイツ企業を事例として取り上げる。理由としては，ドイツ企業の年次賞与は，戦略との関連が明確で，日本企業にとって適用しやすいと考えられるからである。

　最初に，バイエルの年次賞与は，**図表6−5**で示されるようにバランスのとれたデザインとなっている。同社は経営者報酬と経営戦略をリンクさせることによって，企業パフォーマンスを向上させることを目的としており，経営者の報酬デザインと他の経営幹部や管理職のそれとほぼ変わりがない。同社の年次賞与は総報酬額のおよそ30％を占めており（固定報酬30％，長期インセンティブ40％），その水準は，グループコンポーネント，部門コンポーネント，個人

■ 図表6−5　　バイエルの年次賞与

グループコンポーネント	部門コンポーネント	個人コンポーネント
1/3	1/3	1/3
KPI		
グループのコアEPS目標値	部門ごとの財務目標（70％）と定性的目標の達成度（30％）	個人のパフォーマンスとグループ目標達成への貢献度

出所：Bayer Annual report 2018より，筆者が一部修正。

コンポーネントの３つのコンポーネントのそれぞれの目標達成度で決定される。
賞与水準を決定する際のそれぞれのコンポーネントのウェイトづけは均等で３
分の１ずつとなっている。全社レベルでのKPIは，コアEPSを使用しており，
これは同グループの戦略的目標ともなっている。これは，株主価値重視への意
識への表れであり，目標達成度に応じて上限で200％の年次賞与が支給される。
部門コンポーネントについては，職能的な責任を持つ役員の場合，各事業部門
（ウェイト付けは医療用医薬品部門が50％，コンシューマーヘルス部門が20％，
クロップサイエンスが30％）の平均パフォーマンスに基づいて評価がされる。
事業部門担当役員は，それぞれの部門ごとのパフォーマンスで評価され，その
評価基準の財務的KPIにはEBITDAマージン（70％）と非財務的KPI（30％）
が採用されている。非財務的KPIとしてイノベーションの進捗度，安全性，コ
ンプライアンス，サスティナビリティが含まれている。これは，経営者の短期
志向偏重と機会主義的行動を防ぐ意味において，さらに薬品会社としてのリス
クマネジメントとしても重要な役割を果たすと考えられる。残りの個人コン
ポーネントはグループ目標の達成への貢献度だけではなく，個々の取締役のメ
ンバーの目標達成度に基づくものである。

図表６－６　ダイムラー社の年次賞与の構成

KPI	KPIの構成要素と評価基準
目標EBITの達成度 目標達成度に応じて，下限０％～上限200％ （レンジ）	50％（ウェイト）2018年度の目標値との比較による達成度の評価 50％（ウェイト）2017年度との比較
個人的目標の達成度 上限と下限 －25％～+25％（レンジ）	2018年度の個人目標
非財務的目標の達成度 上限と下限 －10％～+10％（レンジ）	2018年度における高いレベルでの従業員満足度と製品品質の高度化とメンテナンスならびに多様性の促進：企業価値の基盤となるインテグリティの恒久的確立とさらなる発展
個人のコンプライアンス目標の非達成度 上限と下限 －25％～０％	2018年度のコンプライアンス協定
年次賞与の最大総支給額（Total Cap）は，目標年次賞与の235％	

出所：DAIMLER Remuneration Report 2018より，筆者が一部修正。

次に，ダイムラーの年次賞与を取り上げる（**図表6-6参照**）。同社の年次賞与は総報酬額のおよそ30％に設定されており，支給水準は，主にKPIである目標EBITの達成度によって決定されて，上限は200％で下限はゼロとなっている。目標とするEBITは，2018年度の目標数値達成度と2017年度との比較値，それぞれ50％の配分で構成されている。経営者の過剰な短期志向の経営を抑止する工夫として，年次賞与の半分は，当該事業年度末に支給されるが，残りの半分は，支給される前にボーナスマルスシステム[15]の適用を受けて，後払いとなっている点である。また同社は，長期的な観点から企業価値の向上を目指しており，コンプライアンスを非常に重要視している。実際にコンプライアンス目標を達成できない場合の報酬額の減額の基準も示されており，最大で25％の減額となる。さらに同社は，ルール遵守の行動のためのガイダンスとしてインテグリティ規程を作成しており，これは，全世界でダイムラーグループの従業員に適用されている。これをもとに，定性的なKPIも同社は採用しており，その中には製品の品質や顧客満足度等の要素も含まれている。このような要素を付加することによって，経営者による短期志向偏重の経営や機会主義的行動を抑制する点で，同社の年次賞与のデザインは有効であると考えられる。

以上のように，ドイツ企業の年次賞与には，経営者の過度な短期偏重志向の経営を抑止する仕組みがデザインされており，会計利益をKPIとした場合のデメリットとのバランスをとるうえできわめて有効であると考えられる。

6.2.2 長期インセンティブ

長期インセンティブは，持続的な成長と長期的な観点からの企業価値向上を促す点できわめて重要な役割を果たすと考えられている。長期インセンティブについて第2章で概説したが，欧米企業では報酬の大部分は業績連動型のインセンティブ報酬であり，とりわけ株式報酬主体の長期インセンティブが付与されて，総報酬額の大きな割合を占めている。第2章で示したペイ・ガバナンスの調査によると，欧州各国では44％，米国は71％近くに達しており，およそ12％の日本企業とは大きな隔たりがある。この背景として，柴田・河本（2016）によると，日本では先に年次賞与があって，その上に長期インセンティブが後発で加えられる形になっており，多くの企業で長期インセティブの検討が本格化しておらず，一種のおまけのような扱いを受けてきたのである[16]。さらに，欧米企業では，株式保有ガイドラインにより，経営者がある一定の自社株を保

第6章　日本企業の経営者報酬制度のあり方の方向性　155

有することは一般的であるが，日本ではこのような制度はほとんど導入されていない。このような状況により，実態調査からも国内外の機関投資家からの日本企業への批判は大きい。つまり，日本企業の経営者は株主との利益・リスクの共有度がきわめて低いということである。このような背景のもと，日本政府は法規制や税制の改革を実行しており，欧米のような株式報酬導入のための制度面での整備が進展した。今後，わが国において長期的な観点からの持続的な企業成長を促すためには，株式報酬を主体とする長期インセンティブ報酬について高度化を進める必要がある。

(1) 株式報酬の重要性

　本項では，長期インセンティブのあり方を議論する前提として株式報酬の重要性について考察する。前節で，短期インセティブとしての年次賞与のあり方について検討した。その際に，経営者の短期的目標を達成するためには，KPIとして会計利益を使用することが有効であることを指摘した。しかしながら，経営者が過度に短期志向に陥るという点と利益調整行動という2つのデメリットも発生する。このデメリットを克服する上で，リストリクテッド・ストックやパフォーマンス・シェア等の株式報酬は重要な役割を果たすと考えられる。なぜならば，株式報酬は経営者の長期的な経営努力を促す機能があるからである。つまり，報酬デザインを検討する際には，自社の短中長期目標と産業特性を考慮しながら，短期インセンティブのデメリットを軽減するためにも株式報酬をバランスよく組み合わせる必要がある。

　たとえば，経営者の株式保有の比率に応じて，経営者の機会主義的行動が抑止されることがいくつかの先行研究において明らかにされている。Teshima and Shuto（2008）は，日本企業を対象に，会計発生高で示される経営者の利益調整を経営者の機会主義的行動と捉えて，経営者の持株比率を用いた理論モデルを構築し，その検証を実施した。具体的には，経営者の機会主義的行動（利益調整）としての裁量的会計発生高の絶対値を被説明変数にして，経営者の持株比率とその他のコントロール変数を説明変数として回帰分析を行い，以下の結果を得た。つまり経営者の持株比率が相対的に低い範囲と高い範囲では，アラインメント効果が支配的になるため，経営者の利益調整は減少し，経営者持株比率が中間的な範囲では，エントレンチメント効果の影響が大きくなるため，利益調整が活発化するということである。

首藤（2010a）は，1991年から2000年の期間での日本の上場企業について上記と同様の分析を行い，経営者の持株比率が相対的に低い範囲と高い範囲では，アラインメント効果が支配的になるため，経営者の利益調整が減少することを確認している。

　またShuto and Takada（2010）は，日本企業を対象に経営者持株比率と条件付き保守主義の程度との関係を検証し，経営者の持株比率が相対的に低い範囲と高い範囲では，アラインメント効果が支配的になるため，条件付き保守主義の程度が低くなり，経営者持株比率が中間的な範囲では，エントレンチメント効果の影響が大きくなるため，条件付保守主義の程度が高くなることを確認している。なお，ストックオプションについては次節で詳細に検討するが，Bergstresser and Philippon（2006）や Burns and Kedia（2006）の先行研究で示されるように，ストックオプションと利益調整との間には正の関係があるという実証結果が存在する。つまり，ストックオプションは，経営陣に利益調整というモラルハザードのインセンティブを与えてしまう可能性があるということである。

　以上の先行研究は，株式報酬にメリットとデメリットがあることを明らかにしている。経営者の機会主義的行動に関する研究は，経営者持株比率が中間的な範囲で，エントレンチメント効果が働くことを示しているが，株式報酬制度により一般的な大企業の経営者が中間的な範囲以上の株式を保有するということは考えにくく，相対的に低い範囲で株式を保有するケースが一般的である。この点から，株式報酬は経営者の機会主義的行動を抑制する可能性が高いと考えられる。

　また，株価ベースの報酬は内部ガバナンスのコントロールメカニズムの重要な要素であり，経営者への規律づけとしても有効であるという先行研究がいくつか存在する。Holmstrom and Tirole（1993）は株価ベースの報酬による経営者の規律づけについて理論的な分析を行っている。その結果，株式の所有構造が分散し，活発な取引が行われて市場の流動性が高いほど，投資家による情報生産活動を促進させて，株価ベースの報酬契約の効果が高まることを明らかにした。

　Scott（2011）は，経営者には短期的成果と長期的成果を達成しようとする2つのタイプが存在し，長期的な経営者の努力を引き出すためには，株価に基づく報酬の割合を増加させればよいと主張している。つまり，株価にもとづく

報酬は，経営者のリスクテイキングの程度を高めて，長期の意思決定を促すことを明らかにしている。

　以上のように，株式報酬は一定の効果をもたらすことが示されている。他の効果として，株主の株価上昇メリットと株価下落リスクの両面を，経営者に対して共有させることが挙げられる。次に，経営者に対して企業家精神を常に意識させることで，適正なリスクテイキングと責任感を高めることにも寄与すると考えられる。さらに，海外展開している企業において，株式報酬を主体とする長期インセンティブは世界共通のデザインで構成されており，本社の株式を全世界の子会社の経営陣にも付与しているケースが多い。共通の報酬デザインのもとで本社の株式を他国のすべての拠点に付与することで，本社に対する「求心力」を高めることも大きなメリットとして挙げられる。

(2)　ストックオプションの欠陥

　前項で株式報酬のメリットについて述べてきたが，同時にデメリットもある。株式報酬の中でも，ストックオプションがエンロン事件等の不正会計事件ならびに2000年代後半の世界金融危機の要因の一つであるとの多くの指摘がある。周知のように，ストックオプションは米国を起点に多くの国々で導入されて，株式報酬の象徴的な報酬要素であった。ストックオプションが欧米で広く導入された背景には，ストックオプションが現金などの企業の財産を伴わない報酬制度であるというストックオプション制度そのものが持つ利点にある。また，有能な人材の確保と定着，株主と経営者の間のエージェンシー問題の緩和等のメリットも多くの欧米企業で採用された理由である。

　しかしながら，既に指摘したが，いくつかのデメリットもある。今西 (2011) によると，経営者に与えられているストックオプションには，短期で市場からの利益を極大化するために，株式の売買を操作する機会が与えられている。したがって，企業の長期の価値・業績と経営者の利害関係が一致しないことになる。実際，経営者は短期の株価の上昇下落により多額の利益を得ており，これは企業の長期の繁栄とは無関係である。

　さらに，ストックオプションが経営者に株価上昇のみを追求した短期的な経営を迫り，株価を高くするためには強引な経営手法を強いるようになる。経営者の努力による株価の上昇ではなく，それがM&Aの拡大や場合によっては株価を高く見せるための粉飾決算を引き起こすこともあった。そして，株式相場

が上昇の局面にあれば，経営者の努力の結果にかかわらず，経営者は高額の報酬を得ることが可能になるかもしれない。

　具体的には，以下のようなストックオプションの問題点がエンロン事件や世界金融危機発生の大きな要因であると考えられる。

　第一に，ストックオプションの付与が過剰なリスクテイキング行動を促進させたということである。ストックオプションとリスクテイキングについては，多数の先行研究が存在する。たとえば，Chen *et al.*（2006）は，ストックオプション付与がリスクテイキング行動を促進させるか否かを，1992年から2000年の米国商業銀行を対象に検証した結果，CEOへのストックオプション付与が銀行のリスクテイキングを高めることを明らかにしている。

　第二に，既に述べたが，ストックオプションが経営者の機会主義的行動を誘発するということである。これは，具体的に経営者によるアーニングス・マネジメント（Earnings Management）と開示情報の操作の問題，そしてバックデート操作（Back Dating）[17]および行使価格の変更（Re-pricing）の問題である。ストックオプションにより，経営者の様々な機会主義的行動を誘発してきたことはいくつかの先行研究で明らかにされている。Yermack（1997）は，1992年から1994年までの間に米国企業のCEOに付与されたFortune500の620件のストックオプションを対象に実証分析を行ったところ，ストックオプションの付与日から50日間の株価について有意な正の超過リターン（abnormal return）を確認した。これは，株価上昇につながるような情報が明らかにされる前に，ストックオプションが付与されていることを示しているとYermackは主張している。また，Aboody and Kasznik（2000）は，1992年から1996年までの間で経営者にストックオプションを付与した米国企業572社を対象に，株価が上昇しそうなGood Newsについてはストックオプション付与以降に開示されるのに対して，ストックオプションを付与する前にはBad Newsがより多く公表されることを発見している。Bad Newsの公表によって株価が下落すると行使価格が低くなり，ストックオプション行使時において獲得できる利益がより大きくなるからである。さらに，ストックオプション付与日にも正の超過リターン（abnormal return）を確認しており，付与日のあたりで企業の情報開示のタイミングについて不正な操作が行われていることを指摘している。Bartov and Mohanram（2004）は，ストックオプションの行使価額が異常に高い期間に着目し，行使前の利益および株式リターンがコントロール企業と比

較して異常に高い一方で，行使後はそれらが異常に低くなることを確認した。これにより，経営者が，オプションの付与時や行使時を利用して，行使前の利益を上げることで，富の最大化を図っていると主張している。

　以上のような先行研究から，ストックオプションが経営者行動にネガティブな影響を与えていることが示されている。さらに，ストックオプションそのものの問題について理論的な観点から分析している先行研究も見られる。

　田村・衣笠（2007）は，ストックオプションの問題点について，主に以下のような点を指摘している。すなわち，ストックオプションは，株価下落時においてはインセンティブとしては機能せず，また逆にそうした株価下落時においてもリスクを負わないため，経営者はハイリスクな経営を行う可能性が高く，さらに，株価には業績に限らず，様々な市場要因が影響するため，業績以外の要因で株価が上昇した場合には株主の意図に反して，経営者に対し過大な報酬を与えるおそれがある。したがって，こうしたストックオプションのインセンティブ効果上の問題を改善するためには，権利行使価格の調整や，権利行使条件（業績指標など）の付加，付与対象者の見直し，株価インデックスの導入など，制度設計上の工夫が必要であると指摘している。

　堀田（2002）は，株主と経営者による2期間（3時点）の契約モデルを用いて，ストックオプションの早期行使の可能性と最適なストックオプション契約について分析している。ストックオプションの付与は，株主と経営者にとって望ましい。しかしながら，ストックオプションの早期行使の可能性を考慮すると，経営者のとりうる努力水準が低いような企業の場合には，そうした早期行使によって株主の利益が失われる可能性がある。そのためにも，権利行使に制限期間をおくなど，自由な行使を制限することが必要になることを明らかにしている。

　清水・堀内（2003）はストックオプションの付与が望ましい場合であっても，株価との因果関係が成立しない状況下では，付与数が多くなり，経営者に対する報酬額が過大になることを明らかにしている。このように，ストックオプションの有効性が制限されてしまう原因は，株価下落時においても，ストックオプションによる報酬が負にならないことにあると論じている。

　さらに，境・任（2007）は，ストックオプションの欠陥について，上記の清水・堀内（2003）のモデルを援用して分析を行った。これによると株主は経営者が努力を怠ることを認識したうえで，ストックオプションを導入しないほう

が利益になる状況が存在する。つまり，経営者が努力をしなくても高い業績を達成する可能性がある場合の最適な経営者報酬は，企業業績の上昇に連動した高額の報酬体系だけではなく，低業績時には減額が十分行われるペナルティの仕組みも同時に担保できるような制度設計が必要となる。さらにストックオプションに経営者への自社株式付与を追加した場合，いわゆる複合型株式報酬制度の効果についても分析を試みた。その結果，複合型株式報酬の長期インセンティブを用いれば，経営者への過度の支払いの問題が解消されて，株主は常に経営者のインセンティブを引き出すことが可能になる。そのため企業価値も高まり，社会的厚生も最適になることをモデルにより示した。これは現実の世界でも，米国で2000年代にストックオプションの付与対象者の絞り込みや新規付与数の削減が行われて，リストリクテッド・ストックの導入も同時に行う複合型株式報酬の導入が増加している状況と整合的である。これは，欧州においても同様であり，わが国企業にも複合型株式報酬の導入を進展させる必要があると考えられる。

⑶　米国とドイツの長期インセンティブ

　上述したように，欧米企業においては，総報酬額に占める長期インセンティブの割合がきわめて高い。また，いずれの地域においても株式報酬が主体となっており，近年は業績達成条件付きのパフォーマンス・シェアの導入が急増している。

　最初に，米国大企業の長期インセンティブは，ストックオプション，時間ベースのリストリクテッド・ストック（ユニット），パフォーマンスプラン（業績達成付き条件プラン）の3つの報酬要素から構成されることが多く，それらの中から2つか3つのプランが採用される。近年，多くの企業で，業績達

█ 図表6－7　米国企業の長期インセンティブの報酬要素

種　　　類	％	長期インセンティブに占める割合
パフォーマンスプラン（業績達成条件付きプラン）	96％	50％
ストックオプション	80％	33％
時間ベースのリストリクテッド・ストック（ユニット）	53％	17％

出所：2015年度ペイ・ガバナンス調査結果（S&P500を対象）。

成条件が付いたパフォーマンスプラン（パフォーマンス・シェア，ユニット，現金）が採用されている。2017 Pay Governance LLCの米国S&P100社を対象とした調査によると（**図表6－7参照**），パフォーマンスプランは長期インセンティブ全体の最低50％を占めており，代わりにストックオプションの割合が低下し，リストリクテッド・ストックとパフォーマンスプランの割合が高くなっていることを明らかにしている。柴田・河本（2016）によると，株式報酬であるパフォーマンス・シェアが生み出された背景には，株価と企業業績との相関性が常に議論の的になってきた歴史がある。パフォーマンス・シェアは，一定の業績を条件として株式を支給するものである。パフォーマンス・シェアもリストリクテッド・ストックも，株式を付与する「フル・バリュー型」の仕組みであり，権利行使価格を上回る株価の上昇分だけが利益となるストックオプションとは違いがある。フル・バリュー型の株式報酬は，株価が上昇しても下落しても，株主の利益や損失と連動することから，株主価値を意識させる上で有効な仕組みと言われている[18]。つまり，株主と経営者の間のエージェンシー問題を緩和する上で有効であると考えられる。

米国の業績達成条件付きプランのKPIについては，**図表6－8**（Pay Governance LLCの米国S&P100社を対象とした調査）で示されるように，利益，効率性，TSR（Total Shareholders Return）などが採用されるケースが多いが，企業によって目標が異なることを反映して，様々な指標が採用されている。同調査によると採用するKPI数も1個が41％，2個が41％，3個が18％と少ない。年次賞与と同様に，これは，採用する指標が多くなると，どれをターゲットにすべきかが曖昧になり，経営者の行動にネガティブな影響を与えてしまうからである。効率性（ROIC/ROC/RONA）もKPIとしてよく採用されているが，注目すべきはROEが採用されていない点である。ROIC（投下資本利益率），

図表6－8　採用されているKPIと採用比率（％）

効率性（ROIC/ROC/RONA）	51％
利益／1株当たり利益	51％
RTSR	45％
売上/新規案件数	20％
フリーキャッシュフロー	10％

出所：2015年度ペイ・ガバナンス調査結果（S&P500を対象）。

ROC（資本利益率）が主に使用されており，日本ほどKPIとしてROEは採用されていない。とくにRelative（相対）Total Shareholder Return（以下「RTSR」という）は，米国を中心に他の国々でも一般的に使用されている。RTSRとは，株価上昇率と配当利回りの合計である株主総利回りを競合企業や株価指数等と相対的に比較し評価する指標のことを指す。つまり，欧米企業では業績連動型報酬と，その企業の業績，ひいては競争環境における相対的なパフォーマンスがリンクしていることを株主・投資家に明示することで，利害共有を図っている。

　次に，これまでドイツの長期インセンティブの構成は，株主承認事項の厳格性，法制度の上で報酬として現物株を渡すことの困難さ，損金不算入性から中長期のキャッシュプラン，ファントム・ストック（バーチャル・ストック）が多く用いられていた。しかしながら，近年，ドイツ・コーポレートガバナンス・コードの定着による持続的な企業成長の観点から，株主との利害を一致させるという意識が高まっており，株式ベースの報酬割合が高まっている。これと関連して，株式保有ガイドラインを設定し，経営者が獲得した現金報酬の一部を自社株式へ投資することを義務づけるケースもみられる。現在のDAX30社の長期インセンティブは，パフォーマンス・シェア，中長期のキャッシュプラン，自社株式，ファントム・ストック（バーチャル・ストック），リストリクテッド・ストック等の組み合わせにより構成されている。DAX30社が採用する中長期インセンティブの内訳を**図表６−９**に整理した。

　ドイツ企業の長期インセンティブには権利確定期間が設けられており，期間

■ 図表６−９　ドイツの長期インセンティブの構成

報　酬　要　素	企業数
パフォーマンス・シェア（ユニットも含む）	11社
中長期のキャッシュプラン	7社
自社株式	4社
ファントム・ストック（バーチャル・ストック）	7社
リストリクテッド・ストック	4社
ストックオプション（バーチャルオプションも含む）	3社
ストック・アプリシエーション・ライト（SAR）	1社

出所：DAX30社の2018年度（28社）と2017年度（2社）のアニュアルレポートより筆者作成。

第6章　日本企業の経営者報酬制度のあり方の方向性　163

■ 図表6－10　ドイツの長期インセンティブで採用されている財務的KPI

採用されているKPI	採用している企業数
TSR	14社
株価	13社
純利益	6社
ROCE	5社
売上（成長率を含む）	3社
EBIT	2社
EBITDA	2社
EPS	2社

出所：DAX30社の2018年度（28社）と2017年度（2社）のアニュアルレポートより筆者作成。

は4年間以上が大半であり，リスク管理の点から効果的であると考えられる。また，上述したように，経営者が獲得した現金報酬のある一定割合を自社の株式に投資するよう義務づけるドイツ企業も増加している。これは株式保有ガイドラインによって規定されていることが多く，DAX30のうち11社がそのような仕組みを設定している。2019年度からはアリアンツが経営陣の株式保有を義務付けるようになった。

　ドイツでは，長期インセンティブの支払い額を決めるKPIは，TSRが14社ともっとも多く採用されており，続いて株価が13社と続いている（**図表6－10**参照）。全体的に，株価連動型のインセンティブ・プランが多く導入され，株主の利回りを意識したKPIが主に採用されている。財務以外のKPIである定性的目標を採用している企業も多くみられる。Götz and Friese（2013）によると，DAX（ドイツ株価指数）とMDAX（ドイツ中型株指数）に上場している企業の長期インセンティブの決定で使用される平均KPI数は2.2となっている。米国と同様，年次賞与同様に，KPIを絞ることによって経営者の目標設定を容易にする点で効果があると考えられる。

　以上のように米国での長期インセンティブは株式報酬が主体であり，ドイツにおいてはパフォーマンス・シェアや中長期のキャッシュプランが主流である。とくに両国で共通している点は，その中に占めるストックオプションの割合は大幅に低下し，パフォーマンス・シェアの割合が高まっている。また，欧米企業の長期インセンティブにはVesting（権利確定期間）が設けられており，3年から4年に設定されるのが一般的である。長期インセンティブの権利確定に

は権利確定期間中，毎年段階的に確定するもの（Installment Vesting）と権利確定期間経過後に一括確定するもの（Cliff Vesting）がある。これは，経営者のリテンションが大きな目的であるが，長期的な観点から経営者のコミットメントを促すことや，経営者の過度な短期偏重型の経営を抑止するという点でリスク管理としての効果もあり，日本企業にとっても参考になると考えられる。

(4) 長期インセンティブの事例

以上のことをふまえて効果的な長期インセンティブをデザインしていると考えられるドイツ企業として，ここではルフトハンザ航空を取り上げる。取り上げた理由として以下の点が挙げられる。最初に同社は2019年度からの報酬デザインをこれまでの利益の配分という性質のものから，より持続的な成長を促すシンプルなデザインに変更した。次に，様々なステークホルダーとくに株主からの要望に配慮し，透明性と検証可能性が高まっていることである。そして，絶対的かつ相対的視点から経営者のパフォーマンスを評価する上で持続的な目標だけではなくTSRを重要視し，有効に活用していることからわが国企業に

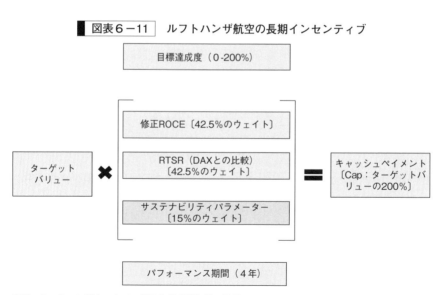

図表6－11　ルフトハンザ航空の長期インセンティブ

出所：ルフトハンザホームページより筆者が加筆・修正。
　　　https://investor-relations.lufthansagroup.com/en/corporate-governance/compensation.html
　　　（2019年5月6日アクセス）

第6章　日本企業の経営者報酬制度のあり方の方向性　165

とっても参考になると考えられるからである。

　同社の目標としている総報酬額に占める長期インセンティブの割合はほぼ4割前後である。また同社の長期インセンティブのデザインは極めて明確で下の**図表6－11**で示される。長期インセンティブ報酬額は，財務的KPIである修正ROCEとRTSR（ドイツ株価指数との比較）でそれぞれ42.5％のウェイト付けで計85％分，そして残りの15％分のサステナビリティパラメーター（Sustainability parameters）により計算される。修正ROCEは企業内目標との関連付けを意味し，RTSRは他社との比較ということで外部的目標となる。サステナビリティパラメーターは，年次賞与の決定の場合には顧客と従業員の観点に，長期インセンティブの場合には環境に焦点が絞られており，具体的には航空会社で構成しているIATA（International Air Transport Association：国際航空運送協会）のCO_2排出量の削減等の目標が含まれている。目標の達成度により下限0から上限値200％までのCapがおかれ，繰り延べ期間は4年となっている。また新たに株式保有ガイドラインが設定されて，経営者は年次賞与と長期インセンティブの年間総額の15％分を同社の株式へ投資しなければならない。これにより株主との利益・リスクの共有度を高めようとする同社の意図が感じられる。

　以上のように同社の長期インセンティブは明快で，ステークホルダーからの理解を得られやすいデザインとなっている。またESG的な観点のKPIも導入されており，長期的な観点からの持続的な成長という概念がデザインに盛り込まれている点で優位性が高いと考えられる。

6.2.3　日本企業の報酬デザインのあり方の方向性

　本項では，前節までの議論をふまえて，ガイドラインをベースにしながら，わが国企業の経営者の報酬デザインのあり方の方向性について検討する。**図表6－12**に米国，ドイツ，日本の報酬デザインを整理した。これによると，日本企業の報酬デザインは，米国やドイツと比較するとかなりの隔たりがあることが伺える。既に述べてはいるが，とくに長期インセンティブの部分が大きい。

　この隔たりを小さくし，長期的に持続可能な企業価値向上に寄与するための報酬デザインを構築する必要がある。本節では，短期インセンティブと長期インセンティブを含めた報酬デザインの全体像について考察する。

　最初に，日本企業にとって参考になると考えられる報酬デザインの事例とし

166

■ 図表6−12　米国，ドイツ，日本のCEO報酬デザイン

	総報酬水準	報酬ミックス	業績連動報酬	リスク管理
米国	• もっとも高額	• 株式報酬を主体とした長期インセンティブの割合が大きい	• 2〜3個のKPIで，厳格なフォーミュラ（報酬算定公式）を決定 • Say on Payにより，ほとんどの企業がフォーミュラを開示 • 長期インセンティブも，業績達成条件付プランが中心	• 金融危機以降クローバック条項が付されている • 株式保有ガイドラインにより一定数の自社株保有を強制 • 業績連動報酬に支給額上限を設定
ドイツ	• 米国よりは低いが，欧州では英国と同様に高額化しつつある	• 総報酬額のおよそ70％が業績連動報酬（固定報酬：年次賞与：長期インセンティブ＝1：1：1） • 長期インセンティブの割合は年次賞与に比較して大きい	• フォーミュラを使用しているが定性要素も一定部分あり，業績と報酬のリンクが米国ほど厳格ではない • 開示ルールは，フォーミュラの開示までは強制していない • 長期インセンティブは業績達成条件付プランが主体	• 業績連動報酬に支給額上限を設定 • 業績連動比較の上限設定 • 株式保有ガイドラインにより一定数の自社株保有を強制 • 金融危機以降クローバック条項が付されている
日本	• 先進国ではもっとも最低額	• 固定報酬が主体	• これまで業績と報酬のフォーミュラは非開示 • 業績達成条件のない1円ストックオプションが中心	• 一部の企業を除いて，上記の取り組みはない

出所：2017 Pay Governance LLCより，筆者が一部修正。

て，ドイツのシーメンスを取り上げる。同社を取り上げる理由は，2011年度から実施されている「ワン・シーメンス（One Siemens）」と呼ばれるグローバルな成長戦略と報酬デザインが融合している点で報酬デザインの優位性があると考えられるからである。とくに，ステークホルダー志向と言われるドイツ企業のシーメンスが，株主重視を鮮明にしている点で特徴がある。しかし，これは従業員の利益を損ねるものではなく，全社一体で株主価値の向上を目指しており，経営者報酬もその枠組みでデザインされている。

(1) シーメンス─報酬デザインの優位性

シーメンスは，ドイツのミュンヘンに本拠地を置く1847年設立のグローバル企業である。同社は2018年8月に発表した中長期経営構想「ビジョン2020＋」に基づいて，事業会社を「ガス＆パワー」「スマートインフラストラクチャー(SI)」「デジタルインダストリー」の3社に再編した。シーメンスは，現在200以上の国・地域で事業を展開しており，2019年4月時点の全世界の従業員数は約37万7,000人に及ぶ。

最初に，シーメンスの2018年度の年次賞与，長期インセンティブの総報酬に占めるそれぞれの割合である報酬ミックスについて述べる。シーメンスの固定報酬，年次賞与，長期インセンティブの比率はほぼ1：1：1であり，これはDAX30社の平均値とほぼ同じ水準である。

同社と日本企業の製造業の報酬デザインとの違いは，業績連動型報酬の割合の高さだけではない。自社の短中長期の経営計画ならびに戦略性と報酬デザインとの整合性の有無や，これが詳細に投資家に開示されているかの点である。シーメンスは，経営理念と報酬デザインをリンクさせており，これについて詳細な開示を行っているが，たとえば多くの日本企業は報酬デザインのコンセプトを正確に判断できるような情報を開示していない。

次にシーメンスの報酬デザインを「Siemens Compensation Report 2018」をもとに分析する。同社の報酬デザインは，株式パフォーマンスと強くリンクしている。その理由として，同社はオーナーシップ文化の醸成（We have a strong ownership culture）を経営理念として掲げているからである。経営陣のみならず従業員に対しても，"あたかもあなた自身が企業の所有者であるかのように行動しなさい"との理念が浸透している。これが意図するところは，

■ 図表6－13 2018年度のシーメンス社の報酬デザイン

1/3	1/3			1/3
固定報酬	年次賞与			長期インセンティブ株式ベースの報酬
	1/3	1/3	1/3	Peer Group 5社と比較したシーメンス社の相対的株式パフォーマンス
	ROCE	EPS	個人目標	

出所：Siemens Compensation Reportより，筆者が一部修正。

持続的な企業価値向上を実現するために，企業家精神を全従業員に意識させて，長期的な企業の成功に直接関与させるということにある。このような背景から，およそ16万5,000人の従業員が同社の株式を保有しており，報酬デザインは同社の経営理念ともリンクしている点で特徴がある。また将来の目標として同社は全従業員の50％が自社株式を保有することを目標としている。

　同社の報酬デザインは，**図表６−13**で示されるようにシンプルな構造であり，報酬ミックスは１：１：１となっている。同社の報酬デザインのコンセプトとして持続性が挙げられており，経営者が長期間にわたって同社にコミットし，持続的な企業価値向上を達成することにより報酬が得られるような報酬デザインを意図している。そして，目標数値を下回った場合に，報酬は大幅に減額される信賞必罰の仕組みも取り入れられている。また，同社の特徴として，有能な経営者を引きつけ，長期間リテインするために，競合他社の報酬デザインと比較をした上で，より魅力的で優位性のある報酬デザインを構築することが重要視されている点にある。このような報酬デザインは，報酬委員会により提案されて，監督役会で決定かつ検証される。

　短期インセンティブである年次賞与は，KPIであるROCE，EPS，個人の目標達成度に応じて決定されて，それぞれのウェイトは３分の１ずつとなっている。この中でも，ROCEは，同社の経営目標のKPIとして採用されており，経営計画や戦略性と整合性のあるものになっている。年次賞与には，上限（Ceiling（Cap））と下限が定められており，200％から０％のレンジとなっている。

　長期インセンティブは，KPIでPeer Groupとの比較による株式パフォーマンスによって決定される。これも全社的な達成すべき経営目標と一致しており，長期的な計画と整合性がある。競合他社は，ABB，Eaton，General Electric，三菱重工業そして Schneider Electricの５社となっており，競合他社の見直しは監督役会によって適宜行われている。長期インセンティブは，一定期間を経た後，自社株か現金を受け取る形態となっており，権利確定期間は４年となっている。現金を受け取る形態として，ファントム・ストックが導入されている。また，同社の株式保有ガイドラインにおいて，会長とCEOは固定報酬の３倍，上級経営幹部は固定報酬の２倍の株式を在任期間中に保有することが要求されている。

　以上のような事例から，自社の方向性と一致した報酬デザインの理念が明確

第6章　日本企業の経営者報酬制度のあり方の方向性　169

に伝わり，独自性があることが特徴として挙げられる。具体的には短中長期計画と戦略ならびに経営理念と整合性があり，ステークホルダーの理解が得られやすい報酬デザインとなっている。また，報酬デザインが従業員のそれと関連性が高いということである。つまり，企業目標の達成のために，経営者と従業員の行動ベクトルを同じ方向に向けさせるための工夫が報酬デザインに組み込まれているのである。

(2)　報酬デザインの理念と方針の設定

　以上のように，事例として挙げた企業の経営者報酬は，短中長期の経営計画や戦略性ならびに経営理念と整合性があるようにデザインされており，独自性に富んでいる。また，長期インセンティブ報酬の重要性が認識されており，株式報酬を中心に据えることにより持続的な成長を達成するとのコンセプトが報酬デザインに浸透している。

　以上のことをふまえて，わが国企業の報酬デザインのあり方について設計するが，最初に報酬デザインの理念と方針を設定する必要がある。この場合，投資家の考え方を反映させることも重要である。そこで，参考になるのが米国の大手機関投資家のバンガード社の報酬に関する指針である。これは，投資活動における投資先企業へ要請する報酬に関するガイドラインであり，報酬デザインの理念と方針の羅針盤として適切であると考えられる。

　同社の指針について，報酬デザインに関連する部分を要約すると，報酬に関する健全な方針や慣行の整備が必要不可欠であることを指摘し，経営者報酬は業績と連動しなければならないことを強調している。同時に，企業目標を達成できない場合には，報酬の大幅な削減が行われるような仕組みを制度に組み込む必要性も説いている。また，自社の報酬水準の合理性を株主や投資家に理解してもらうためにも，比較企業群（Peer Group）を設定し，比較分析を行うことを提案している。また，自社の経営者報酬に関する明確な理念を構築する必要があり，これをもとに報酬はデザインされる。そして，業績目標から業績評価そして報酬の決定に至るまで，取締役会の意思決定プロセスを明確にして，これらを詳細に開示する必要がある。さらに，自社株式の所有と保持を義務づけることは，業務執行役員の「株主」としての視点を強化することにつながるとの意見を表明しており，日本企業においても株式保有ガイドラインを作成し，経営者持株制度を推進させるべきである。

上記の指針の内容は、事例として取り上げた米国とドイツの大企業の報酬デザインのあり方とほぼ一致している。このような点では、上記の指針をもとにわが国企業も明確な経営者報酬に関する理念を構築し、報酬デザインの高度化を図ることが重要になる。そして、その理念をもとに自社の裁量慣行（Executive Compensation Practices）を作ることも併せて求められる。

(3) 報酬デザイン改革のイメージ

　理念と方針を設定した後に、企業価値向上のための報酬デザインを構築することが必要となる。まず、前提として、これまでの職能資格制度による資格・職位ではなく、経営者に対しては職務に対して報酬を支給すべきである。そして、顧問、子会社への転籍、相談役等の処遇や特権を縮小し、その代わりに企業業績や株価を原資としたインセンティブ報酬の割合を高めることが必要にな

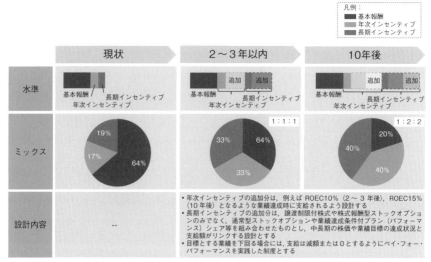

図表6－14　CEO報酬改革のイメージ

注：報酬デザインの内容は、各企業の経営戦略、成長ステージ、規模、産業の特性、グローバル化の度合い、競争環境、企業ミッション、企業文化を反映し、各企業ごとに独自の水準・ミックス・インセンティブ設計が行われるべきである。上記はあくまで報酬制度改革のイメージであり、すべての企業に同様の報酬水準・ミックス・デザインを推奨するものではない。ROECは、例示のために使用しており、デザインにあたっては、各企業の戦略を反映した指標が採用されるべきで、ROECの採用を推奨するものでもない。
出所：日本取締役協会より筆者が加筆・修正。

る。実態調査から導き出した問題点をふまえた上で，日本取締役協会は**図表6
－14**のような報酬改革のイメージを提示している

　最初に報酬ミックスのあり方について検討する。本研究では，米国とドイツ
の事例をもとに検討をしているが，産業構造と企業風土の類似性から，短期と
長期を包括した総合的な報酬デザインにおいては，ドイツ企業の報酬デザイン
を日本企業に適用したほうが効果は高いと考えられる。ドイツでは，前節で取
り上げたシーメンスのように固定報酬，年次賞与（短期インセンティブ），中
長期のインセンティブの3つの構成要素がほぼ3分の1ずつ均等に支給されて
いる[19]ことからも，報酬ミックスは1：1：1が妥当であると考えられる。ド
イツにおいて注目すべきは，個別開示が始まった2006年度と比較すると，年次
賞与が，2006年度に全報酬の約50％を占めていたのに対し，2013年度では23％
となり，長期インセンティブの割合が50％を超えるようになっている[20]。阿部
（2014）は，その点について，「金融危機以降ドイツ・コーポレート・ガバナン
ス・コードの新ルール「業績連動型報酬は，一般的に複数年の業績を反映しな
ければならない」が，報酬制度へ反映されていることがわかる」[21]と述べてい
る。このことから，ドイツにおいても1：1：1のミックスが変化し，長期イ
ンセンティブの比率がより高まっていくことが予想される。

　ガイドラインでも，「平均的なCEO報酬（全体を100％とすると基本報酬が
64％，年次賞与（業績連動賞与）が17％，長期インセンティブが19％）は，欧
米企業と比較すると，年次賞与（業績連動賞与）と長期インセンティブが占め
る割合は低い。平均的なCEOの総報酬における年次賞与（業績連動賞与）お
よび長期インセンティブの割合をより高めていくことにより，株主へのアカウ
ンタビリティと経営者への業績達成の二つの視点からリスクとリワードの関係
をより高めていく。CEO以下の経営者についても，CEOの割合を参考に，業
績連動割合は高められるべきである」[22]と提言している。報酬改革のイメージ
では，2年から3年以内に固定報酬，年次報酬，長期インセンティブのそれぞ
れの割合を1：1：1にするような提案がなされている。これも，ドイツの報
酬ミックスと同じである。

　以上のことから，報酬ミックスについて，日本企業は，当面の間，1：1：
1の割合を目標にすることが有効であると考えられる。しかしながら，ドイツ
においてパフォーマンスプランの導入がさらに進展しており，株式報酬を主体
とする長期インセンティブの比率は上昇傾向にある。持続的かつ長期的な観点

からの企業価値向上をさらに強調するのならば，株式報酬の割合を一層高めることが，今後必要になると考えられる。

⑷　短期インセンティブとしての年次賞与のあり方
　前項で報酬ミックスのあり方について提示した。ここで，日本企業の年次賞与のあり方について考察する。
　最初に，繰り返しになるが，年次賞与の比率をさらに高めて，PPR（Pay-for-Performance：業績連動型報酬）の理念を徹底させることが必要である。そして，財務的KPIとして会計利益を用いて，短期的な企業目標を達成するための経営者行動を促すことが重要である。会計利益の中でも，経営者の単年度の業績達成度を明確にするという点で，営業利益，EBITDA，EBIT，EPS，フリーキャッシュフロー，効率性の観点からはROAやROEではなく，ROIC（ROCE）の使用が合理的であると考えられる。中神・槙野（2016）によると，ROAを使用した場合に，現預金や遊休不動産などの非事業資産を保有している企業ではその数値が低く出てしまう可能性があり，事業の競争力を表す指標として適切ではない[23]。ROEは資本構成という事業運営には関係ない経営判断により左右されて，経営者の業績を評価するKPIとして相応しくない。株主との利害も一致させることを意図するならば，欧米でよく使用されているEPSが経営者の短期的業績評価の点で有効である。
　次に，KPIと戦略との整合性が重要である。実際に事例で取り上げた米国とドイツの大企業では短期の計画や戦略性と一致した非財務的なKPIが使用されていた。これにより，年次賞与のあり方そのものが，短期的な企業目標を達成するという意思をステークホルダーに伝えることになる。
　以上のことをふまえて，年次賞与をデザインすることが重要であるが，KPIに会計利益を用いることによるメリットと同時にいくつかのデメリットがあることも既に指摘した。これは経営者の過度な短期偏重の経営と利益調整行動を促す可能性を高めるということである。前者について，米国とドイツの大企業は，報酬額の上限額を設定し，年次賞与の支給を後払いにするなどの仕組みを導入し，同時に非財務的なKPIも複数使用することによって，短期偏重の経営行動を抑制しようとする意図が感じられた。後者については，チャレンジングな水準かつ達成可能性のある目標を設定することによって利益調整行動を抑止することが可能になると考えられる。整理すると以下のように列挙される。

① 会計利益以外のKPIを追加すること
② 年次賞与の上限と下限を業績達成度に応じて段階的に設定すること
③ 賞与の後払い等の仕組みを設定すること
④ チャレンジングな水準かつ達成可能性の目標を設定すること

　そして，長期インセンティブと同様であるが，経営者の短期偏重と利益調整行動を抑制するために常に報酬委員会あるいはそれに相当する機関が報酬デザインの検証を実施しなければならない。

(5)　長期インセンティブのあり方

　日本企業の経営者報酬制度の変革の要諦として，長期インセティブの拡充と高度化がもっとも重要であることは既に指摘した。長期的な観点からの企業価値の向上と持続可能性は，日本的経営の理念と整合性があると考えられる。また，経済環境の複雑化とコーポレートガバナンスのアウトサイダー化が進展する中で，エージェンシー・コストを低減させるためにも株式報酬は大きな役割を果たす。実際に，上述したようにわが国でも株式報酬に焦点が当てられるようになり，平成28年度税制改正ではリストリクテッド・ストックの税法上の手当てがなされた。さらに，平成29年度税制改正によって，損金算入の要件が緩和された結果，パフォーマンス・シェア・ユニット（PSU），リストリクテッド・ストック・ユニット（RSU），株式交付信託，ファントム・ストック，ストック・アプリシエーション・ライト（SAR）等も業績連動給与として損金算入が認められることとなった。これにより，わが国においても株式報酬の選択肢が大幅に拡大し，自社の中長期目標や戦略性と整合性のある長期インセンティブのデザインが可能になると考えられる。

　まず，日本企業の株式報酬の状況について概観する。わが国では，1998年度の税制改正で，一定の要件の下で課税が繰り延べられる税制適格ストックオプションに関する規定が整備されたこともあり，しばらくの間，通常型ストックオプションが代表的な株式報酬であった。その後も，株式報酬を付与した企業数は年々増加しており，株式報酬の内訳にも変化が見られるようになった。

　具体的には，通常型ストックオプションと退職慰労金の廃止とともに導入された「株式報酬型ストックオプション」の割合が高くなってきている。この株式報酬型ストックオプションは，行使価格1円のストックオプションで，わが

国においては，会社法上役員に直接株式を付与することはできなかったために，このような仕組みが開発された。ただし，これについては，逆インセンティブの課題が発生するなどの指摘もある[24]。金本（2016）によると1円ストックオプションは現役当時の給与のうち一部の固定金額を，新株予約権の付与のための資金に割り当てるものが一般的である。そのため，原資が固定金額の場合，業績が向上して新株予約権の1個当たりの価格が上昇したときには，付与される新株予約権の数が減少することとなり，新株予約権の権利行使をした際に役員が得られる株式数も減少することになる[25]。つまり，山下（2014）によると，株式報酬型ストックオプションは，権利確定や権利行使にインセンティブが働かず，さらに逆インセンティブも指摘されており，費用認識の前提である対価性のある追加的な労働サービスが提供されることについて不確実性が大きいと考えられる[26]。さらに，そのような仕組みの根底には，欧米のように経営者に対して最適なインセンティブを付与するという理念は希薄であり，現実には，通常型ストックオプションだけがそのような役割を果たしてきたにすぎない。また，報酬額に占める長期インセンティブの割合も欧米先進企業と比較するときわめて低いものであった。

　しかし，近年状況は変わりつつあり，急速に普及しているのが，株式給付（交付）信託である。これは，企業が信託に報酬相当額を拠出し，信託が当該資金を原資に市場等から株式を購入し，一定条件を満たした後に経営者に株式を付与するというスキームである。このように日本においては，法規制からの制約もあり，株式報酬は欧米とは異なるスキームで導入されてきた。しかしながら，これらの株式を付与するフル・バリュー型の株式報酬の場合，株価が付与時の時価を下回ると経営者にとっては報酬の減額となるために，株価が行使価格を下回っても損失を被らない通常のストックオプションと比較して，株価に対して強いコミットメント意識を醸成させる効果があるといえる。しかし，フル・バリュー型は，付与時の株価を上回らなくても一定の報酬は受け取ることができるため，付与時からの株価上昇がない限り報酬がゼロとなってしまうストックオプションに比べて，株価上昇に対するインセンティブが弱いとも考えられる。

　そこで，ガイドラインでは，長期インセンティブの追加分は，リストリクテッド・ストック（譲渡制限付株式）や株式報酬型ストックオプションのみでなく，通常型ストックオプションやパフォーマンスプラン（主にパフォーマン

ス・シェア）を組み合わせたものとし，中長期の株価や業績目標の達成状況と支給額がリンクするデザインとすることが謳われている。既に述べたが，欧米先進各国の大企業においては，近年，パフォーマンスプランが大きな割合を占めるようになってきており，その重要性は高まっている。つまり，通常型ストックオプション，リストリクテッド・ストック，パフォーマンスプランの中でもパフォーマンス・シェアの3つの株式報酬の組み合わせによる複合型株式報酬をデザインすることが理想となる。これは，境・任（2007）のモデルでも示すように，ストックオプションのみの長期インセンティブが，経営者に超過利潤を結果的に与えるという問題を是正する上で効果的であり，ストックオプションによる過剰なリスクテイキングを抑止する上でも重要である。

　次に財務的KPIとして，わが国企業でもTSRを採用する必要がある。実態調査において日本でTSRを採用している企業は数少ないことが明らかとなったが，欧米大企業において，TSRは一般的に採用されている。この理由として欧米企業は株主との利害を一致させる意味において，株価の上昇のみならず配当も株主にとっての利益となることから，TSRのほうが株主としての利益をより反映していると考えられるからである。仮に，ストックオプションのような株価の上昇額のみをKPIとする株式報酬を採用したとすると，配当の実施は株価下落要因となるため，経営者が配当の実施を敬遠してしまう可能性も考えられる[27]。わが国においては，ROEの重要性が指摘されているが，欧米企業がROEを採用しているケースは多くない。前節でも述べたが，ROEは資本構成という事業運営には関係ない経営判断により左右されて，経営者の長期の業績を評価するKPIとしてノイズが多く，経営者の業績を評価する指標として望ましくない。具体的には，事例で示したように，Peer Group（比較対象企業）を設定しながら，RTSRをKPIとして採用し，株主との利害を一致させることが必要である。

　さらに，長期的な観点からの非財務的KPIの採用も重要である。例外なく，本研究で事例として取り上げた企業は，中長期の経営計画ならびに戦略と整合性のある非財務的KPIを選択していた。これは，まさに，その企業が長期的な観点から事業推進上，何を重要なKPIとし，何を達成しようとしているのかを表すものであり，その企業が目指す経営戦略を報酬という側面から翻訳することにつながるのである。

　最後に，長期インセンティブとして上述したように，わが国企業においても

株式保有ガイドラインを設定することが求められる。株式保有ガイドラインとは，経営者に自社株式の保有を強制するガイドラインであり，株主と利益を共有するだけではなく，ダウンサイドのリスクも共有することにより，株主視点の強化につなげるものである。これは，多くの欧米大企業において採用されている仕組みであり，米国のCEOで固定報酬の10倍から15倍の自社株式を保有することが一般的である。また，ドイツ企業においても，事例で取り上げたシーメンスの株式保有ガイドラインで，会長やCEOは固定報酬の3倍，上級経営幹部は固定報酬の2倍の株式を在任期間中に保有することが要求されていた。これは，海外機関投資家からの要請が強く，議決権行使助言会社であるISS（Institutional Shareholder Services Inc.）も，自社株式保有を求めることを推奨している。このように，経営者が株主の視点を持つことが要請されており，わが国企業においても，株式保有ガイドラインを設定することが必要である。

⑹ ESG的要素を含んだKPI

　これまで，日本企業の報酬デザインのあり方の方向性について年次賞与と長期インセンティブに区分し検討したが，その中でも非財務的KPIが米国とドイツの大企業の事例をもとに，重要な役割を果たしていることを指摘した。非財務的KPIは年次賞与や長期インセンティブの双方で採用されており，企業の短中長期の経営計画や戦略との整合性を明らかにする。また，財務的KPIのデメリットである経営者の過剰なリスクテイキングや機会主義的行動を抑制する点でも大きな効果がある。ここで，KPIを新たな視点であるESGの観点から考察する。既に述べたが，ESG投資の観点からも，経営者報酬制度が評価されるようになっており，報酬デザインにESG評価の概念も取り込まれるようになってきている。

　その傾向は2000年以降に顕著で，Epstein and Roy（2005）が述べるように，多くの企業が役員業績の評価に非財務的なKPIを採用し始めるようになった。Ibrahim and Lloyd（2011）のS&P500で選定された米国の大企業を対象とした調査によると，357社中財務的なKPIを採用しているのは237社（66.39％）で，非財務的なKPIは92社（25.77％）であった。非財務的なKPIの内訳は，顧客満足および顧客関連41社，戦略開発とリーダーシップ32社，従業員満足および従業員関連16社，研究開発と製品開発14社，製品品質とリーダーシップ13社，安

全性12社，倫理・環境５社，シックスシグマ３社，その他11社であった。それらの中に，ESGの要素もいくつか含まれている。また，彼らはキャッシュベースの役員報酬において財務的なKPIだけではなく非財務的なKPIを併用した場合に，より裁量的会計発生高が低下することを確認した。これはESG的要素を含んだKPIが経営者の機会主義的行動を抑制する可能性を示唆しているのかもしれない。

　欧州の社会的責任（SRI）の業界団体であるEurosif（the European Sustainable Investment Forum）は，ESGリサーチ大手のEIRIS社の調査結果をもとに，欧州企業における経営者報酬へのESGパフォーマンスの反映についてまとめたレポート「Remuneration Theme Report-3rd in a series」を2010年に発表した。これによると，ESGパフォーマンスを経営者報酬へ反映する方法は企業によって異なる。また，EIRIS社の調査によれば，欧州の時価総額上位企業によるインデックス，「FTSE Eurofirst 300 index」構成銘柄のうち29％の企業が，ESGパフォーマンスと経営者報酬をリンクさせている。

　また，2016年の日本経済新聞10月24日によると，非鉄大手アルコアは雇用状況や環境・安全への配慮を指数化し，CEOの報酬の一部に反映させている。実際に，米アルコアの経営者報酬の年次賞与のKPIは，80％がキャッシュフローとEBITDAで，残りの20％は，安全性，環境，多様性（上級管理職や専門職の女性・マイノリティー比率）に対する目標達成度が含まれている。このように，坂本（2012）が主張するように，報酬デザインに関してもステークホルダーへの配慮がかなり始まっているということである。

　また2019年４月28日の日本経済新聞朝刊によると，日本でも役員報酬の評価基準にESG目標を取り込む動きがあり，例えばオムロンは役員報酬のうち中長期の業績に連動して株式報酬で支給する部分に外部評価機関からのESG評価を反映させる。

　しかしながら，いくつかの問題点もある。もっとも大きな問題は，ESGパフォーマンスをどのように適切に評価し，KPIに融合させるかということに集約されるが，多くの欧米企業もその点についての開示は不十分である。上述したように，経営者の行動以外によって左右されるようなノイズが大きいKPIは，経営者に対して動機づけを促さない。さらに，ESGパフォーマンスを評価する手法や評価基準が不明確であると，経営者報酬の算出にあたってESGパフォーマンスに対する評価部分の査定が甘くなる可能性が高まる。その結果，業績連

動型報酬の固定報酬化が懸念されている。これを改善するためにも，ある程度
まで，ESGパフォーマンスを定量化し，外部から検証可能にすることが必要で
ある。

いずれにせよ，非財務的KPIにESGの要素を加えることは，長期的かつ持続
的な企業成長を遂げるためにも重要で，これは日本の企業文化とも親和性が高
いと考えられる。今後，日本企業も報酬デザインの重要な要素としてESG的
KPIを導入し，これを常に高度化させる必要がある。

(7)　報酬デザインに関する総括

ここまで，日本企業の報酬デザインのあり方の方向性について検討してきた。
そこで，以上まで検討してきたことを**図表6-15**に整理した。

これは，多くの日本企業に適用可能な報酬デザインのあり方の方向性を提示
したものである。このベースとなる報酬デザインに，各企業の短中長期の経営
計画，経営戦略，成長ステージ，規模，産業の特性，グローバル化の進展度，

■図表6-15　日本企業の報酬デザインのあり方の方向性

理念と目的	長期的かつ持続的な企業価値向上	
		目的と効果
報酬ミックス	1：1：1	適正なリスクテイキングを引き出す
年次賞与	・会計利益を中心とした財務的KPIと非財務的KPIの組み合わせ ・財務的KPIとして，EBITDA，EBIT，ROCE（ROIC），EPSの採用 ・非財務的KPIの採用	・短期的成果への経営者行動を促す ・リスクテイキングの程度を高める。
長期インセンティブ	・株式報酬を主体 　⇒ストックオプション，リストリクテッド・ストック，パフォーマンスプランの組み合わせ ・財務的KPIとして，TSR，EBIT，EPS，ROCE（ROIC）の採用 ・KPIとして株価を採用 ・非財務的KPIの採用 　ESG的要素も含める ・株式保有ガイドラインを設定 　⇒経営者の株式保有を義務化	・株主と経営者のエージェンシー問題の緩和 ・株主とリスクを共有 ・長期的な観点からの経営者行動を促す ・ESG的要素を含めることにより，経営者の機会主義的行動を抑制する。

出所：筆者作成。

ミッション，企業文化等が反映されることによって，報酬デザインの独自性が表れてくる。

　たとえば，本書では，日本企業の総報酬額に占める業績連動型報酬の割合を高めることを方向性として提示しているが，電気，電力，ガス，鉄道等の公共性の高い企業においては，固定報酬の割合を高めて，業績連動型報酬は株式報酬主体の長期インセンティブを主に導入すべきである。なぜならば，マルチタスクの観点から，収益性が追求されることによって，安全性に対する追求が疎かになる可能性が高くなるからである。

　また報酬デザインから多くの企業の理念や哲学を酌みとることができるケースも見られる。たとえば，独自性が際立っているのが，世界最大の持株会社であり，ウォーレン・バフェットが会長兼CEOを務めるBERKSHIRE HATHAWAY INC.（バークシャー・ハサウェイ）である。2017年のProxy Statementによると，同社の経営者報酬制度は，他の株式会社とは異なることを謳っている。同社会長および副会長であるチャーリー・マンガーは「報酬額を変更しない」ことを強く希望しているため，2004年にガバナンス委員会，報酬委員会，指名委員会が設立されて以来，委員会は会長と副会長の報酬額の増加を提案していない。このため，両氏の年間の報酬は25年以上の間，10万ドルとなっている。また，委員会は，同社の経営者報酬は，収益性や株式の市場価値を考慮しないこと，ストックオプションを役員に付与しないこと，すべての役員報酬は内国歳入法§162（m）の下で控除可能なものする，といった方針を定めている。これは，きわめて特殊なケースであるが，自社の報酬デザインが合理的であると考えるのであれば，ステークホルダーに対して説明責任を果たせば問題はない。つまり，企業哲学で，一般的に推奨されている報酬デザインが自社の企業文化に適合しないとする企業があってもよい。その際には，報酬方針で，「当社は，高業績であっても，固定報酬主体の低報酬額の方針」と，その旨を投資家へ開示すればよいのである。

　一方，大半の日本企業の報酬デザインは，短中長期の経営計画や経営戦略との整合性がみられないケースが多く，独自性がみられない。持続的な企業価値向上に寄与し，独自性のある報酬デザインにするのならば，短中長期の経営計画と戦略性をKPIとリンクさせる必要がある。さらに，ESG的KPIを導入することによって，自社が進むべき方向性を報酬デザインによって社会に示し，企業のレピュテーションも高まるといった副次的効果もあるという認識を，日本

企業も持つべきである。つまり，報酬デザインそのものが，短中長期計画や企業戦略およびミッションとリンクすれば，広くブランドマーケティングの要素にもなり得るということをわが国企業も意識する時代が来たと考えられる。

最後に，報酬デザインの高度化を図る上で考慮すべき点を2点指摘する。

第一に，ガイドライン2(1)「インセンティブの対象者は，役員に限定せず，重要な地位にある社員も同じ報酬方針に含め検討・設計する」[28]は，会社法上の役員に限定せず，より広範な幹部経営陣とすべきとの主張である。欧米先進国の大企業では，CEO等の上級経営者の報酬については，設計・運用・支給決定等について詳細にモニタリングを行うケースが多く，これは会社法上の役員にとどまらず，上級経営陣・幹部社員も，短中長期の企業業績に影響を与え得るとの考えに基づいている[29]。事例として取り上げた企業においても，役員・執行役員に加えて，上級経営陣・幹部社員の報酬制度に対しても業績連動型報酬が導入されており，全社的な観点から企業価値の向上が意図されていた。

第二に，近年，わが国企業の経営者報酬が上昇している中で，従業員の給与が高まっていないことは大きな問題であると考えられる。ウイリス・タワーズワトソンによる『日米欧CEO報酬』の調査結果をもとに[30]，売上高1兆円以上のわが国主要企業における2015年度の総報酬額の中央値と2017年度のそれとを比較した結果，およそ18％増加している。しかしながら，従業員の給与が同じような幅で増加していない状態で，経営者報酬だけが高まっていることは，CSRの観点から是正すべき問題であると考えられる。確かに本書では，低すぎる報酬水準を見直し，業績連動型報酬の割合を高めることを方向性として提示した。当然のことながら，企業業績が向上すれば報酬額は増大する。調査結果のCEOの報酬額増大は企業業績の向上によるもので，この点は理にかなっているが，従業員の給与が上昇していないことについて合理性がない。2017年9月6日の日本経済新聞によると，わが国の労働分配率は2011年をピークに，企業の収益環境は底堅い状況であるにもかかわらず，低下基調にある。これは，欧米においても同様であり，実際に欧米の経営者報酬額は減少傾向にある。しかしながら，わが国企業の経営者報酬だけが上昇傾向にあるのは，企業の社会性という観点から受け入れることはできない。英国のロールスロイスは経営者報酬を決定する際に，グループ従業員の賃金上昇額をKPIに含めている。わが国企業も，日本的な企業文化を尊重し，社会との共生を実現するための共通価値経営を志向するのならば，KPIに従業員の待遇を考慮した要素を含めるべき

である。

6.3 報酬ガバナンスの改革

前節で報酬デザインのあり方の方向性について，実態調査とガイドラインならびに欧米企業の報酬デザインをもとに指摘した。本節では，報酬ガバナンスの観点から，経営者報酬制度の高度化のための方向性について提示する。報酬デザインを長期的かつ持続的な企業価値向上に寄与するように仕向けるには，ステークホルダーへの情報開示，報酬委員会，リスク管理を包括する報酬ガバナンスの確立と高度化が必要不可欠である。報酬デザインを設定し，定期的に検証するのが報酬委員会の役割であり，これについての詳細な開示をステークホルダーに対して実施することは企業の義務である。また，経営者の過度なリスク偏重や不正行為を抑制するためにも，リスク管理の充実も必要不可欠である。以上のことを実現させることによって，経営者報酬制度の高度化が達成されるのである。

6.3.1 報酬委員会のあり方

⑴ 報酬委員会の役割

報酬委員会[31]は，経営者報酬の決定のみならず報酬ガバナンスの高度化を実現するうえで中心的な役割を果たす。報酬委員会の役割について以下の研究結果がある。Dechow and Sloan（1991）によると，退任前年度の経営者は利益のKPIをベースとした報酬を高めるために，研究開発費や広告宣伝費の削減等の会計利益の調整を行うインセンティブが強くなることを確認している。Huson *et al.*（2012）は，彼らの確認を踏まえて，報酬委員会がそのような経営者の機会主義的行動を認識しており，現金での報酬契約をデザインする際に，利益要素の中でも販売費および一般管理費の相対的な重みを低めに調整するという仮説を設定した。そして，彼らは経営者の在任最終年度には，販売費および一般管理費に関する裁量的会計発生高の正の変化が，他の利益要素よりも報酬に及ぼす影響が小さいことを確認した。このことから，彼らは報酬委員会が経営者の機会主義的行動を把握しており，これを抑制する仕組みが報酬体系に組み込まれるようなガバナンスメカニズムを構築していると主張している。これは，報酬委員会の有効性を示している。

ガイドラインによると，報酬委員会の役割は経営者の利益相反の防止と共に，戦略的な視点から，中長期の企業・株主価値創造のインセンティブを経営者に十分与える内容になっているかを検証することにある。亀長（2016）は報酬委員会の役割のベースは「株主・投資家への説明責任の担保」にあり，その主要なタスクは「報酬制度レビュー」「業績評価に対するモニタリング」の2つであると主張している[32]。コーポレートガバナンス・コードにおいて，報酬委員会については「取締役会の下に独立社外取締役を主要な構成員とする任意の指名委員会・報酬委員会など，独立した諮問委員会を設置することにより，指名・報酬などの特に重要な事項に関する検討に当たり独立社外取締役の適切な関与・助言を得るべきである。」（補充原則4－10①）との記載がある。また，報酬委員会の位置付けは「上場会社が監査役会設置会社または監査等委員会設置会社であって，独立社外取締役が取締役会の過半数に達していない場合」に，指名・報酬などに係る取締役会の機能の独立性・客観性と説明責任の強化（補充原則4－10①）に資するものと提言されている。

日本においては，経営者報酬制度の議論・検討は，報酬委員会がその主体となるべきであることからも，利益相反を排除した委員会が，主体的に活動を行い，議論・検討を行えるよう環境を整えることが求められる。この点についてわが国政府も認識しており，2019年1月31日に公布・施行された「企業内容等の開示に関する内閣府令の一部を改正する内閣府令」（以下「改正開示府令」という）により，方針の決定権限者の情報，方針の決定に関与する委員会等の手続の概要の開示も求められている。これは報酬委員会の位置付け・構成メンバー等の情報とともに，その実効性を外部から確認できるようにすることが趣旨である。

ここではガイドラインをもとに，実態調査と経済産業省が行った「コーポレートガバナンスに関する企業アンケート調査」[33]とウイリス・タワーズワトソン（NASDAQ：WLTW）が2016年に実施した経営者の報酬および指名に関する委員会の構成や体制・運用の実態調査[34]ならびに株式会社東京証券取引所が2018年に発表した「東証上場会社における独立社外取締役の選任状況，委員会の設置状況及び相談役・顧問等の開示状況」を参考にしながら，報酬委員会のあり方について検討する。

(2) ガイドラインからの提言

　ガイドラインでは，報酬ガバナンスの確立に向けたステップとして，すべての公開企業は報酬決定に関する独立した委員会を設置すること，ならびに報酬委員会の独立性と専門性を高めることを提言している。ウイリス・タワーズワトソンによると，全上場企業ベースでみて，報酬委員会を設置している企業の数は2015年7月時点において284社であったのに対して，2016年6月時点では571社と，約2倍となった。また，法定の報酬委員会の数は，2015年7月で65社，2016年6月で70社と大きな変化はないことに対して，任意の報酬委員会の数が，2015年7月の219社から，2016年6月の501社と2倍超となったことが大きな特徴である[35]。また株式会社東京証券取引所の調査によると，市場第一部における報酬委員会の設置状況は，2015年には13.4％，2016年には29.9％，2017年には34.9％，2018年には37.7％と年々増加している[36]。このように報酬委員会を設置する企業は増加しており，この傾向がしばらくは続くことが予想される。

　「経営者報酬ガイドライン（第四版）」5(2)で，報酬委員会の目的を，報酬額の多寡の承認にとどまらず，PPRを中心に，戦略的な視点から経営者報酬を監督すると明確化した。これは，経営者報酬が戦略性を有していることを前提にしている。上述したように経営者報酬は自社の経営計画や戦略と整合性を保つ必要があり，日本企業はこれをさらに意識する必要がある。これを推進させるのが報酬委員会の役割である。

　ガイドラインの5(3)で，利益相反排除の視点から，報酬委員会は過半数の独立社外取締役を構成員とし，大企業においては独立社外取締役のみによる構成を推奨している。その際に委員長は，委員を複数年務めた独立社外取締役から選出する（発足時を除く）ことも提示している。また相当の専門性が委員に要求されることから，報酬決定の経験のある独立社外取締役を最低1名，その構成員とすることを推奨し，もし経験・専門性を有する委員の就任が難しい場合には，財務・会計に関する知識・経験を有する委員を構成員とするとしている。実態調査によると，報酬委員会またはそれに相当する任意の委員会が半数以上の独立社外取締役から構成されている企業は88％であった。また，経済産業省が行ったコーポレートガバナンスに関する企業アンケート調査結果でも，報酬委員会のメンバーの過半数が社外者である企業は85％と高い数値を示しており，独立性が担保されているように思われる。しかしながら，既に述べたように，

実態調査のアンケートにおいて，報酬委員会またはそれに相当する任意の委員会の委員長の役職についての質問に対して，代表取締役頭取，代表取締役社長，代表取締役という記載が見られた。「コーポレートガバナンスに関する企業アンケート調査結果」によると，社内取締役が議長である比率は46％であった。回答企業数345社の中での議長の属性は会長・副会長が14％（48社），社長・CEO・副社長が30％（102社），財務担当，経営企画担当，法務担当などが２％（７社）となっている。このように，半数以上の独立社外取締役で構成されている報酬委員会であっても，委員長が社内のトップであるというケースが多く，独立性が担保されるとは言えない。このような結果は，実態調査で示されたように，55％の企業しか決定権限が委譲されていない調査結果と整合性があり，経営者による報酬の自己決定，いわゆる「お手盛り」の危険性は依然として残っていると評価せざるを得ない。

　ガイドラインの５(4)で，委員会事務局は，委員の意思決定を可能とする社内外の客観的な情報の提供を要求し，委員会アドバイザーの採用の際には，他の面で会社とつながりがあるか否か等，その独立性の是非を考慮し，報酬委員会が任命・罷免を決定するとしている。

　ガイドライン５(6)では，報酬委員会の目的・権限・規定を明文化し，開示することを提言しており，その役割として以下の16項目を挙げている。

　（ア）戦略や人材戦略と合致した報酬方針の策定と維持
　（イ）方針にそって運用されるすべての報酬・ベネフィットの検討と承認
　（ウ）CEOを含む上級経営陣の報酬に係る業績評価の指標や基準の検討と承認
　（エ）報酬制度におけるリスクを検討し，最小化するために必要な制度や運用上の改善策を承認する
　（オ）報酬に関する動向について入手し検討する
　（カ）CEOや他の役員の報酬見直しの検討と承認を行う
　（キ）経営者の報酬制度や報酬レベルを市場競争力があるレベルに維持する
　（ク）方針にそって自社の報酬や福利厚生制度の運用を監督し，主要な変更について検討を行う
　（ケ）CEOや他の経営者のインセンティブ制度に関連した業績目標や賞与支払いの時期，および，それらの業績目標や賞与支払い時期の調整につ

いて検討と承認を行う

（コ）経営者向け株式報酬制度や他の長期インセンティブ制度，および，年次長期インセンティブ報酬の全対象者への支払い総額について検討と承認を行う

（サ）広範な報酬や福利厚生制度，および，それらの制度に関連した会計費用・税務等総経費の検討を行う

（シ）委員会の憲章を作成し定期的に見直す

（ス）報酬に関する開示を経営陣と協力して作成する

（セ）経営者，および，社外取締役の株式保有ガイドライン（自社株保有基準）を監督する

（ソ）報酬分野の独立コンサルタントなどのアドバイザーを選解任する権限を有し，責任範囲を特定する

（タ）社外取締役の報酬に関連した全事項について取締役会への提案を行う

ガイドラインの5(7)では，経営者報酬が中長期の企業価値創造と合致し，高業績が達成された際には，それに相応しい報酬が支払われるよう，報酬委員会に，ガイドラインを参考にした意思決定を推奨している。一方，年度末には，企業のパフォーマンス評価を行い，事前に設定されたインセンティブの支給公式により算出された金額と達成した企業業績に，著しい乖離が見られる場合には，支給の減額が行える権限を担保することを要請している。つまり，事前に決定したインセンティブのフォーミュラに従い年度末に，自動的に支払いを承認せず，総合的な企業業績の評価に照らし，支給が適切であるかを報酬委員会が最終決定を行うことで，報酬ガバナンスの有効性を担保することになるのである[37]。

報酬委員会で，経営者報酬を議論・検討する際には，企業ごとに異なる企業価値向上のための戦略，将来の方向性，ミッションをどのように報酬方針に反映させるかの議論が重要となる。多くの報酬委員会では責任回避のためか，意思決定に際して，他社の事例を重視する傾向があるため[38]，企業独自の計画や戦略性と整合性のある報酬戦略を構築することが困難になる。米国では，企業が投資家や議決権行使助言会社の報酬ガイドラインを過度に遵守することにより生じる報酬の均一性の問題が指摘されている[39]。これは，国内外の機関投資家へのインタビュー調査においてもよく聞かれた話であり，コーポレートガバ

ナンス・コードやスチュワードシップ・コードの導入により，均一性の問題はさらに深刻になる可能性がある。経営者報酬の話にとどまらず，これはコーポレートガバナンスの均一性の問題に拡大するおそれもあり，常に企業は独自性を打ち出すことを意識する必要がある。つまり，企業ごとの戦略，将来の方向性，ミッションを鮮明にしながら，これらをどのように方針や報酬デザインに組み込んでいくかを，報酬委員会で検討することが重要となる。

　最後に，報酬委員会の重大な役割として株主を含むステークホルダーからの意見をふまえながら，常に報酬デザインの検証を行うことが重要である。欧米企業において，株主からの提案に基づき，報酬委員会は報酬デザインの見直しを定期的に行い，場合によっては修正するのである。これをわが国においても定着させる必要があり，そのためには，後述するように，Say on Pay（勧告的投票）の導入が有効であると考えられる。

6.3.2 日本企業の経営者報酬制度に関する情報開示のあり方

⑴　日本企業の経営者報酬制度に関する情報開示の遅れ

　日本企業の経営者報酬制度に関する情報開示は，欧米企業と比較すると周回遅れの状況にあった。欧米企業の情報開示が進んでいる一つの要因として，第4章で述べたように，欧米の規制当局が，エンロン事件や世界金融危機の発生により，業績連動とリスク管理を強化すべく，報酬についての情報開示（経営者報酬の方針と支給額ならびにその根拠）の拡充と独立社外取締役から構成される報酬委員会の報酬決定プロセス等の開示を要請していることや，Say on Payによる株主権限の強化が図られていることが挙げられる。とくに米国において，米国企業はSay on Payに対応するため，株主総会招集通知（Proxy statement）に経営者報酬制度に関する詳細な情報を報酬デザインと報酬ガバナンスに分けて記載し，投資家からの理解を得る必要性を強く感じている。日本の現状は，実態調査の結果から鑑みても，国内外の機関投資家から日本企業の情報開示に対して多くの不満があり，改善の余地は大きいと考えられていた。そこで2019年1月31日，金融庁が「企業内容等の開示に関する内閣府令」を改正し，改正開示府令が同日付で施行された。改正開示府令では，報酬額等の決定方針，業績連動報酬，役員の報酬等に関する株主総会の決議，報酬委員会等の活動内容などに関する開示項目が拡充されている。役員の報酬等の開示に関する改正は，2019年3月31日以後に終了する事業年度に係る有価証券報告書等

第6章　日本企業の経営者報酬制度のあり方の方向性　187

■ 図表6－16　経営者報酬規制の各国比較

	米国	ドイツ	英国	日　　本
報酬方針の開示	○ SECルール規則S-Kの項目402	○ 会社法	○ 会社法	○　指名委員会等設置会社は強制 ○　金商法 2019年3月期から有価証券報告書において以下の記載を求める。 「役員の報酬等について，報酬プログラムの説明（業績連動報酬に関する情報や役職ごとの方針等），報酬等に関する株主総会決議があるときは，その決議年月日及び決議内容，業績連動報酬に係る指標の目標及び実績等」 ・会社法（事業報告） ・コーポレートガバナンス報告書
個別報酬開示	○ CEO，CFOを含めた金額上位5名（個別に過去3年分）SECルール	○ 監督役会およびマネジメントボード全員（開示ひな形の提示）	○ 全取締役（過去2年）会社法	<u>○　総報酬額1億円以上の取締役についてのみ開示が強制</u> ×　それ以外は任意 ・金商法（有価証券報告書） ・会社法（事業報告）

出所：阿部（2014），29頁より筆者が加筆・修正。

から適用される。しかしながら個別開示については変更がない点は重要な問題として挙げられる。

　図表6－16は，米国，ドイツ，英国，日本の経営者報酬規制を4つの項目に分類して整理したものである。この図表から明らかなように，個別報酬開示において，日本企業は明らかに米国，ドイツ，英国と比較すると後れをとっている。現状では，経営者の報酬額が適正か否かのモニタリングができない状態となっている。

　情報開示の高度化の目的として，株主と経営者の間の情報の非対称性を克服することによって，投資家の理解を得ることが挙げられる。それを通じて持続的成長を達成するための自社の企業戦略とリンクした経営者報酬制度を開示することは，企業価値の向上に寄与すると考えられる。わが国企業も情報開示の進展は企業の戦略そのものであるとの認識を持つ必要がある。

(2)　日本企業の情報開示の現状と欧米における法規制

　日本においては，経営者報酬等に関する開示事項は，株主総会参考書類，事業報告書または有価証券報告書，コーポレートガバナンス報告書によって異なっており，各根拠規定に照らして記載事項を検討する必要がある。また，コーポレートガバナンス・コードに沿って取締役会が経営陣・取締役の報酬を決定するにあたっての方針と手続を決定した場合も一定の開示が必要となる。以下，会社法，有価証券報告書（金融商品取引法），コーポレートガバナンス報告書ごとに説明する。

　最初に，会社法は，会社役員に関する事項を記載する書類として事業報告書を用意し（会社施行規則121条5号），事業報告書には，当該事業年度において役員に支払われた報酬等を，取締役および監査役ごとに区分してそれぞれの総額と員数を記載するとともに，当該事業年度において受け，または受ける見込みの額が明らかとなった報酬等も記載する必要がある（会社法施行規則121条4号・5号）。しかしながら，上記のような情報開示では不十分であるため，2019年2月14日に法制審議会総会で承認された「会社法制（企業統治等関係）の見直し関する要綱」では，役員報酬の透明化を図る方策を打ち出している。

　次に有価証券報告書における開示は，上述した改正開示府令において，開示項目が拡充された。総報酬額1億円以上の役員についての個別開示がなされることに変更はない。最後に，コーポレートガバナンス報告書における経営者報酬に関する開示については，インセンティブ関係と取締役報酬関係の2つに分類して説明がなされている。前者は，取締役へのインセンティブ付与に関する施策の実施状況，ストックオプションの付与対象者について，後者については，個別の取締役報酬の開示状況，報酬の額またはその算定方式の有無についてである。

　繰り返しになるが，日本の報酬規制では，経営者報酬の個別開示については，1億円以上の役員についてのみの規制で，1億円未満は任意である。米国，ドイツ，英国では，世界金融危機を経験した後，第4章で述べたように個別開示も含めた情報開示の拡充をさらに推し進めており，企業も情報開示の高度化を積極的に図るようになった。具体的内容は以下の2点である。

①　報酬方針の開示の強化

　開示は自由記載ではなく，項目要素を規制化し，報酬の目的，報酬要素，イ

ンセンティブの仕組み，報酬決定等のプロセスが開示されるようになった。た
とえば，米国においては，SEC Regulation S-Kの項目 402（Item 402）におい
て，取締役および役員の報酬に関する詳細な開示のルールが規定されている。
とくに「Compensation discussion and analysis」の項目で，報酬デザインに
ついての詳細な開示が要求されている。さらに，「Summary compensation
table」では個別開示についての事項が記載されている。このような情報開示
の拡充が米国以外の先進各国に伝播した結果，株主や投資家は報酬デザインの
仕組みを理解し，企業業績と報酬が連動しているかの計算が可能となり，他社
との比較検討が容易になった。これは，法規制によるものだけではなく，株主
を含めたステークホルダーからの理解を得るという意味で，欧米企業は自発的
に経営者報酬に関する情報開示を進展させているのである。

　一方日本においては，コーポレートガバナンス・コードにおいて，取締役会
が経営陣幹部・取締役の報酬を決定するに当たっての方針と手続について開示
し，主体的な情報発信を行うべきとした。これまで，一部の企業を除いて，開
示そのもの，開示されていても詳細な内容の開示はされておらず，原則化は，
報酬ガバナンスにおける大きな前進と評価できる。しかしながら，補充原則3
－1①において，「情報の開示に当たっても，取締役会は，ひな型的な記述や
具体性を欠く記述を避け，利用者にとって付加価値の高い記載となるようにす
べきである」としか述べられていない。阿部（2016）は，同時に「他国の規制
やコードと比較すると，具体的な開示項目やその記載方法は示されていないた
め，企業によって開示項目や内容の濃淡がみられ，利用者がその内容に関して
企業間比較を行うことも難しい」[40]と述べている。具体的には，PPRが，明確
に開示されている例は非常に少なかった[41]。これに対応すべく上記で述べた改
正開示府令で，経営者報酬に関する開示項目が拡充されたことについては一定
の評価を与えることができる。

②　個別報酬開示

　米国，ドイツ，英国では，記載方法をひな形化規制することによって，開示
漏れがないように，すべての報酬要素が網羅性を担保して開示されるように
なった。個別開示は，会計基準ベースによる実現報酬（Realized Pay）[42]に加
えて実現可能報酬（Realizable Pay）[43]も開示され，経営者が期末時点で獲得
可能な報酬額が確認できる。ひな形化のメリットとしては，開示情報の他社比

較が容易に行えることで，投資家は，業績と報酬の関係の分析，インセンティブの仕組み等の分析を正確に行えるようになった。以上のように欧米においては，個別開示を含めた情報開示の拡充への強化が図られており，現在でも議論は継続されている。

　このような状況から，欧米企業との情報開示の質の格差はなおも存在し，日本企業は自発的に個別開示を含めた情報開示の拡充を早急に進めるべきである。これは，後述するSay on Payと併せて導入すると，効果は相乗的に高まると考えられる。

(3)　ガイドラインからの提言

　「ガイドライン1 経営者報酬の方針(6)」では，検討・決定・開示すべき報酬方針として，以下の項目を提示している。

（ア）報酬の目的：企業理念，綱領，年次計画，中長期の戦略，人材戦略等と方針・報酬制度は，どのように統合されるかの説明

（イ）選択する報酬要素とその理由：どの報酬要素（基本報酬，短期インセンティブ・年次賞与，長期インセンティブ・株式報酬等，ベネフィット，退任後報酬）を，どのような理由で選択したかの説明

（ウ）報酬水準に対する考え方：報酬水準を決定するにあたって，参考とした企業群（同輩企業）と，選択した理由および従業員との整合性

（エ）報酬ミックスとその理由：基本報酬，年次インセンティブ報酬（業績連動賞与），長期インセンティブ報酬，退職慰労金等の各要素の組み合わせの比率とその比率，対象となる役員・社員に関する考え方

（オ）インセンティブ設計の詳細（業績評価指標（KPI）の選択，評価ウェイト，インセンティブ支給計算式，短期長期のバランス）・業績と報酬の連動の仕組みの説明：単年度インセンティブの仕組みとそのように設計した理由，中長期インセンティブの仕組みとそのように設計した理由，株式保有の促進に関する考え方

（カ）リスク管理：報酬制度が，過度なリスクテイキングを助長しないための仕組み（クローバック，株式報酬ガイドライン，インセンティブの支給上限の設定など）

（キ）報酬決定の手続き：報酬委員会構成，委員会権限・規定，運用計画

（年間スケジュール等），委員の教育，独立性の担保を含めた外部アドバイザーの選解任規定

　これらの項目を開示することによって，情報開示の高度化は促進されて，実態調査によって明らかにされた企業と投資家との間の認識差異は改善されると考えられる。開示すべき内容を整理すると，以下の2点が挙げられる。第一に，報酬方針の策定と報酬デザインの決定について詳細な開示が必要となる。報酬方針の策定と報酬デザインの決定については，経営者報酬の目的，報酬要素，インセンティブの仕組み，報酬の決定プロセス等を詳細に開示することによって，報酬額の妥当性を判断し，短中長期の業績と報酬の関連を確認することが可能になる。第二に，個別報酬開示により，経営者の報酬額が適正か否かのモニタリングができるようになる。

　ここで重要なことは，法規制の有無により情報開示の意識を変えるべきではないということである。上述したように日本企業の経営者報酬制度に関する情報開示の質は低く，欧米企業と比較すると周回遅れの状況にあった。このような状況で報酬額が高まっていくと，国内外投資家からの信頼を醸成することは困難になると考えられる。つまり，法規制の存在にかかわらず，わが国企業は自発的に情報開示の拡充を図る必要がある。つまり，欧米企業の事例を参考にしながら，株主を含むステークホルダーとの対話を通じて，能動的に情報開示の高度化を進展させなければならない。とくに個別開示については，わが国企業も積極的に進展させるべきであり，これを通じてステークホルダーの承認を得られるような経営者報酬制度の構築が可能になることを意識すべきである。

6.3.3 リスク管理

　経営者報酬制度は経営者に適切なインセンティブを付与することによって，企業価値向上を実現させるための重要なコーポレートガバナンスの要素であるが，上述したように運用の仕方を誤ると企業価値を大幅に毀損させることになる。そのため，近年では，リスク管理の観点から，経営者報酬制度の機能強化が図られている。具体的にはガイドラインの6において，「報酬におけるリスク管理の項目は，先進国においては，不正会計問題や巨額投資の失敗に基づく巨額損失に対する経営者への牽制のシステムとして規制化され，金融危機以降，報酬制度へ組み込まれている」[44]と記載されている。

192

| 図表6-17 | 報酬ガバナンスとリスクマネジメントにおける主な慣行 |

取締役会の独立取締役がCEOの報酬を承認し，報酬および給付委員会がその他すべての業務執行役員の報酬を承認する。
取締役会のエンタープライズリスク委員会および監査委員会は，それぞれCRO（Chief Risk Officer：最高リスク責任者）およびCorporate General Auditor（主席監査役）の報酬を検証および承認する。
独立した統括部門（監査，コンプライアンス，財務，人事，法務およびリスクを含む）は，業務執行役員の業績に関する評価とPPR（（Pay-for-Performance:業績連動型報酬））のプロセスを，報酬および給付委員会に直接提供する。
当社のインセンティブ・プランのデザインとガバナンスに関するプロセスは，リスクと報酬によるインセンティブ付与からの効果とのバランスを適切に保っている。
上級経営幹部およびリスク担当役員を含む独立した統括部門は，当社のインセンティブ・プランを年1回審査し，認証する。

出所：Bank of America Corporation 2019 Proxy Statementより，筆者が一部修正。

経営者報酬制度のリスク管理の手法として以下の4つが考えられる。

① 報酬ガバナンスのモニタリング機能
② 株主からのモニタリングとしてのSay on Payの導入
③ 報酬リスク管理条項を作成し，この条項の枠組みで報酬デザインに反映させる方法
④ 事後の対応として報酬支払後の返還を強制する等の条項作成

①について，独立取締役によるモニタリングが有効であり，独立社外取締役のみで報酬委員会を構成し，報酬デザインの検証を行うことが必要である。このような意味で，世界金融危機を克服したBank of Americaの報酬制度のリスク管理は経営者の過剰なリスクテイキングを防止する意味でも有効であると考えられる。同社は，報酬ガバナンスおよびリスク管理における主なプラクティスとして**図表6-17**で示されるような点を挙げている。

また，同行では報酬ガバナンスの役割を明らかにしている。報酬および給付委員会は，同行のPPRの理念を強固なガバナンスにより促進することを意図した手続に従っている。同行は報酬ガバナンス方針を採用し，年1回これを見直している。それは，インセンティブ報酬に関する意思決定について規定すると

ともに全社にわたるインセンティブ報酬プログラムのデザインを監督するフレームワークを定めている。報酬ガバナンス方針は，世界各国の規制関連のイニシアチブに適合しており，インセンティブ報酬が過度のリスクテイキングを助長することがないことを要請し，以下の内容を扱っている。

- リスクテイキングな行動をしている従業員の定義およびそれを特定するためのプロセス
- 下記の点を含む，リスクと報酬によるインセンティブ付与の効果とのバランスが適切であるようなインセンティブ報酬制度のデザインおよびガバナンスに関するプロセスと鍵となる目標
    - インセンティブ報酬プールのための資金調達
    - 個別のインセンティブ報酬支給の決定
    - 以上のプロセスの一部における裁量の行使
- 取消およびクローバックを実施するプロセスの策定を含む，インセンティブ報酬制度のリスクと報酬効果とのバランスが適切であることの確認を目的としたテストおよび監視によるインセンティブ報酬制度の有効性に係る方針
- 当社の独立した統制部門の独立性，およびこれらの報酬委員会への適正なインプットについて規定した方針

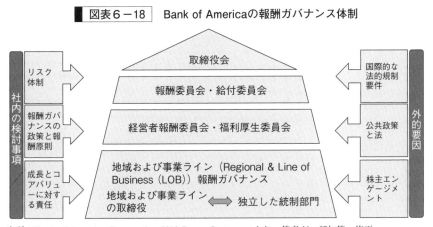

図表6-18　Bank of Americaの報酬ガバナンス体制

出所：Bank of America Corporation 2019 Proxy Statementより，筆者が一部加筆・修正。

また，同行の報酬ガバナンスの体制については，**図表6-18**で示されるように，独立した統制部門からの書面でのインプットを通じて，取締役会，報酬および給付委員会，または適切な経営管理レベルにおいて報酬に関する意思決定が行われるよう，責任の配分を行っている。このような体制を整備することによって，経営者報酬制度に対しての効果的な監督および審査が促されて，リスクと報酬のバランスを図るための適正な報酬ガバナンスが推進されることになる。

②については，欧米と比較すると株主の権限が強いと言われる日本であるが上述したようにSay on Pay（セイオンペイ）の導入を検討すべきである。わが国では，経営者報酬の総枠は株主が決めるとはいえ，欧米と比較すると報酬に関する情報開示の質は高いとは言い難く，実際に支払われる報酬の妥当性を株主が審査する仕組みもいまだ整えられていない。具体的には，法規制もなされておらず，個別開示が進展しない状況にあり，ステークホルダーが経営者報酬を評価することができない。しかしながら，わが国企業の経営者報酬額は徐々に高まっており，法規制にかかわらず自発的に個別開示の進展と併せてSay on Payを導入すべきである。Say on Payの導入は，開示情報の高度化を促し，株主とくに機関投資家からの審査を受けることにより，報酬制度そのものの質を高めることに寄与するのである。たとえば，拘束的決議がなくても，多くの株主から賛成票を得られない企業が自発的に報酬制度の改善を実施するケースがいくつかみられる。

たとえば，米国のメキシカンファースト・フードチェーンのChipotleのケースでは，2014年5月に開催された定時株主総会で，共同CEOの経営者報酬制度に対して，株主からわずか23％の承認しか得られなかった。同社は，その後に報酬制度を見直すと公表した。具体的には，従来までの報酬デザインの代わりに，チャレンジングな水準かつ達成可能性のあるKPIを採用したパフォーマンス・シェアの導入を進めて，2015年度の定時株主総会で95％の賛成を獲得することができた。

このように，Say on Payは，リスクが高く非合理な報酬制度の改善を促す機能がある。さらに，Say on Payの導入により，欧米企業は，情報開示を高度化させることによって，株主とくに機関投資家から高い比率の賛成票を獲得することを意識している。つまり，Say on Payの導入により，欧米では，株主を含むステークホルダー目線で必要とされる情報が開示されるようになり，

第6章 日本企業の経営者報酬制度のあり方の方向性　195

図表6-19　報酬リスク管理条項（Compensation Risk Managemnet Features）

- 固定給と変動報酬の組み合わせ
- バランスのとれた，リスク調整後の業績評価指標（KPI）
- 実際の業績および当該業績の達成方法を基準として個別の報酬を配分する業績連動型報酬プロセス
- 業績評価と報酬決定に係る独立した統括部門からのフィードバックのレビュー
- 株式報酬を通じた変動報酬の大部分の繰り延べ
- ロバストな自社株式保有と業務執行役員は退任するまで株式報酬からの税引き後分の50％の自社株式を保持しなければならない。
- 株式報酬制度に対する複数の取消条項およびクローバック条項の適用

出所：Bank of America Corporation 2019 Proxy Statementより，筆者が一部修正。

経営者報酬制度に対する厳しい審査が実施されるようになっている。

③は，リスク管理条項を作成し，これに沿って経営者報酬をデザインする方法である。たとえば，Bank of Americaは，**図表6-19**のような報酬リスク管理条項を作成しており，これは経営者報酬制度に反映されている。

④では2つの制度設計が考えられる。既に支給されたインセンティブ報酬に

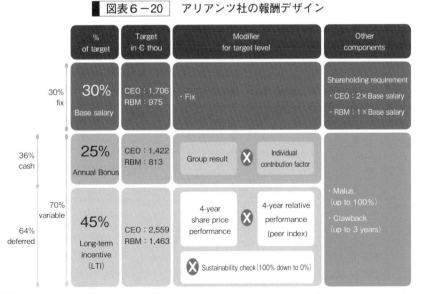

図表6-20　アリアンツ社の報酬デザイン

出所：https://www.allianz.com/en/about-us/management/remuneration/remuneration-board-of-management.html（2019年5月4日アクセス）

対する返還を強制する条項であるクローバック条項と未支給・未移転のインセンティブ報酬の支払いをキャンセルする条項のマルス条項である。これらの制度は，2000年代後半の世界金融危機以降，不正会計問題や過剰なリスクテイキングによりもたらされた巨額損失に対する経営者への牽制機能として欧米企業の経営者報酬制度に導入されつつある。

　実態調査において，このようなリスク管理に対する日本企業の意識は希薄で，国内外の機関投資家においてすら日本企業へのクローバック条項とマルス条項の導入については積極的な姿勢を示していない。理由として日本の経営者報酬額の水準が低いことが挙げられるが，2015年に発覚した東芝の巨額の粉飾決算で，その期間中に会長や社長ら経営幹部には１億円を超える年間報酬が支払われていたことが判明した。これは日本企業の報酬額の水準として決して低くはなく，粉飾決算で利益を水増しして，その成果として報酬を受け取っていたわけだから，本来ならば報酬を返還するのが当たり前，ということになるが，そのような運用はなされていない。このような理由から，クローバック条項とマルス条項を経営者との委任契約に盛り込めば，不正発覚後に支給された報酬を強制的に返納させることが可能となるため，不正に対する一定の抑止が働き，リスク管理の点から効果的であると考えられる。

　以上のような点を踏まえるとドイツのアリアンツ社が開示している報酬デザインにはクローバック条項とマルス条項の導入が明確に示されており，リスクマネジメントの観点からも極めて有効であると考えられる（**図表6−20**）。

◉注

1　阿部（2001），44頁。
2　松尾（2012年9月5日）。
　 http://judiciary.asahi.com/outlook/2012082700009.html　2016年6月5日アクセス
3　松尾・前掲（注2）
4　野村・亀長（2016），35頁。
5　タワーズペリン（編）（2008），15頁。
6　阿部（2014），25頁。
7　阿部・前掲（注6）28頁
8　中村（2016），46頁。
9　詳しくは，Healy（1985），Gaver *et al.*（1995）を参照せよ。
10　首藤昭信（2010a），17頁。

11 首藤昭信（2010b）「利益調整と会計実務」。
http://www.rieb.kobe-u.ac.jp/academic/newsletter/column/pdf/column093.pdf（2016年11月5日アクセス）

12 野村・亀長・前掲（注4）36頁。

13 阿部（2014）によると，通常当該企業（産業）担当の株式アナリストの予想値（中央値や平均）が使用される。

14 阿部・前掲（注6）28頁。

15 企業業績に応じて報酬を増減するなど，報奨とペナルティを併せ持つ制度のこと。

16 柴田・河本（2016），60頁。

17 バックデート操作とは，ストックオプションの権利の付与日を事前に定めていないストックオプションを付与し，付与日については実際にストックオプションを付与した日から日付を遡って設定されることである。行使価格の変更（Re-pricing）も含めて，いずれも，経営者がストックオプションの条件を自身にとって有利なものにしようとする裁量的な行動である

18 森田・小川（2016），11-12頁。

19 経済産業省（2015），39頁。

20 阿部・前掲（注6）27頁。

21 同上。

22 日本取締役協会（2016a），4頁。

23 中神・槙野（2016），67頁。

24 神田・武井・内ヶ﨑編著（2013），81-83頁。

25 金本（2016），7頁。

26 山下（2014），26頁。

27 松尾・前掲（注2）。

28 日本取締役協会・前掲（注22）6頁。

29 阿部・境・野地（2016），43頁。

30 ウイリス・タワーズワトソン ウェブサイト
https://www.willistowerswatson.com/ja-JP/press/2016/07/japan-us-europe-ceo-compensation-comparison-2015
https://www.willistowerswatson.com/ja-JP/press/2018/07/japan-us-europe-ceo-compensation-comparison-2017
2019年5月1日アクセス

31 ここでは，指名委員会等設置会社の報酬委員会に加えて，任意の報酬委員会も併せて，報酬委員会と表記する。

32 亀長（2016年10月19日）。

33 経済産業省は，：2016年8月25日から2016年9月30日の期間に，東証第1部・第2部上場企業（2016年6月末日時点）2,502社を対象に，コーポレートガバナンスに関する企業アンケート調査を実施して，有効回答社数874社（回答率34.9%）を得ている。
http://www.meti.go.jp/report/whitepaper/data/pdf/20170310001_3.pdf（2017年8月15日アクセス）

34 同社は，報酬もしくは指名委員会を設置済みの上場企業700社（2016年10月24日時点の

東証コーポレートガバナンス報告書から集計）を対象に，各企業が開示しているコーポレートガバナンス報告書の内容より委員会の構成等を集計した。そして，2016年7月末時点で報酬もしくは指名委員会を設置済みの上場企業を対象に，委員会の体制と運用の実態に関する調査票を送付し（回答募集期間は2016年7月末から9月中旬までの約1ヶ月間），164社より得られた回答を集計している。

35　伊藤（2016年6月）。

https://www.towerswatson.com/ja-JP/Insights/Newsletters/Asia-Pacific/japan-newsletter/2016/HCB-NL-June-Ito（2016年10月3日アクセス）

36　株式会社東京証券取引所（2018），9頁。

37　阿部・境・野地・前掲（注29）45頁。

38　同上，46頁。

39　同上，46頁。

40　同上，42頁。

41　日本取締役協会・前掲（注22）6頁。

42　当該経営者がその会計年度中に確定した報酬水準を意味し，ストックオプションやリストリクテッド・ストック等の権利確定・行使を通じて得られた報酬を含む概念である。

43　「Realizable Pay」とは，当該経営者が将来にわたっての実現可能な報酬の期待値を意味し，その会計年度中に付与された長期インセンティブ（株式報酬）の価値を含む概念である。

44　日本取締役協会・前掲（注22）11頁。

第 7 章

これからの報酬デザイン

　本書の目的は，日本企業を取り巻く経済環境の構造変化によりわが国企業の経営者報酬制度がどこに向かいつつあるのかについて展望し，実態調査や欧米企業との比較をふまえて，そのあり方の方向性について検討することであった。この背景として，世界的に経営者の役割の重要性が高まっている状況で，彼らに最適なインセンティブを付与することによって動機づけを促し，企業価値の向上につなげるという内部ガバナンスのコントロールメカニズムとしての議論が，わが国において欠落していたことが挙げられる。日本では，新卒一括採用・長期雇用（終身雇用），年功序列，内部昇進制，職能資格制度（職能給）等で代表される内部組織において，多くの経営者の地位は従業員の出世競争の延長線上にあり，その結果，経営者報酬制度も従業員の賃金制度との連続性が重視されていた。また，インサイダー型のコーポレートガバナンスと法規制は，内部組織と制度的に補完し合いながら，経営者報酬制度の経済的合理性を補強していた。これにより，1980年代以降，日本企業の経営者報酬制度は他国とは異なる固有性を有するようになった。具体的には総報酬額の水準の低さと総報酬額に占める固定報酬の割合の高さである。これは，経営者のリスクテイキングを低下させる方向に作用させるため，ROE等の利益率低下の大きな要因となっていた。つまり，わが国企業の経営者報酬制度は内部ガバナンスのコントロールメカニズムとして経営者を規律づける仕組みとなっていなかったのである。

　このような問題意識から，経営者報酬制度の変容とそのあり方の方向性を検討するために，以下のようなプロセスで議論を展開した。最初に，内部組織とコーポレートガバナンスの観点から，日本企業の固有性について検討した。理

由としては，固有性の生成を考察することにより，わが国企業の経営者報酬制度を規定してきた要因を明らかにするためである。これをふまえて内部組織とコーポレートガバナンスの変容が，固有性を規定してきた要因にどのような影響を与えて，その結果，経営者報酬制度をどのように変容させるのかを，米国とドイツの事例を辿ることによって考察した。そして，日本取締役協会による実態調査や米国とドイツの大企業の事例をもとに，日本企業の経営者報酬制度のあり方の方向性について検討した。

　最初に，日本企業の経営者報酬制度の変容についての展望を整理すると，経営者報酬制度の固有性は漸進的に薄まっていく。そして，業績連動型報酬とくに株式報酬を主体とした長期インセンティブへの比重が高まり，これと同時に総報酬額も高まっていく。そして，変容の程度と性質は，米国企業というよりもドイツ企業の経営者報酬制度に近似すると考えられる。

　次に報酬デザインについて，重要なことは，自社の短中長期の経営計画や企業戦略と整合性がある報酬をデザインすることである。さらに株式報酬を主体とした長期インセンティブの高度化を進展させることが，わが国企業の経営者報酬制度のあり方の方向性であることを提示した。その場合に重要なのが，KPIの選択であり，財務的KPIと非財務的KPIをバランスよく採用することによって，経営者の最適なリスクテイキングを促す必要がある。また，ESG的KPIも導入することによって，自社の社会性とレピュテーションを高めることが可能になり，経営者の過度なリスクテイキングも抑止する効果があると考えられる。

　報酬ガバナンスは，①報酬委員会，②情報開示，③リスク管理の３つの要素から構成されて，相互に密接な関係にある。①については，企業価値向上のための報酬デザインの構築が求められる。また，経営者に最適なインセンティブを与えるような，企業価値向上のための報酬デザインか否かを適宜に報酬委員会は検証し，場合によっては見直す必要がある。そのためには報酬委員会の独立性と専門性を強化しなければならない。②については，経営者報酬制度に関する情報開示の拡充と質を高めることが求められる。③については，報酬デザインの中にリスク管理の仕掛けを組み込むこと，および企業不祥事発覚後の事後的な対応策を制度に組み込むという２つの要素がある。このような観点から，Say on Payの導入は，株主を含むステークホルダーに対して審査の提供を与えるという点で，過度なリスクテイキングを誘引するような報酬制度の施行を

抑制するという意味においても有効であると考えられる。事後的な対応策として欧米のようなクローバック条項とマルス条項の導入がわが国においても必要であると考えられる。

　本書の課題としては以下の点が挙げられる。第3章では，日本企業の固有性を，組織アイデンティフィケーションの観点からも考察した。しかしながら，組織アイデンティフィケーションの高低については，アンケート調査等を実施して確認する必要があると考えられる。また，近年の内部組織の変容は，わが国企業の組織アイデンティフィケーションに影響を与えている可能性があり，これが経営者報酬制度を変容させている可能性も否定できない。

　次に，日本企業においても株式報酬の導入が進展していることを指摘したが，これにより経営者のリスクテイキングが改善されて，企業価値向上に寄与しているかについて実証分析を用いて検証する必要がある。2016年以降より株式報酬の導入を推進するような法規制と税制の改革が進展し，報酬デザインの多様化が見られるようになってきている。このことから，データがさらに蓄積すれば，経営者報酬制度が内部ガバナンスのコントロールメカニズムとして機能しているかの精度の高い検証は可能になると考えられる。本書において，その点の分析を実施していない点が，今後の課題である。

参考文献

【和文献】

青木昌彦（1992a）『日本経済の制度分析』筑摩書房。

青木昌彦（1992b）「システムとしての日本企業」『The Economic Studies Quarterly』Vol. 43, No. 5, 401-418頁。

青木昌彦（1993）「日米の企業統治構造は収斂するか」，平木多賀人編『日本の金融市場とコーポレート・ガバナンス』中央経済社。

青木昌彦（1995）『経済システムの進化と多元性』東洋経済新報社。

青木昌彦・ヒュー・パトリック・ポール・シェアード（1996）「日本のメインバンク・システム：概観」，青木昌彦・ヒュー・パトリック編『日本のメインバンク・システム』東洋経済新報社。

青木昌彦・奥野正寛編著（1996）『経済システムの比較制度分析』東京大学出版会。

浅野敬志・古市峰子（2015）「企業のガバナンス構造と会計戦略および企業価値との関連性について」『金融研究』Vol. 34, No.1, 35-98頁。

阿部直彦（2001）『会社を変える報酬改革』東洋経済新報社。

阿部直彦（2014）「コーポレート・ガバナンスの視点からみた経営者報酬のあり方」『旬刊商事法務』No.2048, 24-34頁。

阿部直彦・郡谷大輔（2016）「実質的に解禁された新しい株式報酬」『労務時報』5月13日号。

　https://bdti.or.jp/2016/05/19/abe/　2016年10月5日アクセス

阿部直彦・境睦・野地もも（2016）「日本取締役協会「経営者報酬ガイドライン（第四版）」の解説」『旬刊商事法務』No.2121, 37-47頁。

阿部正浩（2006）「成果主義導入の背景とその功罪」『日本労働研究雑誌』No. 554, 18-37頁。

阿萬弘行（2002）「株式市場と経営者インセンティブ―株価と役員賞与の計量分析」『日本経済研究』No. 45, 68-85頁。

蟻川靖浩（2004）「経営者インセンティブへのコーポレート・ガバナンスの影響」『ニッセイ基礎研所報』No. 33, 133-154頁。

蟻川靖浩・井上光太郎・齋藤卓爾・長尾耀平（2017）「日本企業の低パフォーマンスの要因　国際比較による検証」，宮島英昭編『企業統治と成長戦略』東洋経済新報社。

蟻川靖浩・黒木文明（2003）「経営者インセンティブへのコーポレートガバナンスの影響」Waseda University Institute of Finance』Working Paper Series早稲田大学ファイナンス総合研究所。

蟻川靖浩・宮島英昭・小川亮（2017）「メガバンク成立後の企業・銀行間関係」，宮島英昭編『企業統治と成長戦略』東洋経済新報社。

池尾和人・貝塚啓明（1992）『金融理論と制度改革』有斐閣。

池尾和人・広田真一（1992）「企業の資本構成とメインバンク」，堀内昭義・吉野直之編『現代日本の金融分析』東京大学出版会。

池田直史・井上光太郎・山﨑尚志（2017）「経営幹部のリスク回避度と報酬体系が企業行動に与える影響」第41回日本経営財務研究学会全国大会報告論文。
http://www2.kansaiu.ac.jp/jfa/docs/JFA2017%E6%B1%A0%E7%94%B0%E7%9B%B4%E5%8F%B2.pdf　2017年8月10日アクセス

石川敦子・野村慎治・平田明日香（2017）「第3節　ヨーロッパ経済　2.ドイツの労働市場改革とその効果」，内閣府（2017）『世界経済の潮流　2016年Ⅱ』。

石田潤一郎（2016）「報酬格差と企業パフォーマンス」『日本労働研究雑誌』Vol.58, No.5, 4-15頁。

石原直子（2014）「日本企業の昇進・選抜基準とその合理性」『Works Review』Vol.9, 20-29頁。

泉田成美（2003）「日本企業の統治構造・役員構成と，それらが役員報酬に与える影響についての実証分析」『研究年報経済学』（東北大学）Vol. 64, No. 3, 95-130頁。

一般財団法人 比較法研究センター（2015）『役員報酬の在り方に関する会社法上の論点の調査研究業務報告書』法務省。

伊藤竜広（2016）「報酬委員会の設置と議論の充実」『ウイリス・タワーズワトソン人事コンサルティング　ニュースレター』2016年6月。
https://www.towerswatson.com/ja-JP/Insights/Newsletters/Asia-Pacific/japan-newsletter/2016/HCB-NL-June-Ito　2016年10月3日アクセス

伊藤秀史編（1999）『日本の企業システム』東京大学出版会。

伊藤秀史（2003）『契約の経済理論』有斐閣。

伊藤秀史（2005）「企業とガバナンス」，伊丹敬之・藤本隆宏・岡崎哲二・伊藤秀史・沼上幹編『企業とガバナンス（リーディングス 日本の企業システム第Ⅱ期第2巻）』有斐閣。

伊藤秀史（2007）「契約理論―ミクロ経済学第3の理論への道程―」『経済学史研究』Vol.49, No.2, 52-62頁。

伊藤秀史（2015）「行動契約理論：「エキゾチックな選好」を持つエージェントとプリンシパルの理論」，清水和巳・磯辺剛彦（編）『社会関係資本の機能と創出：効率的な組織と社会』勁草書房。

伊藤靖史（2006）「米国における役員報酬をめぐる近年の動向-1990年代の役員報酬額の増加と2000年代初頭の不祥事の後で」『同志社法学』Vol. 58, No.3, 1019-1080頁。

伊藤靖史（2013）『経営者の報酬の法的規律』有斐閣。

今西宏次（2011）「世界金融危機とコーポレートガバナンス」『同志社商学』Vol.63, No.1+2, 38-56頁。

上田亮子（2014）「我が国におけるコーポレート・ガバナンスをめぐる現状等に関する調査」『金融庁金融研究センター FSA Institute Discussion Paper Series DP2014-5』。
http://www.fsa.go.jp/frtc/seika/discussion/2014/05.pdf　2015年1月10日アクセス

上田谷恒久（2011）「イギリス新会社法におけるコーポレート・ガバナンス規律」『武蔵野大学政治経済研究所年報』No. 3, 41-83頁。

上野陽一・馬場直彦（2005）「わが国企業による株主還元策の決定要因：配当・自社株消却のインセンティブを巡る実証分析」日本銀行ワーキング・ペーパーシリーズNo.05-J-6。

牛島信（2016）「企業はどのように「物言う株主」に向き合うべきか　新型アクティビストファンドの登場」『日経ビジネス電子版』
https://business.nikkei.com/atcl/skillup/15/275626/021800011/?P=3　2016年10月3日アクセス

占部都美（1984）『日本的経営は進化する』中央経済社。

江頭憲治郎（2014）『株式会社法 第5版』有斐閣。

江頭憲治郎（2017）『株式会社法 第7版』有斐閣。

榎本昭・飯塚信吾（2016）「株式関連報酬等に関する平成28年度税制改正について」『週刊税務通信』No.3423, 11-21頁。

大久保拓也（2003）「イギリスの上場会社における取締役の報酬に対する新たな規制」『法政論叢』Vol. 39, No.2, 1-13頁。

大杉謙一（2013）「コーポレート・ガバナンスと日本経済 ～ モニタリング・モデル，金融危機，日本的経営 ～」IMES DISCUSSION PAPER SERIES 2013-J-6　日本銀行。
https://www.imes.boj.or.jp/research/papers/japanese/13-J-06.pdf　2015年5月15日アクセス

大杉謙一（2016）「日本的経営とコーポレート・ガバナンス」『月刊資本市場』No.367, 14-21頁。

大竹文雄（1998）『労働経済学入門』日本経済新聞社。

大塚章男（2016）「役員報酬とコーポレート・ガバナンス―clawback条項を手掛かりとして―」『筑波ロー・ジャーナル』（北秀昭教授退職記念論文集）Vol.21, 19-35頁。

大村浩靖（2008）「制度的側面からみたコーポレートガバナンス論」『視点』12月号，三菱UFJ信託銀行。
http://www.tr.mufg.jp/houjin/jutaku/pdf/c200812_2.pdf　2013年12月1日アクセス

大湾秀雄（2015）「日本企業は早い選抜に変われ」週刊東洋経済2015年9月12日号，70-71頁。

岡崎竜子・堀内昭義（1992）「設備投資とメインバンク」，堀内昭義・吉野直之編『現代日本の金融分析』東大出版会。

岡部光明（1999）『環境変化と日本の金融：バブル崩壊・情報技術革新・公共政策』日本評論社。

岡部光明（2009）「日本におけるコーポレート・ガバナンス：その特徴，変遷，今後の課題」『国際学研究会』（明治学院大学国際学研究科）No.34, 21-58頁。

小川一夫（2005）「メインバンクの財務状況と企業行動：中小企業の個票データに基

づく実証分析」RIETI Discussion Paper Series 05-J-031。

　http://www.rieti.go.jp/jp/publications/dp/05j031.pdf　2016年4月3日アクセス

小川慎一（2013）「日本における労働市場の社会学の展開―労働移動の研究を中心に」『横浜経営研究』Vol.34, No.1, 1-19頁。

奥林康司（1988）「年功賃金」原田実・奥林康司編『日本労務管理史』中央経済社。

小越洋之助（2006）『終身雇用と年功賃金の転換』ミネルヴァ書房。

小佐野広（2001）『コーポレート・ガバナンスの経済学』日本経済新聞社。

小佐野広・堀敬一（2002）「日本企業の資金調達とガバナンス―規制緩和と持合解消のインパクト」，伊藤秀史編著『日本企業変革期の選択』東洋経済新報社。

乙政正太（2004）『利益調整メカニズムと会計情報』森山書店。

乙政正太（2005）「経営者報酬と会計利益の連動性に関するトレンド分析」『阪南論集社会科学編』Vol. 40, No.2, 1-16頁。

乙政正太（2010）「経営者報酬と利益の構成要素の実証的関係」『証券アナリストジャーナル』Vol.48, No.6, 24-33頁。

乙政正太（2015）「役員報酬システム改革と実証会計研究について」『會計』Vol.188, No.6, 696-708頁。

乙政正太・椎葉淳（2009）「業績連動型報酬と会計情報の役割」『會計』Vol.176, No.3, 440-453頁。

乙政正太・首藤昭信・椎葉淳・岩崎拓也（2014）「経営者報酬と利益ベンチマークの未達の関係」『国民経済雑誌』Vol. 209, No.4, 61-74頁。

海道ノブチカ（2010）「ドイツの取締役会の特徴―ゲルムの実証分析を中心として―」『商学論究』Vol.58, Vol.1, 19-37頁。

カーミット・シェーンホルツ，武田真彦（1985）「情報活動とメインバンク」Vol.4, No.4, 1-24頁。

風間信隆（2011）「資本市場のグローバル化とドイツ型企業統治構造の変容―企業統治の変容と共同決定―」『明治大学社会科学研究所紀要』Vol.49, No.2, 119-141頁。

金井壽宏（2006）『働くみんなのモティベーション論』NTT出版。

金本悠希（2016）「各種株式報酬のインセンティブ等の比較」税制A to Z 大和総研, 1-22頁。

　http://www.dir.co.jp/research/report/law-research/tax/20161121_011424.pdf　2016年12月15日

株式会社東京証券取引所（2012）「上場会社コーポレート・ガバナンス原則」2009年12月22日改定。

株式会社東京証券取引所（2015）「コーポレートガバナンス・コード～会社の持続的な成長と中長期的な企業価値の向上のために～」2頁。

　http://www.jpx.co.jp/equities/listing/cg/tvdivq0000008jdy-att/code.pdf　2016年12月2日アクセス

株式会社東京証券取引所（2015a）『東証上場会社コーポレート・ガバナンス白書2015』株式会社東京証券取引所。

http://www.jpx.co.jp/news/1020/nlsgeu000000tyb5-att/white-paper15.pdf　2016年12月22日アクセス

株式会社東京証券取引所他（2015b）「2014年度　株式分布状況調査の調査結果について〈要約版〉」。
　http://www.jpx.co.jp/markets/statistics-equities/examination/nlsgeu0000010nfj-att/bunpu2014.pdf　　2016年7月28日アクセス

株式会社東京証券取引所他（2017）「2016年度株式分布状況調査の調査結果について〈要約版〉」。
　http://www.jpx.co.jp/markets/statistics-equities/examination/nlsgeu000002ini6-att/j-bunpu2016.pdf　2017年8月5日アクセス

株式会社東京証券取引所他（2018）「東証上場会社における独立社外取締役の選任状況，委員会の設置状況及び相談役・顧問等の開示状況」
　https://www.jpx.co.jp/listing/others/ind-executive/tvdivq0000001j9j-att/nlsgeu00000393cs.pdf　2019年5月5日アクセス

亀長尚尋「報酬委，制度・評価を検証」日本経済産業新聞　2016年10月19日。

川口幸美（2004）『社外取締役とコーポレート・ガバナンス』弘文堂。

川本真哉（2009）「20世紀日本における内部昇進型経営者—その概観と登用要因」『企業研究』（中央大学企業研究所）Vol.15, 5-21頁。

神田秀樹・武井一浩・内ヶ﨑茂 編著（2013）『日本経済復活の処方箋 役員報酬改革論』商事法務。

菊澤研宗（2007）「コーポレート・ガバナンスの行動エージェンシー理論分析—完全利己主義 vs 限定利己主義」『三田商学研究』Vol.50, No.3, 165-179頁。

菊田秀雄（2008）「EUにおける取締役報酬規制をめぐる近時の動向—EUおよびイギリスにおける展開を中心に—」『駿河台法学』Vol.22, No.1, 241-192頁。

木村太一（2016）「マネジメント・コントロールと組織アイデンティフィケーションの研究：定量的調査にもとづく考察」一橋大学機関リポジトリ，2016年3月18日。
　https://hermes-ir.lib.hit-u.ac.jp/rs/bitstream/10086/27875/1/com020201501103.pdf　2016年8月1日アクセス

金鉉玉・安田行宏・長谷川信久（2011）「近年におけるストックオプション報酬の論点整理と実証分析のサーベイ」『東京経大学誌』No.272, 59-75頁。

金融庁（2019）「「企業内容等の開示に関する内閣府令」の改正案に対するパブリックコメントの結果等について」2019年1月31日
　https://www.fsa.go.jp/news/30/sonota/20190131.html　2019年5月5日アクセス

草野真樹（2014）「公正価値評価の拡大と会計の契約支援機能」『金融研究』Vol.33, No.1, 61-110頁。

工藤章（2009）「ドイツ企業体制のアメリカ化とヨーロッパ化」，馬場宏二・工藤章編（2009）『現代世界経済の構図』ミネルヴァ書房。

久保克行（2003）「経営者インセンティブと内部労働市場」，花崎正晴，寺西重郎編『コーポレート・ガバナンスの経済分析』東京大学出版会。

久保克行（2004）「経営者インセンティブが企業業績に与える影響」『早稲田商学』No.401, 217-230頁。

久保克行（2010）『コーポレート・ガバナンス　経営者の交代と報酬はどうあるべきか』日本経済新聞出版社。

久保真行・齋藤卓爾（2009）「配当政策と経営者持株―エントレンチメントの観点から―」『経済研究』No.60, No.1, 47-59頁。

熊谷真和・塩田尚也（2013a）「米国における経営陣報酬の実務動向［上］」『商事法務』No.1996, 6-47頁。

熊谷真和・塩田尚也（2013b）「米国における経営陣報酬の実務動向［下］」『商事法務』No.1997, 50-60頁。

倉澤資成（1993）「株式持合の財務効果」『日本経済研究』No.26, 93-125頁。

黒沼悦郎（2006）『アメリカ証券取引法 第2版』弘文堂。

経済産業省（2015）『日本と海外の役員報酬の実態および制度等に関する調査報告書』経済産業省（経済産業政策局産業組織課）委託調査。
http://www.meti.go.jp/meti_lib/report/2015fy/000134.pdf　2016年2月12日アクセス

経済産業省（2017）『コーポレートガバナンスに関する 企業アンケート調査結果』
https://www.meti.go.jp/report/whitepaper/data/pdf/20170310001_3.pdf　2017年8月20日アクセス

経済産業省産業組織課（2017）『「攻めの経営」を促す役員報酬 ～企業の持続的成長のための インセンティブプラン導入の手引～（平成29年4月28日時点版）』。
http://www.meti.go.jp/press/2017/04/20170428007/20170428007-1.pdf　2017年5月1日アクセス

厚生労働省（2013）『平成25年版　労働経済の分析』厚生労働省。

幸田浩文（2002）「戦後わが国にみる賃金体系合理化の史的展開(1)」『経営論集』（東洋大学）No.56, 79-93頁。

幸田浩文（2003a）「戦後わが国にみる賃金体系合理化の史的展開(2)」『経営論集』（東洋大学）No.59, 29-41頁。

幸田浩文（2003b）「戦後わが国にみる賃金体系合理化の史的展開(3)」『経営論集』（東洋大学）No.61, 11-26頁。

幸田浩文（2004）「戦後わが国にみる賃金体系合理化の史的展開(4)」『経営論集』（東洋大学）No.64, 33-51頁。

厚東偉介（2013）「社会的責任論の現状とステークホルダー概念の淵源について」『早稲田大学大学院商学研究科紀要』No.76, 1-44頁。

兒玉啓宗（2016）「金融機関に対する報酬規制は合理的か？」『金融研究』No.35, No.1。
https://www.imes.boj.or.jp/research/papers/japanese/15-J-08.pdf　2017年5月18日アクセス

小寺宏昌（2010）「日米の経営者報酬の現状と問題点」『証券アナリストジャーナル』Vol.48, No.6, 15-23頁。

小西大・斎木利保（2004）「株式ベース型報酬と企業業績」『一橋論叢』Vol.132, No.5, 607-623頁。

小林真一・戸村健（2016）「詳解 インセンティブ型役員報酬についての平成28年度税制改正」『税務弘報』Vol.64, No.10, 15-25頁。

小針真一（2016）「役員報酬改定に取り組む企業の本音と建て前 ～コーポレートガバナンス・コードで風向きが変わった日本の役員報酬～」『〈実践〉コーポレートガバナンス』大和総研。
https://www.dir.co.jp/consulting/theme_rpt/governance_rpt/20160331_010778.html 2016年12月1日アクセス

コーポレート・ガバナンスに関する法律問題研究会（2012）「株主利益の観点からの法規整の枠組みの今日的意義」『金融研究』Vol.31, No.1, 1-66頁。

小宮隆太郎（1993）「日本企業の構造的・行動的特徴」第10章，伊丹敬之・加護野忠男・伊藤元重（編）『日本の企業システム－第1巻　企業とは何か』有斐閣。

込山芳行（2014）「小規模閉鎖会社における役員報酬と会社法361条」『山梨学院ロー・ジャーナル』No.9, 47-70頁。

小山明宏（2006）「コーポレート・ガバナンスの経済分析(1)―『経営効率とガバナンス構造』研究の系譜―」『学習院大学　経済論集』Vol.43, No.2, 167-182頁。

小山明宏（2007）「日本的経営とエージェンシー・コストの削減―エージェンシー理論による，日本的経営の再考察の試み―」『学習院大学　経済論集』Vol.44, No.3, 263-276頁。

小山明宏（2008）『コーポレート・ガバナンスの日独比較』白桃書房。

小山明宏（2011）『経営財務論』創成社。

ゴールドマンサックス（2015）『インセンティブなくして成功なし：役員報酬改革』Goldman Sachs Global Investment Research，2015年10月16日。

境睦（2015）「経営財務分配性の情報分析―ステークホルダーとしての経営者への成果分配の観点から」，宮本順二朗・太田三郎・市村誠編著『経営財務の情報分析』学文社。

境睦（2018a）「日本企業の長期インセンティブの高度化―株式報酬導入の観点から―」『桜美林大学経営研究』Vol.8, 1-32頁。

境睦（2018b）博士論文「日本企業の経営者報酬制度について」明治大学大学院経営学研究科。

境睦（2018c）「年次賞与のKPI（Key Performance Indicator）に関する一考察」『明治大学経営論集』Vol.65, No.1, 83-97頁。

境睦・任雲（2007）「経営者株式報酬制度のメリットと問題点―今後の日本企業における経営者報酬制度の最適化に向けて―」『経営政策論集』（桜美林大学）Vol.6, No.2, 1-22頁。

境睦・阿部直彦・矢内裕幸（2007）「日本の経営者報酬制度は機能しつつある」『Diamondハーバード・ビジネス・レビュー』Vol.32, No.12, 21-23頁。

坂本恒夫（1990）『企業集団財務論』泉文堂。

坂本恒夫（2012）『イギリス４大銀行の経営行動　1985-2010 株主価値経営の形成・展開・崩壊』中央経済社。

坂本恒夫・佐久間信夫編（1998）『企業集団支配とコーポレート・ガバナンス』文眞堂。

坂和秀晃・渡辺直樹（2009）「経営者報酬と取締役会の経営監視機能についての検証」『金融経済研究』Vol.29, 66-83頁。

櫻田涼子（2015）「日本的昇進構造が果たした役割の再確認─キャリア・プラトー現象と時代的背景に着目して─」『商学論集』（福島大学経済学会）Vol.83, No.4, 35-51頁。

佐藤秀典（2016）「組織の一貫性と組織間関係」『横浜経営研究』Vol.37, No.1, 110-120頁。

佐藤嘉倫・林雄亮（2011）「現代日本の格差の諸相─転職とワーキングプアの問題を中心として」, 佐藤嘉倫・尾嶋史章編『現代の階層社会１　格差と多様性』東京大学出版会。

サンフォード・M・ジャコービィ著, 鈴木良始・伊藤健市・堀龍二訳（2005）『日本の人事部・アメリカの人事部─日本企業のコーポレート・ガバナンスと雇用関係─』東洋経済新報社。

サンフォード・M・ジャコービィ（2007）「コーポレート・ガバナンスと雇用関係の日米比較」独立行政法人　労働政策研究・研修機構。
http://www.jil.go.jp/foreign/labor_system/2007_3/america_02.htm　2017年２月22日アクセス。

柴田彰・河本裕也（2016）「日米比較からみた業績連動型報酬の算定指標設定の考え方」『企業会計』Vol.68 No.5, 55-63頁。

柴田努（2011）「アメリカにおける株主価値重視の企業経営への転換─経済の金融化とコーポレート・ガバナンス─」『工学院大学研究論叢』Vol.49, No.1, 21-36頁。

清水克俊・堀内昭義（2003）『インセンティブの経済学』有斐閣。

首藤昭信（2010a）『日本企業の利益調整理論と実証』中央経済社。

首藤昭信（2010b）「利益調整と会計実務」RIEBニュースレターNo.093, 神戸大学経済経営研究所, 2010年８月号。
http://www.rieb.kobe-u.ac.jp/academic/newsletter/column/pdf/column093.pdf　2016年11月５日アクセス。

白井正人（2008）「役員報酬─これからの業績連動の在り方」『労政時報』No.3728, 76-89頁。

白土英成（2008）「役員給与の本質的問題を考える」『税研』No.138, 91-96頁。

胥鵬（1992）「日本企業は従業員主権型か─日本企業における経営者インセンティヴからの検証─」『日本経済研究』No.24, 73-96頁。

胥鵬（1993）「日本企業における役員賞与と経営者インセンティブ」『日本経済研究』No.24, 73-96頁。

胥鵬（1996）「経営者インセンティブ」, 伊藤秀史『日本の企業システム』東京大学出

版会。

胥鵬（2015）「リスク・テイキングと企業成長」ノンテクニカルサマリー，RIETI独立行政法人経済産業研究所。
　　http://www.rieti.go.jp/jp/publications/nts/15e061.html（2016年12月10日アクセス）

鈴木裕（2012）「企業ガバナンス改革の国際動向～引き続き経営者報酬問題へ高い関心～」『大和総研調査年報』2012年夏季号, Vol.7, 76-87頁。

総務省（2007）『労働力調査特別調査 同詳細調査』。

園田成晃（1995）「米国の長期インセンティブ報酬制度〔下〕」商事法務 No.1386, 21-26頁。

大洞公平（2006）「成果主義賃金に関する行動経済学的分析」『日本労働研究雑誌』Vol.48, No.9, 36-46頁。

高尾義明・王英燕（2012）『経営理念の浸透―アイデンティティ・プロセスからの実証分析』有斐閣。

高尾義明（2013）「組織成員のアイデンティフィケーション」，組織学会編『組織論レビューＩ』白桃書房。

高岡義幸（2007）「役員賞与の費用化に見る株式会社の設計思想―コーポレート・ガバナンス体制の一変化―」『広島経済大学経済研究論集』Vol.30, No.1・2, 17-33頁。

高橋伸夫（2004）『虚妄の成果主義』日経BP。

武井一浩（2013）「役員報酬改革」『ジュリスト』No.1452, 58-64頁。

武田昌輔（1979）『DHC コンメンタール　法人税法』第一法規。

武田昌輔（1988）『新版　立法趣旨法人税法の解釈』財経詳報社。

武脇誠（2014）「役員報酬における非財務的指標の有効性」『東京経大学会誌』Vol.284, 61-72頁。

立石剛（2004）「アメリカ経済再編と市場主義―「ニューエコノミー」の本質」『西南学院大学経済学論集』Vol.39, No.1, 235-298頁。

立石剛（2010）「アメリカ経済の金融化について」『西南学院大学経済学論集』Vol.44, No.2・3, 225-267頁。

田中信世（2014）「ドイツの労働市場改革 ～改革は何をもたらしたのか」『国際貿易と投資』Summer2014/No.96, 127-141頁。

田中正継（1998）「日本のコーポレート・ガバナンス―構造分析の観点から―」『経済分析』No.12, 経済企画庁経済研究所。
http://www.esri.go.jp/jp/archive/sei/sei012/sei012a.pdf　2015年11月７日アクセス

田辺総合法律事務所・至誠清新監査法人・至誠清新税理士法人編著（2016）『役員報酬をめぐる法務・会計・税務』清文社。

谷川寿郎（2016）『経営者内部昇進制についての一考察―日本とアメリカの比較実証研究を中心として―』『ビジネスクリエーター研究』Vol.7, 77-97頁。

田村征継・衣笠俊之（2007）「費用計上義務化１年後の再検証 これからのストックオプションの在り方」『労政時報』No.3703, 102-114頁。

タワーズペリン編（2008）『「経営者報酬」の実務詳解』中央経済社。

タワーズワトソン編西村康代，櫛笥隆亮，永田稔，村上朋也，河原索，平本宏幸（2015）『攻めのガバナンス　経営者報酬・指名の戦略的改革』東洋経済新報社。

鄭義哲（2015）「経営者の持株比率と企業価値」『西南学院大学商学論集』Vol.62, No.2, 73-94頁。

鄭義哲（2016）「経営者のエントレンチメントは存在するのか?：企業価値と経営者の持株比率の関係からの考察」『西南学院大学商学論集』Vol.63, No.1, 1-24頁。

陳浩（2011）「ドイツのコーポレート・ガバナンスの変容と監査役会改革の課題」『立命館国際研究』Vol.24, No.2, 547-574頁。

通傳友浩，西岡慎一（2015）「米国の製造業における1980年代〜90年代の経営改革」BOJ Reports & Research Papers,2015.3,日本銀行調査統計局。
https://www.boj.or.jp/research/brp/ron_2015/data/ron150309a.pdf　2016年12月18日アクセス。

手嶋宣之（2000）「経営者の株式保有と企業—日本企業による実証分析」『現代ファイナンス』No.7, 41-55頁。

手嶋宣之（2004）『経営者のオーナーシップとコーポレート・ガバナンス』白桃書房。

寺畑正英（2003）「企業内昇進システムの三つの理念型と能力観」『経営研究所論集』（東洋大学経営研究所）Vol.26, 121-144頁。

戸井佳奈子（2011）「なぜ米国金融機関の過度なリスクテイク行動は許されたのか—社会風土や価値観に焦点を当てて—」，『現代ビジネス学科学会誌（電子版）』No.1, 20-32頁。
http://www.yasuda-u.ac.jp/top/course/business/cbs/2010cbs/paper_toi.pdf　2014年10月25日アクセス

富山雅代，深尾京司，西村清彦，随清遠（2001）「銀行の審査活動と借入企業のパフォーマンス」『経済研究』Vol.52, No.2, 166-186頁。

豊島勉（2009）「ドイツにおけるコーポレート・ガバナンスと労使関係の変貌（上）」『修道商学』Vol.50, No.1, 81-103頁。

内閣府（2016）『世界経済の潮流2016年Ⅱ—世界経済の直面するリスクと課題—』。
http://www5.cao.go.jp/j-j/sekai_chouryuu/sa16-02/index.html　2017年3月23日アクセス

中尾武雄・中嶌剛（2011）「経営者が企業価値に与える影響と経営者報酬の関係」『經濟學論叢』Vol.63, No.1, 1-27頁。

中神康議・槙野尚（2016）「長期投資家からみた資本生産性（ROA, ROEの意味）—利益連動給与新算定指標として」『税務弘報』Vol.64, No.10, 65-70頁。

中澤渉（2011）「分断化される若年労働市場」，佐藤嘉倫・尾嶋史章編（2011）『現代の階層社会1　格差と多様性』東京大学出版会。

中谷巌（1987）『転換する日本企業』講談社。

中野誠（2016）『戦略的コーポレートファイナンス』日本経済新聞出版社。

中村友哉（2012）「経営者報酬の高額化に関する研究動向」FSA Institute Discussion Paper Series。

中村亮介（2016）「業績連動型報酬をいかに機能させるか―実証研究の展開をふまえて」『企業会計』Vol.68, No.5, 44-54頁。

奈良沙織・野間幹晴（2011）「ディスクロージャー優良企業における経営者予想―予測誤差と業績修正行動を中心に」『現代ディスクロージャー研究』No.11,15-35頁。

成宮哲也（2013）「役員給与規定の再検討」『熊本学園会計専門職紀要』No.4, 13-36頁。

新見一正（2010）「経営者報酬決定プロセスと連結会計情報―役員賞与決定メカニズムの実証分析―」『Business & Economic Review』Vol.20, No.6, 127-152頁。

西川珠子（2009）「米国における役員報酬規制強化 ～政府による金融支援対象企業から全上場企業に適用拡大へ～」『みずほ米州インサイト』, 2009年8月11日みずほ総合研究所。

https://www.mizuho-ri.co.jp/publication/research/pdf/us-insight/USI045.pdf
2014年10月5日アクセス

西丸良一（2006）「教育における社会移動「型」の諸理論と残された分析課題」『佛教大学大学院紀要』Vol.34, 301-308頁。

日興フィナンシャル・インテリジェンス（株）社会システム研究所CSR調査室，（株）日本総合研究所 創発戦略センターESG リサーチセンター（2011）「企業におけるESGの課題(4)―「内部モニター」「経営者」に関連する問題の把握―」『NFIリサーチ・レビュー』2011年9月22日。

http://www.nikko-research.co.jp/wp-content/uploads/2014/11/1033.pdf　2016年7月12日アクセス

日本経営者団体連盟編（1955）『職務給の研究』日本経営者団体連盟。

日本コーポレート・ガバナンス・フォーラム編（2001）『コーポレート・ガバナンス―英国の企業改革―』商事法務研究会。

日本取締役協会（2005）『経営者報酬の指針　要旨』一般社団法人日本取締役協会。

日本取締役協会ディスクロージャー委員会（2007）『2007年度　経営者報酬ガイドライン―報酬ガバナンスの確立を―』一般社団法人日本取締役協会。

日本取締役協会（2013a）『2013年度　経営者報酬ガイドライン（第三版）と法規制・税制改正の要望―報酬ガバナンスのさらなる進展を―』一般社団法人日本取締役協会。

日本取締役協会（2013b）『経営者報酬制度の実態調査』一般社団法人日本取締役協会。

日本取締役協会（2016a）『2016年度　経営者報酬ガイドライン（第四版）―報酬ガバナンスの確立を―』一般社団法人日本取締役協会。

日本取締役協会（2016b）『経営者報酬実態調査2016アンケート調査報告書と実証分析』

http://www.jacd.jp/news/comp/161026_02.pdf　2017年7月20日アクセス

日本取締役協会（2017）『上場企業のコーポレート・ガバナンス調査』一般社団法人日本取締役協会。

http://www.jacd.jp/news/odid/cgreport.pdf　2017年8月20日アクセス

日本取締役協会ディスクロージャー委員会（2007）『2007年度　経営者報酬ガイドラ

イン—報酬ガバナンスの確立を—』一般社団法人日本取締役協会。

任雲（2018）「日米の経営者報酬の開きはなぜ大きいのか—行動契約理論による比較制度分析—」『桜美林大学産業研究所年報』Vol.36, 27-45頁。

野口悠紀雄（1995）『1940年体制—さらば「戦時経済」』東洋経済新報社。

野地もも（2016）「コーポレート・ガバナンスの手段としての経営者報酬分析—日本の高額報酬支給企業における現状と課題—」『証券経済学会年報』No.50別冊。
http://www.sess.jp/publish/annual_sv/pdf/sv50/m84_11.pdf　2017年 5 月10日アクセス

野間幹晴（2015）「企業年金の影響と変容」『HQ』Vol.47, 30-35頁。

野村敦子（2013）「銀行の出資規制緩和を巡る議論」『JRIレビュー』Vol.2, No.3, 2-28頁。

野村有次・亀長尚尋（2016）「海外各国との比較でわかる日本企業のインセンティブ報酬の実態」『企業会計』Vol.68, No.5, 610-619頁。

橋本基美（2003）「英国における社外取締役の役割—コーポレート・ガバナンスに関する「ヒッグス報告書」について—」『資本市場クォータリー』Vol.6, No.4, 1-9頁。
http://www.nicmr.com/nicmr/report/repo/2003/2003spr03.pdf　2015年 9 月27日アクセス

破田野耕司（2006）「トーナメントによる業績業過と従業員報酬の決定—日本企業のインセンティブ・メカニズム」『オイコノミカ』Vol.42, No.3・4, 129-148頁。

八田進二・橋本尚（2000）『英国のコーポレート・ガバナンス』白桃書房。

花田光世（1984）「日本的経営論から日本型経営論へ」『産業能率大学紀要』Vol.4, No.1, 51-64頁。

花田光世（1987）「人事制度における競争原理の実態—昇進・昇格のシステムからみた日本企業の人事戦略—」『組織科学』Vol. 21, No. 2, 44-53頁。

林薫（2016）「組織アイデンティティと組織同一化との接合に関する一考察—医療技術専門職を事例として—」神戸大学大学院経営学研究科大学院生ワーキング・ペーパーシリーズ2016年 1 月。
https://www.b.kobe-u.ac.jp/stuwp/2016/201601a.pdf　2016年12月10日アクセス

林行成・丁井雅美・小西幹彦・増原宏明（2013）「医療経営における成果主義的報酬システムの検討」『日本医療経営学会誌』Vol.7, No.1, 15-22頁。

平澤哲（2013）「未知のイノベーションと組織アイデンティティ：相補的な発展のダイナミクスの探求」『組織科学』Vol.46, No.3, 61-75頁。

広田真一（2012）『株主主権を超えて：ステークホルダー型企業の理論と実証』東洋経済新報社。

PwC（2017）『2017年度税制改正による役員給与の見直し』。
https://www.pwc.com/jp/ja/taxnews/pdf/jtu/jtu-20170428-jp-130-2.pdf　2017年 5 月 5 日アクセス

深尾光洋（1999）『コーポレート・ガバナンス入門』筑摩書房。

深尾光洋，森田泰子（1997）『企業ガバナンス構造の国際比較』日本経済新聞社。

藤野大輝（2019）「改正開示府令の施行（役員報酬の開示拡充へ）」大和総研。
　https://www.dir.co.jp/report/research/law-research/securities/20190226_020657.
　pdf　2019年5月5日アクセス
星岳雄（2002）「日本型コーポレート・ガバナンス」『経済研究』Vol.53, No.4, 289-
　304頁。
星野優太（1999）「日本における企業業績と経営者報酬」『會計』Vol. 156, No. 3,
　363-377頁。
星野優大（2003）「日本企業の業績評価と報酬システム―理論と実証」白桃書房。
堀内昭義（1990）「日本における資本市場の機能」, 西村清彦・三輪芳郎編『日本の株
　価・地下』東京大学出版会。
堀内昭義・福田慎一（1987）『日本のメインバンクはどのような役割をはたしたか』
　日本銀行金融研究所『金融研究』Vol.6, No.3, 1-28頁。
堀田真理（2002）「最適なストックオプション契約と早期行使の可能性について」『公
　共選択の研究』No.39, 19-33頁。
堀田真理（2004）「ストックオプション再検討」『経営論集』（東洋大学）No.63, 89-
　112頁。
堀田真理（2008）「競争的状況下でのストックオプションの効果」『経営論集』（東洋
　大学）No.71, 251-268頁。
ポール・シェアード,（1995）「株式持合いとコーポレート・ガバナンス」, 青木昌彦
　／ロナルド・ドーア編『国際・学際研究システムとしての日本企業』NTT出版。
松尾健一（2015）「米国法からの示唆」一般社団法人比較研究センター『役員報酬の
　在り方に関する会社法上の論点の調査研究業務報告書』法務省。
松尾拓也（2012年9月5日）「業績連動型の役員報酬, どう設計するか　米国最新動
　向」『法と経済のジャーナル Asahi Judiciary』。
　http://judiciary.asahi.com/outlook/2012082700009.html　2016年6月5日アクセス
松本守（2013）「コーポレート・ガバナンス・メカニズムと企業パフォーマンスの関
　係に関するサーベイ―内部ガバナンス・メカニズムを中心に」『北九州市立大学商
　経論集』Vol.48, No.3・4, 53-89頁。
みずほ銀行産業調査部（2015）「第Ⅲ部　ドイツマクロ経済　Ⅲ−5ドイツにおける
　コーポレートガバナンスの変革」『みずほ産業調査』Vol.50, No.2, 340-357頁。
三菱UFJリサーチ&コンサルティング（2014）「諸外国における金融制度の概要」三
　菱UFJリサーチ&コンサルティング株式会社。
　http://www.fsa.go.jp/common/about/research/20140603/01.pdf　2016年3月23日
　アクセス
宮坂純一（1993）『報酬管理の日本的展開―賃金とモチベーション―』晃洋書房。
宮島英昭（1998）「戦後日本企業における状態依存ガヴァナンスの進化と変容―Logit
　モデルによる経営者交代分析からのアプローチ」『経済研究』Vol.49, No.2, 97-112頁。
宮島英昭（2003）「多様化する日本企業の統治構造―高まる機関投資家への期待とガ
　バナンス評価の試み」『経済産業ジャーナル』2003年7月号。

宮島英昭（2004）「解題─いまなぜ企業統治が問題なのか─」『ニッセイ基礎研所報』Vol.33, 3-23頁。

宮島英昭編著（2017）『企業統治と成長戦略』東洋経済新報社。

宮島英昭・青木英孝（2002）「日本企業における自律的ガヴァナンスの可能性」，伊藤秀史編『日本企業・変革期の選択─ガバナンス・戦略・イノベーション』東洋経済新報社。

宮島英昭・近藤康之・山本克也（2001）「企業統治・外部役員派遣・企業パフォーマンス：日本企業システムの形成と変容」『日本経済研究』No.43, 18-45頁。

宮島英昭・保田隆明（2012）「変貌する日本企業の所有構造をいかに理解するか：内外機関投資家の銘柄選択の分析を中心として」金融庁金融研究センターDiscussion Paper。
http://www.fsa.go.jp/frtc/seika/discussion/2011/11.pdf　2016年12月5日アクセス

宮島英昭・保田隆明・小川亮（2017）「海外機関投資家の企業統治における役割とその帰結」，宮島英昭編『企業統治と成長戦略』東洋経済新報社。

宮本光晴（2006）「日本のコーポレート・ガバナンス改革」，花崎正晴・寺西実郎編『コーポレート・ガバナンスの経済分析』東京大学出版会。

宮本光晴（2014）『日本の企業統治と雇用制度のゆくえ─ハイブリッド組織の可能性』ナカニシヤ出版。

宮本順二朗（2012）「経営者報酬と企業成果についての実証分析─そのパイロット調査の結果─」Discussion Paper Series。

三和裕美子（1999）『機関投資家の発展とコーポレート・ガバナンス─アメリカにおける史的展開─』日本評論社。

三和裕美子（2005）「資本市場の投機化と機関投資家によるコーポレート・ガバナンス─アメリカの投資銀行と年金基金との関係を中心に─」，丑山優・熊谷重勝・小林康宏編『金融ヘゲモニーとコーポレート・ガバナンス』税務経理協会。

三和裕美子（2010）「英米の役員報酬規制と機関投資家の動向─我が国における役員報酬規制に関する一考察─」『監査役』No.574, 49-60頁。

三和裕美子（2016）「経済の金融化とファンドによる企業支配」，日本経営学会編『株式会社の本質を問う─21世紀の企業像　経営学論集第86集』千倉書房。

本寺大志（2016）「職務をベースとした人事・賃金制度改革」『労政時報』No.3902, 116-138頁。

森明彦（1994）「企業の設備投資とメインバンクの役割」『フィナンシャル・レビュー』Vol.33, 45-65頁。

森田純夫・小川直人（2016）「譲渡制限付株式（日本版リストリクテッド・ストック）導入の背景と意義」『税務弘報』Vol.64, No.10, 8-14頁。

谷内篤博（2008）『日本的雇用システムの特質と変容』泉文堂。

矢内一利（2016）「利益ベンチマーク未達が役員賞与に与える影響の検証」『早稲田商學』No.446, 279-320頁。

山下克之（2014）「株式報酬型ストックオプションに関する一考察」『追手門経済・経

営研究』No.21, 19-30頁。

山田久（2013）「経済活性化につながる雇用制度改革―「失業なき労働移動」をどう実現するか―」『JRIレビュー』Vol.8, No.9, 2-16頁。

山本哲三（2012）「コーポレート・ガバナンスの規範分析」『早稲田商学』No.431, 213-242頁。

吉川克彦（2014）『自分を何者と捉えるか？～グローバル組織におけるアイデンティフィケーション～』国際経営研究の現場から第2回，リクルートマネジメントソリューションズ。
https://www.recruit-ms.co.jp/issue/column/0000000159　2016年6月1日アクセス

吉川英徳（2016）『アクティビスト投資家進化論～多様化するアクティビスト手法と企業側の対応のあり方～』大和総研グループ。
https://www.dir.co.jp/consulting/insight/management/20161026_011350.html　2016年12月15日アクセス。

吉田崇（2011）「初期キャリアの流動化と所得への影響」，佐藤嘉倫・尾嶋史章編『現代の階層社会1　格差と多様性』東京大学出版会。

吉田寿（2010）「正社員人事制度の現在」『季刊　政策・経営研究』Vol.2, No.14, 175-203頁。
http://www.murc.jp/thinktank/rc/quarterly/quarterly_detail/201002_175.pdf　2016年10月5日アクセス

吉田博（2011）「会社役員の報酬情報の戦略的課題―コーポレート・コミュニケーションの視点から―」『京都マネジメント・レビュー』No.18, 123-138頁。

労働政策研究・研修機構（2006）「ドイツにおける労働市場改革―その評価と展望―」労働政策研究報告書No.69, 独立行政法人 労働政策研究・研修機構。

労務行政研究所（2015）「昇進・昇格と降格の最新実態」『労政時報』No.3885。

若園智明（2015）「米国の新たな役員報酬関連規制を巡る一考察」『証券経済研究』No.92, 93-103頁。

渡辺勉（2011）「職歴からみる雇用の流動化と固定化」，石田浩・近藤博之・中尾啓子編『現代の階層社会2　階層と移動の構造』東京大学出版会。

【外国語文献】

Abe, N., Gaston, N. and K. Kubo（2001）"Executive Pay in Japan: The Role of Bank-Appointed Monitors and the Main Bank Relationship," *CEI Working Paper Series*, No.2001-10, Institute of Economic Research, Hitotsubashi University.

Aboody, D. and R. Kasznik（2000）"CEO Stock Option Awards and the Timing of Corporate Voluntary Disclosures," *Journal of Accounting and Economics* 29, pp. 73-100.

Acharya, V. V., Y. Amihud and L. Litov（2011）"Creditor rights and corporate risktaking," *Journal of Financial Economics* 102（1）, pp.150-166.

Akerlof, G. A., and R. E. Kranton (2000) "Economics and identity," *Quarterly Journal of Economics* 115 (3), pp. 715-753.

Allen, F. and D. Gale (2000) "Corporate Governance and Competition" in Vives, X.(ed) (2000) *Corporate Governance*, Cambridge: Cambridge University Press.

Anthony, R. N. and V. Govindarajan (1998) *Management Control Systems (Ninth Edition)*, Irwin/McGraw-Hill.

Aoki, M. (1994) "Monitoring Characteristics of the Main Bank System: an analytical and developmental View," in Aoki and Patrick eds. *The Japanese Main Bank System: Its Relevancy for Developing and Transforming Economies*, Oxford, Oxford University Press (白鳥正喜監訳 (1996)『日本のメインバンク・システム』東洋経済新報社)

Aoki, M. (1988) *Information, Incentives, and Bargaining in the Japanese Economy*, New York and Cambridge: Cambridge University press. (邦訳 青木昌彦 (1992)『日本経済の制度—分析情報・インセンティブ・交渉ゲーム』筑摩書房)

Aoki, M. (1994) "The Contingent Governance of Teams: Analysis of Institutional Complementarity" *International Economic Review* 35 (3), pp. 657-676.

Ashforth, B. E., Harrison, S. H., and K. G. Corley (2008) "Identification in Organizations: An Examination of Four Fundamental Questions," *Journal of Management* 34 (3), pp. 325-374.

Ashforth, B. E. and F. A. Mael (1989) "Social identity theory and organization," *Academy of Management Review* 14 (1), pp.20-39.

Bartov, E. and P. Mohanram (2004) "Private Information, Earnings Manipulations, and Executive Stock-Option Exercises," *Accounting Review* 79, pp. 889-920.

Bebchuk, L. A. and M. J. Roe (1999) "A Theory of Path Dependence in Corporate Ownership and Governance," *Stanford Law Review* 52, pp. 127-170.

Bebchuk, L. A., J. M. Fried and D. I. Walker (2002) "Managerial Power and Rent Extraction in the Design of Executive Compensation," *Harvard Law School Discussion Paper* 366, Harvard University.

Bebchuk, L. A. and J. M. Fried (2004) *Pay without performance: the unfulfilled promise of executive compensation*, Cambridge, MA: Harvard University Press.

Bergstresser, D. and T. Philippon (2006) "CEO incentives and earnings management," *Journal of Financial Economics* 80, pp. 511-529.

Bertrand, M. and S. Mullainathan (2001) "Are CEOs rewarded for luck? The ones without principals are," *Quarterly Journal of Economics* 116, pp.901-932.

Boivie, S., Lange, D., L., McDonald, M. and J. D. Westphal (2011) "Me or we: The effects of CEO organizational identification on agency costs," *Academy of Management Journal*, 54 (3), pp. 551-576.

Burns, N. and S. Kedia (2006) "The impact of performance-based compensation on misreporting," *Journal of Financial Economics* 79, pp. 35-67.

Chen, C., T. Steiner and A. Whyte (2006) "Does Stock Option-Based Executive Compensation Induce Risk-Taking? An Analysis of the Banking Industry," *Journal of Banking and Finance* 30, pp.915-945.

Chen, J., L. Rees and K. Sivaramakrishnan (2008) "On the use of accounting vs. real earnings management to meet earnings expectations - A market analysis," *Working paper.*

Cohen, D. A. and P. Zarowin (2008) "Accrual-based and real earnings management activities around seasoned equity offerings," *Working paper.*

Core, J., R. Holthausen and D. Larcker (1999) "Corporate governance, chief executive Officer compensation, and firm performance," *Journal of Financial Economics* 51, pp. 371-406.

Coughlan, A. J. and R. M. Schmidt (1985) "Executive Compensation, Management Turnover, and Firm Performance: An Empirical Investigation," *Journal of Accounting and Economics* 7, pp. 43-66.

Dechow, P. M. and R. G. Sloan (1991) "Executive Incentives and the Horizon Problem," *Journal of Accounting and Economics* 14 (1), pp. 51-89.

Deci, E. L. (1971) "Effects of externally mediated rewards on intrinsic motivation," *Journal of Personality and Social Psychology* 18, pp. 105-115.

Deci, E. L., Koestner, R. and R. M. Ryan (1999) "A Meta Analytic Review of Experiments Examining the Effects Extrinsic Rewards on Intrinsic Motivation," *Psychological Bulletin,* 125 (6), pp. 627-668.

Denis, K. and J. J. McConnell (2003) "International corporate governance," *Journal of Financial and Quantitative Analysis* 38, pp. 1-36.

Dewenter, L. and V. Warther (1998) "Dividends, Asymmetric Information, and Agency Conflicts; Evidence from a Comparison of the Dividend Policies of Japanese and U.S. Firms," *Journal of Finance* 53, pp. 879-904.

Dore, R. (2000) *Stock Market Capitalism:Welfare Capitalism*, Oxford University Prsss. (藤井眞人訳 (2001)『日本型資本主義と市場主義の衝突』東洋経済新報社)

Emily, C. (2014) "European Commission Proposes Binding Say-on-Pay," *THE WALL STREET JOURNAL*, April 9.

Epstein, M. J. and M. J. Roy (2005) "Evaluating and monitoring CEO performance: evidence from US compensation committee reports, " *Corporate Governance* 5 (4), pp. 75-87.

European Commission (2010) "Corporate Governance in Financial Institutions: Lessons to Be Drawn from the Current Financial Crisis, Best Practices, Accompanying Document to the Green Paper," SEC (2010), 669.

――, "Green Paper the EU Corporate Governance Framework," COM (2011), 164 final, 2011.

Eurosif (2010) "Remuneration Theme Report - 3rd in a series".

Fehr, E. and K.M. Schmidt (1999) "A Theory of Fairness, Competition and Cooperation," *Quarterly Journal of Economics* 114, pp. 817–868.

Fehr, E. and K. M. Schmidt (2003) "Theories of Fairness and Reciprocity: Evidence and Economic Applications" in Dewatripont, M., L. P. Hansen, and S. J. Turnovsky, eds., *Advances in Economics and Econometrics: Theory and Applications, 8th World Congress, Vol.1*, Cambridge University Press, NY, pp.208–257.

Financial Reporting Council (2012) "Comply or Explain, 20th Anniversary of UK Corporate Governance Code."

Financial Reporting Council (2014) "The UK Corporate Code"

Franks, J. and C. Mayer (1995) "Ownership and Control" In H. Siebert, (ed.), *Trends in Business Organization: Do Participation and Cooperation Increase Competitiveness?*, Tuebingen, J.C.B.Mohr, pp.171–195.

Frydman, C. and D. Jenter (2010) "CEO compensation", *The Annual Review of Financial Economics* 2, pp. 75–102.

Frydman, C. and R.E. Saks (2010) "Executive compensation: a new view from a long-term perspective, 1936-2005," *Review of Financial Studies* 23(5), pp. 2099–2138.

Gabaix, X. and A. Landier (2008) "Why has CEO Pay Increased So Much?," *The Quarterly Journal of Economics* 123 (1) pp. 49–100.

Gaver, J. J., Gaver, K.M. and J. R. Austin (1995) "Additional Evidence on Bonus Plans and Income Management," *Journal of Accounting and Economics* 19 (1), pp. 3–28.

Gayle, GL., and R.A. Miller (2009) "Has moral hazard become a more important factor in managerial compensation?," *American Economic Review* 99 (5), pp. 1740–1769.

Gordon, J. N. (2007) "The Rise of Independent Directors in the United States, 1950-2005: Of Shareholder Value and Stock Market Prices," *Stanford Law Review* 59, pp. 1465–1568.

Götz, A. and N. Friese (2013) "Vorstandsvergütung im DAX und MDAX 2012 :Fortsetzung der empirischen Analyse nach Einführung des Vorstandsvergüt ungsangemessenheits- gesetzes," *Corporate finance Biz*, 4 (6), pp. 374-383.

Graham, J. R., C. R. Harvey and M.Puri (2013) "Managerial Attitudes and Corporate Actions," *Journal of Financial Economics* 109, pp. 103–121.

Gunny, K. (2005) "What are the consequences of real earnings management?," *Working paper.*

Hacker, J. (2004) "Privatizing Risk without Privatizing the Welfare State: The Hidden Politics of Social Policy Retrenchment in the United States." *American Political Science Review* 98, pp. 243–260.

Hall, B. and J. Liebman (1998) "Are CEOs Really Paid Like Bureaucrats?," *Quarterly Journal of Economics* 113, pp. 653-691.

Hamaaki, J., Hori, M., Maeda, S. and K. Murata (2010) "Is the Japanese Employment System Degenerating? Evidence from the Basic Survey of Wage Structure," *ESRI Discussion Paper Series* No.232.

Hamaaki, J., Hori, M., Maeda, S., and K. Murata (2012) "Changes in the Japanese employment system in the two lost decades." *Industrial & Labor Relations Review* 65 (4), pp. 810-846.

Healy, P. M. (1985) "The Effect of Bonus Scheme on Accounting Decisions," *Journal of Accounting and Economics* 7 (1-3), pp. 85-107.

Holmstrom, B. (1979) "Moral hazard and observability," *Bell Journal of Economics* 10 (1), pp.74-91.

Holmstrom, B. (1982) "Moral hazard in teams," *Bell Journal of Economics* 13 (2), pp. 324-40.

Holmstrom, B. and P. Milgrom (1987) "Aggregation and Linearity in the Provision of Intertemporal Incentives" *Econometrica* 55 (2), pp. 303-328.

Holmstrom, B. and P. Milgrom (1991) "Multitask Principal-Agent Analyses: Incentive Contracts, Asset Ownership and Job Design" *Journal of Law, Economics and Organization* 7 (special issue), pp. 24-52.

Holmstrom, B. and J. Tirole (1993) "Market Liquidity and Performance Monitoring," *Journal of Political Economy* 106, pp.1-40.

Hoshi, T., A. Kashyap and D. Scharfstein (1990) "The Role of Banks in Reducing Financial Distress in Japan," *Journal of Financial Economics* 27, pp. 67-88.

Hoshi, T., A. Kashyap and D. Scharfstein (1991) "Corporate Structure, Liquidity, and Investment: Evidence from Japanese Industrial Groups," *Quarterly Journal of Economics* 106, pp. 33-60.

Huson, M. R., Tian, Y., C. I. Wiedman and H. A. Wier (2012) "Compensating Committees' Treatment of Earnings Components in CEOs' Terminal Years," *The Accounting Review* 87 (1), pp. 231-259.

Ibrahim, S. and C. Lloyd. (2011) " The association between non-financial performance measures in executive compensation contracts and earnings management, " *Journal of Accounting and Public Policy* 30, pp.256-274.

Ikeda, H., Inoue , K. and K. Sugitani (2016) "Managerial Attitudes and Corporate investment Behaviors," 日本ファイナンス学会　2016年大会報告論文 http://nfa-net.jp/timetable_nfa_no24_2.html（2017年8月5日アクセス）

Intintoli, V. (2008) "The Importance of Strong Internal Governance when extending the Succession Process: Evidence from Marathon Successions," *Working Paper*, University of Southern Illinois at Carbondale.

Jackson, G. (2005) "Stakeholders under Pressure: Corporate Governance and

Labour Management in Germany and Japan, " *Corporate Governance: An International Review* 13（3）, pp.419-428.

Jacoby, S. M.（2005）, *The Embedded Corporation*, Princeton University Press.（鈴木良始・伊藤健市・堀龍二訳（2005）『日本の人事部・アメリカの人事部—日本企業のコーポレート・ガバナンスと雇用関係』東洋経済新報社）

Jensen, M. and W. Meckling（1976）"Theory of the firm:Managerial behavior, agency costs, and ownership structure," *Journal of Financial Economics* 3, pp.305-360.

Jensen, M. C., and K. J. Murphy（1990）"Performance Pay and Top Management Incentives, " *Journal of Political Economy* 102, pp.510-546.

John, K., Litov, L. and B. Yeung（2008）" Corporate Governance and Risk-Taking," *The Journal of Finance* 63（4）, pp.1679-1728.

Kato, T. and K. Kubo（2006）" CEO compensation and firm performance in Japan: Evidence from new panel data on individual CEO pay, " *Journal of the Japanese and International Economies* 20（1）, pp.1-19.

Kaplan, S.N.（1994）"Top Executive Rewards and Firm Performance: A Comparison of Japan and the United States, " *The Journal of Political Economy* 102, pp.510-546.

Kaplan, S.N. and B.A. Minton（1994）"Appointments of Outsiders to Japanese Boards : Determinants and Implications for Managers," *Journal of Financial Economics* 36, pp.225-258.

Kaplan, S.N.（1997）"Corporate Governance and Corporate Performance : A Comparison of Germany, Japan, and The U.S., " *Journal of Applied Economics* 9（4）, pp.86-93.

Kato, H. K., M. Lemon, M. Luo, and J. Schallheim（2005）"An Empirical Examination of the Costs and Benefits of Executive Stock Options : Evidence from Japan, " *Journal of Financial Economics* 78, pp. 435-461.

Kato,T. and M. Rockel（1992）"Experience,Credential, and Competition in the Japanese and U.S.Managerial Labor Markets:Evidence From the New Micro Data " *Journal of the Japanese and International Economies* 6, pp.30-51.

Kennedy, A.（2000）*The End of Shareholder Value: Corporations At The Crossroads*, Basic Books.（奥村宏・酒井泰介訳（2002）『株主資本主義の誤算』ダイヤモンド社）

Kirkpatrick, G.（2009）*The Corporate Governance Lessons from the Financial Crisis*, OECD.

Kubo, K.（2001）"Ranking Hierarchy and Rank Order Tournament, " *Hitotsubashi Journal of Economics* 42, pp.51-63.

Kubo, K.（2001）" The Determinants of Executive Compensation in Japan and the U.K.: Agency Hypothesis or Joint Determination hypothesis?, " *CEI Working*

Paper Series, No. 2001-2, Hitotsubashi University.

Lambert, R. A. and D. F. Larcker (1987) "An analysis of the use of accounting and market measures of performance in executive compensation contracts," *Journal of Accounting Research* 25, pp.85-125.

La Porta, R., F. Lopez-de-Silanes, A. Shleifer and R. Vishny (1998) "Law and Finance," *Journal of Political Economy* 106 (6), pp.1113-1155.

La Porta, R., F. Lopez-de-Silanes, A. Shleifer and R. Vishny (1997) "Legal Determinants of External Finance, " *Journal of Finance* 52 (3), pp. 1131-1150.

Lazear, E. and S. Rosen (1981) "Rank Order Tournaments as Optimal Labor Contracts, " *Journal of Political Economy* 89, pp.841-864

Lazonick, W. and M. O'Sullivan (2000) "Maximizing shareholder value: a new ideology for corporate governance," *Economy and Society* 29 (1), pp.13-35.

Lichtenberg, F.R. and G.M. Pushner (1994) "Ownership structure and corporate performance in Japan," *Japan and the World economy* 6, pp.239-261.

Liliefeld, V.V. and S. Ruenzi (2014) "CEO Ownership, stock Market performance, and Managerial Discretion," *Journal of Finance* 3, pp.1013-1050.

McAnally, M. L., A. Srivastava and C. D. Weaver (2008) "Executive Stock Options, Missed Earnings Targets, and Earnings Management," *Accounting Review* 83, pp.185-216.

McConnell, J.J. and H. Servaes (1990) "Equity ownership and the two faces of debt," *Journal of Financial Economics* 39, pp. 131-157.

Mehran, H (1995), "Executive compensation structure, ownership, and Firm Performance," *Journal of Financial Economics* 38, pp.163-184.

Milgrom, P. and J. Roberts (1992) *Economics, Organization & Management*, Prentice Hall. (奥野正寛・伊藤秀史・今井晴雄・西村理・八木甫訳 (1997)『組織の経済学』NTT出版)

Mishel, Lawrence, Bernstein, Jared and Shierholz, Heidi. (2009) *The State of Working America 2008/2009*, ILR Press.

Mitsudome, T., Weintrop, J. and L-S. Hwang (2008) "The relation between changes in CEO compensation and firm performance: A Japanese/American comparison," *Journal of the Japanese and International Economies* 22, pp. 605-619.

Morck, R., Shleifer, A. and R.W.Vishny (1988) "Management ownership and market valuation: An empirical analysis, " *Journal of Financial Economics* 20, pp. 293-315.

Murase, H. (1998) "Equity ownership and the determination of managers' bonuses in Japanese firms," *Japan and the World Economy* 10 (3), pp. 321-331.

Murphy, K. J. (1985) "Corporate Performance and Managerial Remuneration: An Empirical Analysis, " *Journal of Accounting and Economics* 7, pp. 11-42.

Murphy, K. J. (1999) "Executive Compensation," in Ashenfelter, O., *et al.*, *Handbook of Labor Economics*, Volume 3, Part 2, Amsterdam: North Holland, pp. 2485-2563.

Murphy, K. J. and Zábojník, J. (2004) "CEO Pay and Appointments: A Market-Based Explanation for Recent Trends," *American Economic Review* 94 (2), pp.192-196.

Pepper, A. (2015) *The Economic Psychology of Incentives: New Design Principles for Executive Pay 2015th Edition* : Palgrave Macmillan.

Perry, T. and M. Zenner (2001) "Pay for performance? Government regulation and the structure of compensation contracts," *Journal of Financial Economics* 62, pp. 453-488.

Pinto, M. (2006) "The Role of institutional Investors in the Corporate Governance," *German Working Papers in Law and Economics*, Volume 2006.

Rappaport, A. (1978) " Exective incentives vs. corporate growth, " *Harvard Business Review* 56 (4), pp.81-88.

Rosenbaum, James E. (1984) *Career Mobility in a Corporate Hierarchy*, London: Academic press.

Sakawa, H. and N.Watanabe (2008) "Relationship between Managerial Compensation and Business Performance in Japan: New evidence using micro data," *Asian Economic Journal* 22, issue 4, pp.431-455.

Scott, W. (2011) *Financial Accounting Theory*, 6th edition, Prentice-Hall.（太田康広・椎葉淳・西谷順平訳 (2008)『財務会計の理論と実証』中央経済社).

Sheard, P. (1989) "The Main Bank System and Corporate Monitoring and Control in Japan," *Journal of Economic Behavior and Organization* 11, pp. 399-422.

Sheard, P. (1991) "The Economics of Interlocking Shareholding in Japan, *Ricerche Economiche* 45, pp. 421-448.

Sheard, P. (1994) "Main Banks and the Governance of Financial Distress," in Aoki, M. and H. Patrick (eds.) , *The Japanese Main Bank System: Its Relevance for Developing and Transforming Economies* : Oxford University Press.（白鳥正喜監訳 (1996)『日本のメインバンクシステム』東洋経済新報社)

Shleifer, Andrei and Robert W. Vishny (1986) " Large Shareholders and Corporate Control, " *Journal of Political Economy* 94 (3), pp. 461-488.

Shleifer, Andrei and Robert W. Vishny (1989) "Managemant Entrenchment : The Case of Manager - Specific Investments," *Journal of Financial Economics* 25, pp. 123-139.

Shleifer, Andrei and Robert W. Vishny (1997) "A Survey of Corporate Governance," *Journal of Finance* 52, pp. 737-783.

Short, H. and K. Keasey (1999) "Managerial ownership and the performance of firms: Evidence from the UK," *Journal of corporate finance* 5, pp. 79-101.

Shuto, A. and T. Takada (2010) "Managerial Ownership and Accounting Conservatism in Japan: A Test of Management Entrenchment Effect," *Journal of Business Finance & Accounting* 37 (7-8), pp. 815-840.

Sliwka, D. (2003) "On the Hidden Costs of Incentive Schemes," *IZA Discussion Paper*, No. 844.

Sloan, R. G. (1993) "Accounting earnings and top executive compensation," *Journal of Accounting and Economics* 16 , pp.55-100.

Smith, C. W. and R. L. Watts (1982) "Incentive and tax effects of executive compensation plans," *Australian Journal of Management* 7, pp.139-157.

Stulz, R. M. (1988) "Managerial Control of Voting Rights : Financing Policies and the Market for Corporate Control," *Journal of Financial Economics* 20, pp. 25-54.

Teshima, N. and Shuto, A. (2008) "Managerial Ownership and Earnings Management: Theory and Empirical Evidence from Japan," *Journal of International Financial Management & Accounting* 19 (2), pp. 107-132.

Tirole, J. (2001) "Corporate Governance," *Econometrica* 69 (1), pp. 1-35.

Turner, R. H. (1960) "Sponsored and Contest Mobility and the School System," *American Sociological Reviews* 25, pp. 855-867.

Useem, M. (1996) *Investor Capitalism :How Money Managers are Changing the Face of Corporate America*, Basic Books.

Xu, P. (1997) " Executive salaries as tournament prizes and executive bonuses as managerial incentives in Japan, " *Journal of the Japanese and international Economics* 11, pp.319-346.

Xu, P. (2015) " Risk Taking and Firm Growth" *RIETI Discussion Paper Series* 15-E-061.

Yermack, D. (1997) "Good Timing: CEO Stock Option Awards and Company News Announcement," *The Journal of Finance* 52, pp. 449-476.

【新聞記事】
- 「株式報酬高め　役員挑戦促す」『日本経済新聞』2016年10月24日。
- 「株式報酬導入42%に増加」『日本経済新聞』2019年5月28日。
- 「企業の報酬　ESGの波」『日本経済新聞』2016年4月28日。
- 「相談役・顧問の役割明示」『日本経済新聞』2017年の5月23日。
- 「自社株で報酬導入500超」『日本経済新聞』2017年8月6日。
- 「大企業の労働分配率，46年ぶり低水準　4〜6月」『日本経済新聞』2017年9月6日。
- 「通年採用「実施・検討8割」」『日本経済新聞』2019年4月23日。
- 「持ち合い解消1兆円，株安でも売却進む　5割の企業が保有削減」『日本経済新聞』2016年8月18日，電子版（https://www.nikkei.com/article/DGXLZO06233830

Y6A810C1DTA000/　2016年12月10日アクセス）
- 「役員報酬透明性高める　委員会設置企業，１年で３倍」『日本経済新聞電子版』
  2016年９月２日。
  https://www.nikkei.com/article/DGXLASGD01H4S_S6A900C1MM0000/　2016年
  12月５日アクセス

【資料】

ウイリス・タワーズワトソン（NASDAQ:WLTW）ウェブサイト
　https://www.willistowerswatson.com/ja-JP/press/2017/07/japan-us-europe-ceo-
　compensation-comparison-2016　2017年８月１日アクセス
ウィルス・タワーズワトソン（NASDAQ:WLTW）・三菱UFJ信託銀行株式会社「株
　式報酬の導入状況」
　https://www.willistowerswatson.com/ja-JP/press/2017/08/Stock-based-
　compensation-implementation-status-survey　2017年８月12日アクセス
日本取締役協会（2017年８月１日）「上場企業のコーポレート・ガバナンス調査」
　http://www.jacd.jp/news/odid/cgreport.pdf　2017年８月20日アクセス

【本研究で使用したアニュアルレポートと報酬レポートならびにProxy statement事例として取り上げた企業】

「adidas COMPENSATION REPORT」
「Aflac Incorporated Notice of 2018 Annual Meeting of Shareholders and Proxy
「Alcoa NOTICE OF 2018ANNUAL MEETING OF STOCKHOLDERS AND
　PROXY STATEMENT」
「Allianz. Annual report 2018」
「BASF Online Report 2018」
「Bayer Annual report 2018」
「Bank of Aemeica Corporation 2019 Proxy Statement」
「Beiersdorf Annual report 2018 」
「BERKSHIRE HATHAWAY INC. 2017 proxy statement」
「BMW Annual report 2018」
「Chipotle Annual report 2014」
「Chipotle Annual report 2015」
「COMMERZBANK 2018 Annual Report」
「Continental Remuneration Report」
「Covestro Annual report 2018」
「DAIMLER Remuneration Report 2018」
「E.On Annual report 2018」
「Fresenius Annual report 2018」
「Fresenius Medical Care Annual report 2018」

「GE' s Proxy Statement 2017」
「Deutsche Bank New compensation system for the members of the Management
　Board as of January 2018」
「Deutsche Boerse Financial report 2018」
「Deutsche Post DHL Group Annual report 2018」
「Deutsche Telecom AG Annual report 2018」
「HeidelbergCement Remuneration Report2018」
「Henkel Annual report 2018」
「Infineon Technologies AG Annual report 2018」
「K+S Annual report 2018」
「Lufthansa Group Annual report 2018」
「Merck KGaA Statement On Corporate Governance Compensation Report」
「Microsoft Fiscal year 2016 Proxy Statement」
「Munich Remuneration of the members of the Board of Management in 2018」
「ProSiebenSat.1 Annual Report2018」
「Rolls-Royce Annual Report2018」
「RWE Annual Report2018」
「SAP Annual Report2018」
「Siemens Compensation Report 2018」
「THE LINDE GROUP Executive Board Remuneration 2017」
「thyssenkrupp Compensation Report」
「Vanguard　バンガード社　コーポレート・ガバナンス」
「Volkswagen Annual Report2018」
「Vonovia SE Annual Report2018」
「Wirecard AG　Annual Report2017」

索　引

英　数

Cliff Vesting ······························ 164
ESG ·································· 2, 176
Installment Vesting ················ 164
KPI ······································· 142
PPR（Pay-for-Performance：業績連
　動型報酬）························· 172
Peer Group ···························· 168
ROCE ···································· 168
SEC Regulation S-Kの項目 402（Item
　402）·································· 189
SOX法（The Sarbanes-Oxley Act of
　2002）··································· 73
Say on Pay（勧告的投票）
　··························· 74, 186, 194
TSR（Total Shareholders Return）
　·· 161

あ　行

アラインメント（alignment）······· 29
アラインメント効果················· 155
インフォーマティブ原理·············· 48
英国コーポレートガバナンス・コード
　·· 77
エージェンシー問題·········· 1, 27, 51
エントレンチメント（entrenchment）
　·· 29
エントレンチメント効果············ 155

か　行

会社法361条····························· 13
株式報酬······························· 155
監督役会（Aufsichtsrat）··········· 89
機関化現象····························· 81

キャドベリー報告書

キャドベリー報告書··················· 75
業績評価指標（Key Performance
　Indicators：KPI）················· 16
業績連動型報酬························· 2
共同決定法（Mitbestimmungsgesetz）
　·· 89
均等報酬原理（Equal Compensation
　Principle）··························· 49
金融改革法（ドッド＝フランク・
　ウォール街改革および消費者保護に
　関する法律：Dodd-Frank Wall
　Street Reform and Consumer
　Protection Act：ドッド＝フランク
　法）······································ 74
グリーンブリー報告書················· 75
クローバック・マルス条項············· 6
クローバック条項···················· 196
経営者の機会主義的行動············· 158
経営者報酬ガイドライン········· 4, 117
経営者持株比率························· 29
経済の金融化··························· 82
コーポレートガバナンス·········· 1, 24
コーポレートガバナンス・コード
　····························· 3, 14, 102
固定報酬······························ 2, 16
固有性······························· 22, 35
コントロール・コスト················· 55

さ　行

シグナリング・コスト················· 55
自社株式保有ガイドライン············· 6
執行役会（Vorstand）················ 89
譲渡制限付株式（リストリクテッド・
　ストック）··························· 20
職能給······························· 39, 46

職能資格制度 …………………… 39, 46
職務給 …………………………… 45
新卒一括採用 …………………… 39
ストックオプション ………… 18, 157
世界金融危機 …………………… 71
組織アイデンティティ ………… 62
組織アイデンティフィケーション
　………………………………… 62

た　行

ターゲット型賞与モデル …… 16, 144
退職慰労金制度 ………………… 47
長期インセンティブ ………… 18, 154
長期雇用 ………………………… 39
電産型賃金体系 ………………… 44
ドイツ・コーポレートガバナンス・
　コード（Deutscher Corporate
　Governance Kodex：DCGK）… 92
トーナメント理論 ……………… 41

な　行

内国歳入法典162条(m)項 ………… 72
内部昇進制 ……………………… 39
内部組織 ………………………… 35
二層型システム ………………… 89
日本版スチュワードシップ・コード
　………………………………… 102

年功序列 ………………………… 39
年次賞与（短期インセンティブ：
　Short Term Incentive）…… 16, 143
年次賞与の繰り延べ …………… 18

は　行

パフォーマンス・シェア ……… 20
ハルツ改革 ……………………… 88
フリンジ・ベネフィット ……… 15
プロフィット（シェアリング）型賞与
　モデル ……………………… 17, 144
ペンション・プラン …………… 15
報酬委員会 …………………… 12, 181
報酬ガバナンス …………………… 6
報酬ガバナンスの改革 ………… 181

ま　行

マルス条項 ……………………… 196
マルチタスク問題 ……………… 49
メインバンクシステム ………… 51
モチベーションのクラウディング・ア
　ウト効果 ……………………… 65

ら　行

ランク・ヒエラルキー ………… 42
リスク管理 ……………………… 191

［著者紹介］

境　睦（さかい　むつみ）

桜美林大学大学院経営学研究科教授。

1966年生まれ。早稲田大学大学院商学研究科博士課程単位取得満期退学，桜美林大学経済学部専任講師，経営政策学部助教授，ビジネスマネジメント学群教授を経て2018年より現職。博士（経営学）（明治大学）。日本財務管理学会副会長，日本中小企業・ベンチャービジネスコンソーシアム副会長。

主要著書：『中小企業のアジア展開』（2016年，編著，中央経済社）。
　　　　　『グラフィック経営財務』（2019年，編著，新世社）。

日本の戦略的経営者報酬制度

2019年11月1日　第1版第1刷発行

著　者	境	睦
発行者	山　本	継

発行所　㈱中央経済社

発売元　㈱中央経済グループ
　　　　　パブリッシング

〒101-0051　東京都千代田区神田神保町1-31-2
　　　　　電話　03 (3293) 3371 (編集代表)
　　　　　　　　03 (3293) 3381 (営業代表)
　　　　　http://www.chuokeizai.co.jp/
　　　　　印刷／三英印刷㈱
　　　　　製本／誠　製　本㈱

© 2019
Printed in Japan

＊頁の「欠落」や「順序違い」などがありましたらお取り替えいたしますので発売元までご送付ください。（送料小社負担）
ISBN978-4-502-32171-9　C3034

JCOPY〈出版者著作権管理機構委託出版物〉本書を無断で複写複製（コピー）することは，著作権法上の例外を除き，禁じられています。本書をコピーされる場合は事前に出版者著作権管理機構（JCOPY）の許諾を受けてください。
　JCOPY〈http://www.jcopy.or.jp　eメール：info@jcopy.or.jp〉

好評既刊

企業財務と証券市場の研究

坂本恒夫・鳥居陽介[編著]

A5判・282 頁

中小企業のアジア展開

坂本恒夫・境　睦・林　幸治・鳥居陽介[編著]

A5判・308 頁

テキスト財務管理論＜第 5 版＞

坂本恒夫・鳥居陽介[編]
現代財務管理論研究会[著]

A5判・320 頁

起業家精神と多国籍企業の歴史

ジェフリー・ジョーンズ著
坂本恒夫／鳥居陽介／正田　繁監訳

A5判・264 頁

中央経済社